AF347069

RÉVÉRENDE MÈRE MARIE DE St CHARLES

SUPÉRIEURE GÉNÉRALE DES FILLES DE JÉSUS

DÉCÉDÉE A KERMARIA LE 3 MAI 1884

Me voici, ô mon Dieu,
pour faire votre volonté !

ELLE EST MORTE LAISSANT A TOUS UN EXEMPLE DE COURAGE ET DE RÉSIGNATION

MACCH. VI 131

SEIGNEUR VOUS NOUS L'AVIEZ PRÊTÉE POUR FAIRE NOTRE BONHEUR, VOUS NOUS LA RÉCLAMEZ NOUS
VOUS LA CÉDONS LE CŒUR NAVRÉ DE DOULEUR MAIS QUE VOTRE VOLONTÉ SOIT FAITE !

S. EPHREM

VIE ET ESPRIT

DE LA

RÉVÉRENDE MÈRE MARIE DE SAINT-CHARLES

SUPÉRIEURE GÉNÉRALE

DE LA

Congrégation des Filles de Jésus

1820-1884

CHAPITRE Ier

Enfance — Jeunesse — Préparation à la vie religieuse

Anne-Angélique Périgault appartenait à une honnête famille d'artisans.

Son père, Jean Périgault, exerçait à Talensac, petit bourg d'Ille-et-Vilaine, la modeste profession de jardinier. Habile dans son état, laborieux, actif, intelligent, d'une intégrité et d'une loyauté à toute épreuve, bon chrétien avant tout, Jean Périgault jouissait de l'estime générale, et le marquis de la Bédoyère, qui l'occupait pendant presque toute l'année, avait en lui la plus grande confiance.

Sa mère, Angélique Vilboux, avait les qualités modestes d'une jeune fille élevée dans un milieu chrétien et laborieux. Très pieuse, entièrement dévouée à ses devoirs d'épouse et de mère, elle n'avait d'autre ambition que de faire régner à son foyer le bonheur et la paix, et d'élever ses enfants dans les principes de foi et de piété héréditaires dans les deux familles Périgault et Vilboux. Elle était très bonne, et elle entourait d'un égal amour ses propres enfants et un fils que **Jean Périgault** avait eu d'un premier mariage. A l'époque de son mariage, Madame Périgault avait ouvert un magasin d'épicerie et de mercerie. Les gains réunis du mari et de la femme, joints au bien patrimonial — une maison avec jardin — qu'ils possédaient à Talensac, assuraient à la famille une modeste aisance.

Quand l'enfant de bénédiction, dont nous essayons d'esquisser la vie, vint au monde le 3 février 1820, une sœur l'avait précédée au foyer paternel, deux autres devaient l'y suivre.

Elle fut accueillie avec une grande joie, non seulement par ses parents, mais aussi par son grand frère Charles, qui, dès ce moment, lui voua une affection presque paternelle. Le père et la mère avaient eu d'ailleurs la sagesse de le choisir comme parrain, espérant ainsi rendre plus forts les liens de famille entre le fils ainé et ses jeunes sœurs.

En donnant à leur enfant le nom d'Angélique, les parents avaient eu probablement pour but de perpétuer dans la famille le nom de la mère, mais quand on pense à l'ardente dévotion de la **Mère Marie de Saint-Charles** pour les saints anges et les marques de protection qu'elle en a reçues, on ne peut s'empêcher de croire que Dieu, en lui donnant pour patron ces bienheureux esprits, avait sur elle des desseins particuliers.

Madame Périgault était elle-même trop pieuse pour ne pas inspirer à ses enfants, dès l'âge le plus tendre, l'amour de la piété. Aussi, les premiers mots que bégaya la petite Angélique durent-ils être les noms bénis de Jésus et de Marie, paroles sacrées qu'elle devait répéter avec un amour ardent jusqu'à ses derniers moments.

Dieu, qui destinait cette enfant à de grandes choses, l'avait ornée, dès son enfance, des dons les plus précieux de l'esprit et du cœur.

A six ans, Angélique était une charmante enfant. Sa physionomie intelligente et ouverte, son caractère doux et affable, son entrain dans les jeux, la faisaient aimer et rechercher des petites filles de son âge, tandis que son air modeste et gracieux, sa piété précoce, qui n'excluaient en elle aucun des charmes de l'enfance, excitaient l'admiration et peut-être la jalousie des autres mères.

A peu de distance du bourg de Talensac, on rencontrait une gentilhommière appelée le château de la Hunaudière, où le premier essaim de Filles de Jésus, dans le diocèse de Rennes, devait plus tard venir s'abriter.

A l'époque dont nous parlons, ce château de la Hunaudière était habité par sa propriétaire, Mademoiselle de Kergrist. C'est à la vieille servante de la châtelaine, Marie le Breton, que nous devons de connaitre plusieurs des particularités de l'enfance de la Mère Marie de Saint-Charles. Devenue octogénaire, elle aimait à parler aux sœurs de Talensac — chez qui elle demeura jusqu'à sa mort — de tous ces souvenirs du passé, et les sœurs les recueillaient pieusement, comme un bien de famille qu'on serait heureux de retrouver plus tard.

Elle se rappelait surtout, avec plaisir, la piété de l'enfant, son amour de la prière, étonnant, disait-elle, dans une petite fille de cet âge.

Comme toutes les personnes qui connaissaient l'enfant, Mademoiselle de Kergrist avait remarqué les grâces naïves de la petite Angélique; aussi aimait-elle à la voir venir au château de la Hunaudière, et rien n'était plus charmant que leur entretien : la châtelaine se faisant enfant pour amuser la petite fille, et l'enfant oubliant les jeux de son âge pour causer sérieusement avec la noble demoiselle.

Mais laissons la parole à Marie le Breton ; mieux que personne elle nous racontera ce qu'elle a si souvent admiré dans la petite Angélique.

« La vie était assez monotone au château, et c'était une distraction pour Mademoiselle de s'occuper de cette enfant; aussi se réjouissait-elle, quand elle voyait de sa fenêtre la petite fille se diriger vers la Hunaudière, son petit panier au bras, car alors elle était sûre que la petite Angélique passerait au château une grande partie de la journée.

« Ce que Mademoiselle et moi admirions surtout dans cette petite fille, c'était sa piété si tendre : jamais l'enfant ne se lassait de prier.

« Il arrivait quelquefois que Mademoiselle était à son bureau et ne. pouvait s'occuper de sa petite visiteuse, alors l'enfant venait à la cuisine et nous causions un peu.

Au bout de quelque temps, je lui disais : « Va t'amuser au jardin, ma petite Angélique, il y fait meilleur qu'ici.» — « Oh ! non, Marie, répondait-elle doucement, mais si vous le voulez bien, nous dirons le chapelet ensemble.«Impossible de refuser. Je commençais le chapelet et la petite répondait avec une ferveur touchante.

« Notre prière terminée, Angélique courait à la chambre de Mademoiselle. Celle-ci était libre, je ne revoyais plus l'enfant jusqu'au départ, à moins que Mademoiselle n'eût une commission à me faire ; mais j'entendais de loin ses cris joyeux, car elle s'amusait de bon cœur. Si Mademoiselle était encore occupée, la petite fille faisait en courant le tour du jardin et revenait à la cuisine.

« Ma petite Angélique, va donc t'amuser et ne reste pas ici où il fait si chaud ! »

« Je n'ai pas envie de jouer, répondait l'enfant ; je préfère dire encore un chapelet ». Cela ne m'arrangeait pas toujours, ajoutait la vieille bonne. Le château de la Hunaudière n'était pas une sinécure : l'ouvrage n'y manquait pas ; mais l'air suppliant de la petite Angélique me touchait toujours et nous nous mettions à parlementer. « Écoute, ma petite fille, si tu veux que nous priions, tu diras toi-même le chapelet, je me contenterai de répondre. L'enfant, radieuse, se mettait à prier avec bien plus d'attention que j'en aurais mis moi-même. Le second chapelet terminé, elle allait enfin au jardin et s'y amusait jusqu'à ce que Mademoiselle l'appelât ou vint elle-même la surprendre au milieu de ses jeux. Mais quand Mademoiselle tardait, la fillette revenait à la cuisine et nous finissions de réciter le rosaire tout entier. »

Les heures passées au château de la Hunaudière s'écoulaient joyeuses pour l'enfant ; mais elles ne lui faisaient pas oublier l'atmosphère de tendresse qui l'enveloppait à la maison paternelle. Les caresses de sa mère, les gâteries de son grand frère 'et de sa sœur aînée, ses jeux bruyants avec ses sœurs et les autres enfants de son âge devenaient, à certains moments, un besoin pour son cœur si affectueux. Mademoiselle de Kergrist s'apercevait bientôt que la petite fille n'avait plus le même entrain ; alors elle la congédiait doucement, et l'enfant reprenait joyeuse le chemin de la maison. C'était, en l'apercevant, une explosion de joie dans le groupe d'enfants qui s'amusaient à la porte. « Angélique arrive. » « Voilà Angélique. » « Comme on va bien s'amuser maintenant ! »

Un jour vint où il y eut une place vide au foyer familial. Charles avait quitté la maison paternelle pour n'y plus rentrer que par intervalles. Appelé à l'état ecclésiastique, il commençait sa vie de collège en attendant celle du séminaire.

Ce fut une grande douleur pour la petite fille. Les premiers jours, elle était inconsolable. Elle ne pouvait se faire à l'absence de son parrain. Pour la calmer, on lui disait que son frère reviendrait aux vacances et qu'elle-même irait le voir au collège. Mais tout cela, c'était éloigné, et le présent pour elle était si triste.

Enfin, le temps fit son œuvre d'apaisement et peu à peu la chère petite s'habitua à ne plus voir son frère tous les jours. Mais avant d'en arriver là, elle avait beaucoup souffert. C'était la première de la longue chaine de douleurs qui devaient marquer sa vie tout entière.

Les jours s'écoulaient heureux et tranquilles dans la demeure de l'honnête jardinier, quand il plut au Seigneur d'y envoyer l'épreuve. La petite Angélique tomba gravement malade. Elle avait alors huit ans. Bientôt il n'y eut plus d'espoir de la sauver. Ses parents désolés appelèrent son confesseur. Celui-ci vint aussitôt et fut frappé des ravages opérés par la maladie sur cette enfant si pleine de vie et d'entrain quelques jours auparavant.

Il confessa l'enfant, l'interrogea, et cédant probablement à une inspiration divine, il résolut de lui faire faire sa première communion. « Elle n'a que huit ans, disait-il quelques moments plus tard à Madame Périgault, mais elle a un jugement bien au-dessus de son âge, puis elle est si pieuse et si intelligente, que cette dérogation à l'usage habituel, Angélique étant à l'extrémité, ne peut soulever aucune objection. D'ailleurs, j'en fais mon affaire. »

Le même jour, il soumit le cas à l'Archevêque de Rennes. La réponse ne se fit pas attendre. Elle était conforme aux désirs du confesseur. Aussitôt on annonça à la petite fille qu'elle allait faire sa première communion.

A cette nouvelle, une joie céleste se peignit sur son visage émacié par la souffrance. « O maman, s'écria-t-elle, quel bonheur ! recevoir Jésus et aller tout de suite le voir au ciel. »

La mère eut un frémissement douloureux et elle sortit afin de ne pas troubler par ses larmes la douce sérénité de la petite malade.

A partir de ce moment, Angélique n'eut plus qu'une pensée, se bien préparer à la visite de Jésus. Aussi ce fut dans un cœur bien pur et avec une piété d'ange qu'elle reçut, quelques jours plus tard, le Dieu de l'Eucharistie.

Le lendemain de ce grand jour, son confesseur vint la voir. Elle n'avait plus qu'un souffle de vie et pourtant le prêtre lui dit : « Comme tu serais contente si le bon Dieu voulait te guérir ? ». « Non, répondit l'enfant, je préfère aller avec le bon Jésus ». — Pourtant, reprit le prêtre avec une certaine brusquerie, si le bon Dieu veut te guérir lui ? Puis il ajouta plus doucement : « Que feras-tu ? » La petite mourante leva les yeux au ciel et répondit : « Si Jésus me guérit, je me donnerai à lui pour toujours. »

Le Seigneur, qui avait certainement inspiré le prêtre, accepta l'offre de l'enfant. Elle guérit contre toute attente, à la grande joie de ses parents et au vif étonnement de ceux qui l'avaient vue si près de la mort.

Le bon prêtre qui avait préparé la petite fille à sa première communion s'unit à la joie de la famille. Il se fût réjoui bien davantage encore si, pénétrant l'avenir, il eût pu voir les grandes choses qui devaient, plus tard, être accomplies par cette enfant.

Revenue à la santé, Angélique accompagna sa sœur aînée à l'école des Ursulines de Montfort, à l'Abbaye, comme on appelait dès lors ce monastère. Montfort étant à peine à trois kilomètres de Talensac, les deux enfants suivaient les cours de l'externat.

La nouvelle écolière ne tarda pas à gagner l'affection de ses maitresses par sa piété, son obéissance et son application. « Je ne sais pas ce que sera un jour cette enfant, disait, en parlant d'elle, la religieuse qui dirigeait l'externat, la digne Mère Angèle ; mais pour son âge elle est extraordinaire. Je suis persuadée qu'elle n'a pas perdu son innocence baptismale. »

Le souvenir de cette enfant innocente et pure demeura toujours vivant dans le cœur de sa maitresse.

Une sœur, native de Talensac, nous rappelle un souvenir personnel qui a bien ici sa place.

« Ma mère, nous dit-elle, avait été compagne de classe de notre Mère Marie de Saint-Charles, et, par conséquent, élève de la Mère Angèle. Quand je fus en âge d'aller en classe, ma mère voulut me présenter elle-même à son ancienne maitresse, qui devait être aussi la mienne.

« La conversation roula sur le passé. On parla de la Mère Marie de Saint-Charles. Alors, la vénérable ursuline, se tournant vers moi, me dit : « Mon enfant, je ne te souhaite qu'une chose, c'est de lui ressembler en tout, et d'être comme elle pieuse, obéissante et appliquée. Jamais je n'ai eu besoin de la reprendre. »

Et pourtant elle était loin d'être tendre, la bonne Mère Angèle !

En grandissant, Angélique n'oublia pas la promesse qu'elle avait faite à Dieu d'être à lui pour toujours. Son désir d'être religieuse croissait avec l'âge ; mais à part le prêtre qui avait reçu sa confiance, nul ne connaissait son secret.

Cependant sa tendre piété, sa grande modestie, le soin qu'elle mettait pour faire toutes choses, étaient, aux yeux expérimentés de ses maitresses, des indices non équivoques de vocation, et déjà elles se réjouissaient à la pensée que, dans un avenir sans doute peu éloigné, cette enfant viendrait s'unir à la phalange des filles de sainte Ursule. La Mère Angèle surtout se berçait d'espérance. Son élève de prédilection la remplacerait un jour à l'Abbaye de Monfort et continuerait son œuvre de dévouement. N'essaya-t-elle pas quelquefois de découvrir le mystère ? Nous ne saurions le dire, mais si cela est,

Angélique dut se contenter de sourire tout en gardant soigneusement son désir dans son cœur.

Ses études terminées, Angélique devint la compagne assidue et l'aide affectueusement dévouée de sa mère, comblant ainsi, autant qu'il dépendait d'elle, le vide laissé au foyer de famille, comme au cœur des parents, par le départ de sa sœur ainée, entrée depuis peu dans la Congrégation des Filles de la Sagesse.

A la maison paternelle, pas plus qu'à l'Abbaye, elle ne parla de sa vocation. D'ailleurs, si cette vocation n'était pas douteuse, il n'en était pas de même de la famille religieuse qui devait fixer son choix. Sur ce point, aucune lumière ne se faisait dans son âme, pas plus que dans celle de son directeur. Aussi bien, ce saint prêtre, qui avait été l'instrument de la Providence dans la vocation d'Angélique, ne devait pas terminer l'œuvre si bien commencée.

Ce fut M. Cholet, le nouveau recteur de Talensac, qui dirigea la jeune fille dans la voie douloureuse qui lui était réservée.

Prier, attendre en paix l'heure de Dieu, en accomplissant ses devoirs de fille et de sœur ainée, voilà le programme qu'elle se traça et qu'elle suivit fidèlement jusqu'au moment où elle abandonna la maison paternelle pour aller où Dieu, de toute éternité, avait marqué sa place.

Dans Angélique Périgault, la jeune fille n'avait pas trompé les espérances qu'avait fait concevoir l'enfant. A dix-huit ans, elle possédait de belles qualités physiques. De taille élancée, d'une physionomie agréable, élégante dans sa démarche, simple et affable dans ses paroles, digne et réservée dans ses manières, elle se faisait en même temps respecter et aimer.

A ces avantages extérieurs, Angélique joignait des aptitudes intellectuelles et des qualités morales remarquables.

A cette époque, les jeunes filles de la classe moyenne ne recevaient pas une instruction très étendue. Le programme des Ursulines de Montfort à l'externat se bornait à l'essentiel.

La religion, la morale pratique, la lecture, l'écriture, l'orthographe, le calcul, les travaux manuels étaient tout ce que la Mère Angèle enseignait à ses élèves. Angélique n'en apprit pas d'avantage, mais si son instruction était bornée, il n'en était pas de même de ses facultés intellectuelles ; son esprit vif, son intelligence profonde, son jugement sûr faisaient vite oublier ce qu'il y avait eu d'insuffisant dans ses études. Le temps et l'expérience devaient bientôt combler cette lacune.

Mais ce qu'on admirait surtout dans Angélique, c'était son cœur, qu'elle avait excellent. Affectueuse, dévouée jusqu'au sacrifice, toujours prête à faire abnégation d'elle-même pour procurer aux autres quelques satisfactions, la jeune fille n'avait qu'un désir : soulager ses parents dans leurs travaux, les consoler dans leurs peines, leur faire plaisir toujours.

Dans ses rapports avec ses sœurs et ses compagnes, elle se montrait complaisante, affable, pleine de gaité et d'entrain, sans jamais se laisser aller à la légèreté et à la dissipation.

Sa mère lui avait confié le magasin ; mais ce n'était pas assez pour Angélique, qui prenait encore sur elle la plus grande partie du ménage.

En la voyant si pieuse, les voisines disaient quelquefois à sa mère : « Vous verrez que votre seconde fille suivra sa sœur au couvent. » — « Angélique ne me quittera pas, répondait Mme Périgault ; elle sera mon bâton de vieillesse. » La jeune fille souriait à sa mère ; mais au fond la douleur l'étreignait en pensant au nouveau sacrifice que Dieu allait exiger de ses parents.

La marquise de la Bédoyère avait remarqué la distinction et aussi la piété d'Angélique ; elle pensa que ses filles ne pouvaient que gagner dans la compagnie d'une jeune personne aussi bien élevée, et elle résolut de la prendre chez elle pour le service particulier de ses enfants. M. et Mme Périgault, bien qu'il leur en eût infiniment coûté de se séparer de leur fille, eussent pourtant accepté une proposition qui était en même temps honorable et avantageuse, mais Angélique déclina l'offre de la grande dame, afin d'être libre de suivre sa vocation quand il plairait à Dieu de lui manifester plus clairement sa volonté.

Cette volonté divine lui fut déclarée par la voix de son directeur : « Dieu vous veut religieuse, lui dit-il, et il est temps de faire connaître à votre famille votre pieux dessein. »

Angélique hésita longtemps, s'attendant, comme cela devait être, à une forte opposition. Elle se décida pourtant à parler. Ce fut dans toute la maison une explosion de douleur. Sa mère surtout ne pouvait consentir à se séparer de sa fille, qui était en même temps sa joie et son orgueil.

A partir de ce moment, la vie de famille devint pénible pour la jeune fille, qui eut à subir les plus cruels reproches : c'était une ingrate, une égoïste, une fille sans cœur !....

Le plus souvent, la pauvre mère avait recours aux caresses et aux larmes. C'était pour le cœur sensible d'Angélique l'assaut le plus redoutable ; elle le subit néanmoins sans que sa fermeté d'âme se démentît un seul instant. Elle résista aux caresses comme aux reproches ; mais la lutte qu'elle avait à soutenir contre son propre cœur fut si violente que sa santé s'altéra.

Son père fut le premier à s'apercevoir de son état. La pauvre enfant pâlissait ; elle perdait de l'élasticité de son pas ; enfin une tristesse, qu'elle essayait en vain de dominer, avait remplacé son expansion, sa gaité habituelle ; certainement sa fille souffrait. Sa conscience de chrétien se ranima en même temps que ses appréhensions de père. Il se dit qu'il n'avait pas le droit de s'opposer à la vocation de sa fille, qu'elle était à Dieu avant d'être à sa famille.

Ce jour-là même il parla à sa femme : « Après avoir donné à notre fille les conseils que nous ont suggérés la prudence et l'affection, nous ne pouvons plus longtemps mettre obstacle à son bonheur. »

La mère se rendit enfin aux raisons de son mari et consentit au départ d'Angélique.

La joie de la jeune fille fut grande à cette nouvelle. Elle se crut arrivée au port... Elle en était bien loin.

Les Ursulines de Montfort n'avaient pas perdu de vue leur ancienne élève ; ni non plus les espérances qu'elles avaient fondées sur elle. Son dessein d'entrer au couvent étant ébruité, elles lui proposèrent de la prendre sans dot et sans frais de noviciat.

Cet arrangement avait un double avantage : il évitait aux parents des sacrifices pécuniaires et leur permettait de voir souvent leur fille.

Sa mère l'engagea donc à accepter l'offre qui lui était faite d'entrer à l'Abbaye où il était si naturel qu'elle retournât, puisqu'elle y avait fait son éducation.

Au grand mécontentement de ses parents, Angélique déclina la proposition si avantageuse qui lui était faite. Aux observations de sa mère, elle répondit : « Les Ursulines sont très bonnes et je les aime beaucoup ; mais je ne me sens pas d'attrait pour leur ordre ; je désire quelque chose de plus humble et de plus pauvre. »

Mais cette congrégation humble et pauvre qui l'attirait, elle ne savait où la trouver. L'attente, déjà si longue, allait se prolonger encore.

Un jour pourtant, une amie de la famille avait dit connaître une petite famille religieuse où elle trouverait peut-être plus d'humilité et de pauvreté qu'elle n'en désirait ; mais Angélique n'avait pas relevé cette parole, et Mme Gaignet ne revint pas sur ce sujet.

Elle était bien humble et bien pauvre, en effet, cette Congrégation dont la jeune fille entendait parler pour la première fois.

Elle était humble dans ses origines. Née de l'inspiration d'un saint prêtre, M. Noury, curé de Bignan, et confesseur de la foi pendant la grande Révolution ; fondée grâce au zèle d'un successeur de M. Noury à la cure de Bignan, M. Coëffic, la Congrégation des Filles de Jésus croissait lentement et avec peine, véritable grain de sénevé, destiné à devenir un grand arbre, qui étendrait ses rameaux jusqu'au Nouveau-Monde ; mais pour le moment il sortait à peine de terre.

Elle était humble dans ses fondatrices, simples filles de la campagne, pieuses, mortifiées, héroïquement dévouées à leur Congrégation, pour laquelle elles étaient prêtes à tous les sacrifices ; mais peu instruites pour la plupart, et n'ayant d'autre savoir-faire que leur bonne volonté.

Elle était humble dans ses œuvres. Enseigner le catéchisme aux petits enfants de la campagne, leur apprendre
à lire, à écrire, à travailler ; soigner les malades dans les
hôpitaux et les visiter à domicile, voilà ce que le bon Dieu
demandait des Filles de Jésus. Les enfants des hameaux,
les malades pauvres et abandonnés des campagnes, tel
était le champ d'action livré à leur zèle. Il s'est étendu
depuis ; mais ces premières œuvres sont encore celles qui
leur sont les plus chères.

Elles étaient pauvres aussi, les Filles de Jésus, pauvres
d'une pauvreté réelle, effective. Parmi les sœurs, il y en
avait quelques-unes qui auraient joui d'une large aisance
dans le monde ; mais en religion elles n'en étaient pas
moins pauvres, ayant consacré à la Congrégation tout
leur patrimoine.

Elles étaient pauvres dans la nourriture, qui était celle
dont on usait dans les campagnes bretonnes à cette
époque ; encore leur arrivait-il de manquer quelquefois
du nécessaire. Mais la divine Providence, qui n'oublie
jamais les siens en ces circonstances pénibles, venait
merveilleusement à leur secours.

C'était par une suite de circonstances providentielles
que Mme Gaignet avait pu parler à Angélique de cette petite
Congrégation alors peu connue.

Comme nous l'avons dit, les sœurs choisies par
M. Coëffic pour être les pierres angulaires de l'œuvre
qu'il voulait fonder, et celles qui étaient venues ensuite
s'unir à elles, à part quelques rares exceptions, n'étaient
pas instruites, ou n'avaient qu'une instruction élémentaire. Elles n'avaient aucune idée des soins à donner aux
malades, et les ouvrages de couture fine, aussi bien que
la broderie, leur étaient à peu près inconnus. Il fallait
donc les mettre à même de remplir convenablement les
divers emplois de la Congrégation, et même se procurer
les moyens d'augmenter un peu les ressources de la
Communauté. C'est ce que fit M. Coëffic. Quelques sœurs
allèrent à Vannes pour s'initier aux méthodes d'ensei-
gnement, se préparer au brevet élémentaire, ou tout au
moins acquérir les connaissances nécessaires à l'instruction des enfants de condition modeste ; d'autres furent

conduites, par M. Coëffic lui-même, à Rennes, afin de suivre les cours de l'Hôtel-Dieu, pour le soin des malades, et les cours des religieuses de la Providence, pour les travaux manuels. Elles devaient surtout apprendre à broder des ornements d'église.

Ces religieuses devaient prendre leur pension dans une maison particulière. La Providence les conduisit chez Mme Gaignet, pieuse veuve, qui eut pour elles les plus tendres soins.

Des liens de parenté unissaient Mme Gaignet à M. Cholet, récemment appelé à desservir la petite paroisse de Talensac. Un beau-frère de M. Cholet, dont Mme Gaignet était la bru, habitait Saint-Mâlon ; mais il avait plusieurs de ses enfants établis à Rennes ; les rapports étaient donc fréquents entre Saint-Mâlon, Rennes et Talensac.

Dans ses visites à son oncle, Mme Gaignet lui parlait des filles de M. Coëffic, dont elle admirait la piété, le bon esprit et la simplicité, en des termes qui inspirèrent à M. Cholet le désir de voir de plus près ces religieuses dont sa nièce lui faisait un si bel éloge. Il promit donc à Mme Gaignet d'aller bientôt la voir.

Il y alla, en effet, et la Providence, qui dirige tout, permit qu'il se rencontrât avec M. Coëffic.

M. le Recteur de Talensac prit le plus grand intérêt à tout ce que lui dit le pieux fondateur sur la Congrégation, ses origines, le genre de vie des sœurs et les œuvres auxquelles elles se livraient.

Tout en écoutant le Père supérieur parler ainsi de son humble fondation, le directeur d'Angélique pensait : « Voilà ce qui conviendrait bien à mon aspirante à la vie religieuse. »

Les deux prêtres se séparèrent, enchantés de leur entrevue.

Comme nous l'avons vu plus haut, la jeune fille n'avait pas relevé les paroles de Mme Gaignet ; peut-être ne les avait-elles pas remarquées.

Aucune lumière ne se faisait dans l'esprit d'Angélique ; il fallait pourtant mettre un terme à ces indécisions, qui prolongeaient la peine de ses parents et la faisaient elle-même souffrir ; aussi se résolut-elle à suivre sa sœur chez les Filles de la Sagesse.

Avant de parler de son dessein à ses parents, elle voulut avoir l'agrément de son directeur. A la première ouverture, celui-ci lui déclara qu'elle n'irait pas à la Sagesse ; mais qu'elle entrerait chez les Filles de Jésus, à Bignan.

Son directeur avait parlé, toute incertitude cessa et la joie la plus pure se répandit dans l'âme de la jeune fille. Encore une fois, elle se crut au port ; mais une autre épreuve l'attendait.

Ses parents, qui ne connaissaient ni Bignan ni les Filles de Jésus, refusèrent absolument de la laisser partir. La pauvre enfant pria, supplia, mais en vain.

Angélique s'était attendue à cette opposition, mais elle avait espéré la vaincre. Il n'en fut rien. L'attente recommença, plus longue et plus pénible que jamais.

Dans sa détresse, la jeune fille pensa à son frère : il la comprendrait, lui, et l'aiderait. Il la comprit en effet et écrivit à ses parents, mais sans succès. Il résolut de se rendre à Talensac ; mais pour être plus libre, il engagea sa sœur à s'absenter ce jour-là.

Il arriva à l'improviste chez ses parents. Abordant directement la question, il leur fit comprendre qu'en s'opposant à la vocation de leur fille, ils allaient contre la volonté de Dieu.

« Nous ne nous opposons pas à sa vocation, dit la mère ; nous lui permettons de se faire religieuse ; ce que nous ne pouvons pas admettre, c'est qu'elle choisisse cette congrégation inconnue et qu'elle aille si loin. » « Et si c'est là que Dieu la veut ? reprit le prêtre. » Et il ajouta avec force : « Prenez garde que Dieu vous reprenne à vingt ans l'enfant qu'il vous a rendue à huit ans, parce qu'il avait sur elle des vues de miséricorde. »

Ces dernières paroles surtout touchèrent les parents qui promirent à leur fils de laisser Angélique suivre l'appel divin.

A son retour, la jeune fille apprit la bonne nouvelle, et aussitôt elle se mit à faire ses préparatifs de départ.

En même temps que tout s'arrangeait à Talensac, M. Coëffic annonçait à Mme Gaignet qu'il serait à Rennes dans quelques jours. Celle-ci en informa Angélique, l'invitant en même temps à venir passer une semaine chez elle, afin de la présenter au fondateur de la Congrégation à laquelle elle aspirait.

Quelques jours plus tard, l'aspirante à la vie religieuse était en présence de celui qui allait bientôt devenir son père.

La jeune fille avait tant souffert des obstacles opposés à sa vocation, que sa santé avait été fortement ébranlée. Aussi, M. Coëffic la trouva-t-il bien faible, bien délicate pour la vie dure qu'on menait à Bignan. Et pourtant, comme il aurait voulu l'avoir à son noviciat, cette première fleur d'Ille-et-Vilaine !

Dans sa perplexité, le Père Supérieur demanda l'avis de Mgr Saint-Marc, alors évêque de Rennes, qui l'engagea à consulter un des docteurs de la Faculté de Médecine. Celui-ci trancha la question à la satisfaction générale. La santé d'Angélique ne pouvait être un obstacle à sa vocation, puisque son état de langueur ne provenait que de la peine qu'elle s'était faite et de la pression qu'elle avait subie depuis trop longtemps. « Acceptez-la sans crainte, ajouta l'éminent praticien ; quand elle sera dans son élément, elle reprendra bien vite ses forces. »

La jeune fille revint heureuse à Talensac. Quelques jours plus tard, elle prenait, accompagnée de Mme Gaignet, le chemin de Bignan.

Les adieux durent être pénibles de part et d'autre. Angélique avait trop de cœur pour ne pas souffrir beaucoup en se séparant des siens ; et les parents, de leur côté, se résignaient difficilement à la voir se plonger ainsi dans ce qui, pour eux, était l'inconnu.

De Rennes, Angélique écrivit à ses parents ces paroles pleines d'émotion et de larmes : « Adieu, chers parents. C'est un sacrifice que Dieu demande de vous et de moi ; faisons-le généreusement ; nous en serons récompensés, sinon sur la terre, du moins dans le ciel. Adieu ! Adieu ! »

Trois jours plus tard, le 17 octobre 1841, l'heureuse aspirante franchissait le seuil du noviciat. « Ma Mère, avait dit Mme Gaignet à la Supérieure générale, en lui présentant la postulante, je vous amène une graine de Mère générale ! » Elle ne croyait pas si bien dire.

Angélique Périgault avait alors vingt et un ans et huit mois.

CHAPITRE II

Noviciat — Premières années de vie religieuse

L'entrée d'une postulante au noviciat était, pour la petite famille des Filles de Jésus, où les recrues étaient assez rares à cette époque, un véritable événement ; celle d'Angélique Périgault devait surtout faire sensation. Elle venait de très loin et d'un autre diocèse, ce qui ne s'était pas encore vu à Bignan. Aussi, avec quelle curiosité on attendait la postulante d'Ille-et-Vilaine. Cette curiosité devint de l'impatience quand la supérieure fut appelée au parloir.

Une demi-heure plus tard, la nouvelle arrivée était présentée à la communauté, réunie pour la recevoir.

De la part des sœurs professes, l'impression fut plutôt pénible. En voyant cette grande jeune fille si frêle et si pâle, elles pensèrent qu'elles ne la garderaient pas longtemps.

« Dieu nous la prête, dit une sœur en sortant, mais il ne nous la donne pas : il la reprendra bientôt. »

Les jeunes n'avaient pas de ces pressentiments. Ce qu'elles remarquaient surtout dans leur nouvelle compagne, c'était son air gracieux et sa parfaite distinction. Un peu timides d'abord, elles lui firent ensuite le meilleur accueil.

Mais laissons-la nous raconter elle-même ses premières impressions, dans une lettre qu'elle écrit à ses parents trois jours seulement après son entrée au noviciat.

« Chers parents,

« Me voici enfin dans cette petite communauté de Bignan, où j'ai tant désiré être, et où le bon Dieu veut que je vive. Tout y inspire la piété, et je suis de plus en plus déterminée de me donner toute à Dieu.

« Le lendemain de mon arrivée, j'ai été fêtée par la communauté tout entière. Religieuses et élèves se sont réunies pour chanter des couplets en mon honneur. C'est, parait-il, l'usage, et je me suis laissée faire.

« Mes chers parents, vous m'aimez beaucoup, je le sais. Chacun de mes jours a été marqué de tendresse et de bonté de votre part; vous m'aimez, c'est pourquoi vous voulez mon bonheur. Soyez satisfaits, chers parents, car je suis heureuse, et je le serai tous les jours davantage.

« Cependant, chers parents, j'ai souffert, et je souffre encore à la pensée de votre douleur, car je vous aime, et tout ce qui vous fait de la peine me blesse aussi au cœur. Quand je pense au moment où je me suis arrachée de vos bras, je frémis encore ; mais la volonté de Dieu avant tout !

« Du courage, chers parents, l'amour divin adoucira nos peines et nous disposera à faire pour Dieu les plus grands sacrifices.

« La mort viendra : la vie s'écoule si vite. Bientôt nous serons au terme de notre exil. Combien nous bénirons nos épreuves et nos sacrifices ! Le ciel, ce beau séjour, où nous serons tous réunis, sera la récompense de notre générosité au service de Dieu.

« Qu'est-ce que le temps au prix de l'éternité ? »

S'adressant ensuite à ses sœurs, la jeune postulante ajoute : « Mes chères petites sœurs, je ne puis assez vous recommander de consoler nos bien-aimés parents de la peine que je leur ai causée en m'éloignant d'eux.

« Je vous embrasse tous bien affectueusement. »

Angélique PÉRIGAULT.

Cette lettre lève un coin du voile et nous découvre les impressions pénibles des débuts de la jeune postulante à Bignan. Tout en consolant ses parents, elle nous fait sentir qu'elle-même a besoin de consolation. Sensible et affectueuse comme elle l'était, elle ne pouvait penser, sans souffrir beaucoup, à la douleur que son départ avait causée à sa mère, et cette douleur lui pesait comme un remords.

Les larmes qu'elle l'avait vue verser lui brûlaient le cœur et les reproches si pénibles que la pauvre mère, dans son angoisse, lui avait adressés, elle se les adressait à son tour.

Une autre source de peine, au moins dans ces premiers jours, c'est la différence du milieu où elle se trouvait et de

2

celui qu'elle avait quitté. Ici tout était nouveau pour elle. La pauvre enfant avait désiré la pauvreté, elle l'avait rencontrée avec son cortège de privations. La maison était trop exiguë pour le personnel qu'elle abritait; la nourriture ne différait guère de celle des paysans des alentours; mais ce qui lui faisait le plus de peine, c'était de ne rien comprendre aux instructions qui se faisaient à l'église en langue bretonne.

On peut penser combien les commencements durent lui coûter! Elle-même l'avoua plus tard à l'une de ses filles. Au noviciat, si elle en parla quelquefois, ce fut aux supérieures; ses compagnes n'en surent jamais rien. Qui aurait deviné qu'une peine secrète se cachait sous ce front serein, sous ce visage toujours souriant?

D'ailleurs, elle était résolue à se vaincre en tout, et pour y arriver plus sûrement, elle choisit comme vertu principale la mortification, dont elle fera la compagne de toute sa vie. La nouvelle postulante ne comprenait pas la vie religieuse sans cette vertu qui fait les saints.

C'était alors la coutume de commencer le noviciat par une retraite de trois jours. Angélique y mit tout son cœur. Elle voulut faire une confession générale, afin, disait-elle, de se mieux pénétrer de l'esprit de dévouement et de sacrifice qui forme l'essence même de la vie religieuse.

Était-ce le seul sentiment auquel obéissait la pieuse jeune fille? Ne se rappelait-elle pas plutôt ces paroles de Notre-Seigneur : « Bienheureux les cœurs purs, car ils verront Dieu », et ne voulait-elle pas purifier le sien des moindres fautes, afin d'avoir une vue plus claire et plus profonde des devoirs attachés à sa belle vocation? Ou bien ne pressentait-elle pas déjà combien elle aurait à travailler et à souffrir pour la gloire de Dieu et le salut des âmes? Ne voyait-elle pas d'avance la lourde croix qui se taillait pour elle dans l'ombre?

Non, le penser eût été de sa part orgueil et présomption; mais Dieu le savait et, dès le début, il la préparait à sa future mission.

Quand Angélique entra chez les Filles de Jésus, la Congrégation comptait quatre maisons locales, auxquelles devaient bientôt s'ajouter de nouvelles fondations.

Pour faire face à tous les besoins, les supérieures furent souvent obligées de placer en maisons locales des sujets qui n'avaient eu qu'un court noviciat. Si les postulantes et les novices n'avaient suppléé au temps qui leur manquait par leur ferveur et leur bonne volonté, leur formation religieuse eût été bien incomplète; c'est ce qu'Angélique comprit aussitôt. Aussi travaillait-elle avec tant d'ardeur que, deux mois plus tard, on lui confiait. en maison locale, un emploi d'une certaine importance.

Mais n'anticipons pas et suivons la postulante au noviciat de Bignan.

Les supérieures n'avaient pas tardé à découvrir ce qu'il y avait de qualités, de talents naturels, et aussi de vertus, dans la jeune fille que le bon Dieu avait confiée à leur sollicitude ; aussi prirent-elles la résolution de mener à bonne fin cette œuvre de perfection. La jeune postulante répondit pleinement aux vues de Dieu et aux désirs de ses supérieures.

Angélique se mit à l'œuvre sans retard et ses progrès furent si rapides que, dès le début, elle put être donnée comme modèle à ses compagnes de noviciat, bien que celles-ci fussent elles-mêmes pleines de courage et de bonne volonté.

Simple, humble, obéissante, silencieuse et recueillie, elle accomplissait ses devoirs avec toute la perfection dont elle était capable.

Il y avait pourtant un point où cette obéissance se trouvait quelquefois en défaut. Angélique avait une tendance à excéder en mortification, et souvent elle allait au delà de ce que l'obéissance lui aurait permis. Quelquefois même, elle s'oubliait à faire ce qui lui avait été défendu, tout au moins à dépasser les limites qui lui avaient été posées. Plus tard, tout en portant toujours très loin l'esprit de mortification, elle comprendra mieux que l'obéissance est plus agréable à Dieu que le sacrifice.

Ses compagnes n'avaient pas tardé à s'apercevoir que la nouvelle postulante était très mortifiée, qu'elle usait de tous les instruments de pénitence en usage au noviciat ; cependant, ce qu'elles avaient pu découvrir, au moyen d'innocents stratagèmes, n'était rien à côté de ce qui existait en réalité.

La nourriture plus que frugale de la communauté eût dû être pour cette jeune fille, d'une santé délicate et habituée à un certain bien-être, une mortification bien suffisante ; Angélique ne le jugeait pas ainsi, et elle s'ingéniait à rendre les aliments qu'elle prenait plus insipides encore.

On lui avait confié le soin du réfectoire, ce qui l'obligeait à attendre la seconde table pour prendre ses repas. Avant de servir cette table, il fallait enlever ce qui restait de la première. C'était, pour la postulante, une excellente occasion de se mortifier. Quand elle croyait n'être vue de personne, elle mettait soigneusement de côté, pour en faire son repas, les croûtes de pain et les restes les moins convenables ; elle allait même jusqu'à recueillir ce que les sœurs avaient pu laisser sur leurs assiettes. On comprend quelles répugnances elle devait vaincre pour en arriver là.

Angélique se sentait souvent pressée d'une soif ardente, mais au lieu de demander de se désaltérer — ce qu'on lui eût accordé volontiers, — elle supportait, pour Dieu, cette cruelle souffrance.

La supérieure en ayant eu connaissance, ordonna à la jeune fille de demander permission de boire quand elle se sentait trop altérée. Forcée d'obéir, Angélique remplaça la mortification qu'elle ne pouvait faire par une pénitence plus grande encore. Pour étancher sa soif, elle prenait une boisson insipide bien plus propre à la dégoûter qu'à la soulager.

C'était excessif, nous l'avons déjà dit ; mais il faut bien avouer que c'est un excès bien pardonnable, quand on songe combien on est plus porté à excéder dans le sens contraire.

D'ailleurs la jeune postulante, sans le savoir probablement, ne faisait que suivre l'exemple des saints. Ne pouvait-on pas reprocher la même chose à la sainte Marguerite-Marie ?

Les fondatrices de la congrégation, qui vivaient encore à cette époque, durent voir avec bonheur se manifester dans la jeune postulante cet esprit de mortification qui était aussi le leur ; néanmoins on crut devoir modérer ce zèle, un peu indiscret, et on lui défendit de pratiquer des mortifications qui auraient pu être nuisibles à sa santé.

Pour que cette défense ne fût pas enfreinte, on chargea une de ses compagnes de la surveiller. Ce fut pour Angélique un double sacrifice. Mettre des bornes à ses mortifications et se sentir sous la surveillance d'une compagne, c'était, pour la jeune fille qui n'était obéissante que par grâce, une véritable épreuve, qu'elle accepta néanmoins avec générosité et bonne humeur.

Malgré ses désirs de ne pas manquer à l'obéissance, elle s'oubliait encore parfois, surtout quand sa compagne était absente ; mais quelquefois cette dernière arrivait à l'improviste et surprenait Angélique en flagrant délit de mortifications prohibées. Alors, du plus loin qu'elle l'apercevait, elle lui criait : « Je vous y prends, Angélique, et je vais le dire à notre Mère ». Angélique écoutait, un peu confuse, la réprimande de sa compagne, qui n'exécutait pas toujours sa terrible menace.

Ces velléités d'indépendance n'eurent qu'un temps, et encore ce temps fut-il très court. Angélique était trop intelligente pour ne pas comprendre bientôt qu'un seul acte d'obéissance surnaturelle est plus méritoire et, par conséquent, a plus de valeur devant Dieu que plusieurs actes de mortification accomplis par sa volonté propre ; elle était aussi trop vertueuse pour ne pas tendre au plus parfait, une fois connu ; mais si elle se soumit en cela à l'obéissance, elle conserva toujours le plus pur esprit de mortification.

Plus tard, Angélique Périgault, devenue la Révérende Mère Marie de Saint-Charles, aimait à rappeler ces petites scènes à la sœur qui l'avait forcée de modérer ses mortifications, et elle riait de tout son cœur en l'entendant lui répondre avec confusion : « O ma Mère, ne me parlez pas de cela, je vous en prie. J'en suis encore honteuse. Mais on m'avait recommandé d'en agir ainsi. J'étais obligée d'obéir et de vous faire obéir. »

Il est à regretter qu'on n'ait pas plus de détails sur le premier séjour de la jeune postulante à Bignan, séjour d'ailleurs trop court pour être fécond en événements.

Vers la fin de novembre 1841, les Filles de Jésus avaient

fondé des classes gratuites et un pensionnat à Pontivy, dans l'ancienne demeure seigneuriale des ducs de Rohan. Quelques semaines plus tard, M. Le Breton, curé de Pontivy, s'adressait à la supérieure générale, exerçant alors au Château l'office de supérieure locale, pour en obtenir une sœur qui pût s'occuper de la sacristie et du linge d'église. La demande ayant été agréée, la supérieure choisit pour cet emploi Angélique Périgault.

C'était l'arracher bien tôt aux douceurs du noviciat. A peine y avait-elle goûté qu'il lui fallait les abandonner ; mais aucune autre sœur n'avait autant d'aptitudes qu'elle pour ce genre de travail. D'ailleurs, à son adresse naturelle, elle joignait l'avantage d'avoir exercé, pendant plusieurs années, le double métier de lingère et de repasseuse.

Ce ne fut pas sans peine que la postulante quitta, moins de trois mois après son entrée, le pieux asile où elle avait goûté un si pur bonheur ; néanmoins elle fit généreusement son sacrifice, préludant ainsi à ceux qu'elle aurait à faire dans la suite.

Au Château, Angélique fut non seulement sacristine, mais encore monitrice dans une des classes. Il était bien à craindre que la multiplicité de ses occupations ne lui rendît très difficile la pratique de la règle et ne lui enlevât quelque chose de son recueillement et de sa ferveur. Peut-être le craignit-elle elle-même, et cette crainte fut sa sauvegarde. Ame fortement trempée, elle résolut de demeurer ferme dans la voie qui lui avait été montrée au noviciat.

A Pontivy, comme à Bignan, on s'aperçut bientôt que la nouvelle sœur, bien qu'elle ne fût que postulante, dépassait de beaucoup le niveau ordinaire. Sa supérieure et ses compagnes admiraient son esprit d'obéissance et de mortification, son amour du travail ; les parents des enfants la trouvaient dévouée ; les étrangers, ceux qui ne la voyaient qu'en passant, remarquaient en elle un mélange de distinction et de modestie qui se rencontre assez rarement dans une même personne.

Un jour, un ecclésiastique attendait au parloir la supérieure qui tardait un peu. La fenêtre ouverte donnait vue sur une cour intérieure où quelques sœurs étaient occupées à·la lessive. Mêlée à elles, Angélique allait et venait, suspendant à des cordes tendues le linge qu'elle avait mis au bleu et qu'elle devait repasser.

Le costume de la postulante attira d'abord l'attention du visiteur. Ensuite, le cachet de distinction répandue sur toute sa personne et la grâce de ses manières, qui lui semblaient si peu en rapport avec l'humilité de ses fonctions, le frappèrent vivement.

Il était encore à ces considérations quand la supérieure entra, s'excusant de s'être fait si longtemps attendre. « Ne vous excusez pas, ma Révérende Mère, je ne me suis pas ennuyé, dit l'ecclésiastique en souriant. Vous le voyez, je suis en train de faire ici une étude... Mais, ajouta-t-il vivement, quelle est cette jeune fille qui met du linge à sécher ? » La supérieure répondit à cette question, et le visiteur ajouta : « J'espère bien qu'elle ne sera pas toujours repasseuse, elle n'est pas faite pour cela. »

Elle était faite pour cela, puisque le bon Dieu, par la voix de l'obéissance, l'avait appelée à cet office ; mais elle était faite pour autre chose aussi, et c'est ce que l'avenir devait bientôt apprendre.

De l'impression produite par Angélique sur ce visiteur, qui la voyait pour la première fois, et ne l'avait pas même entendue parler, on peut juger de l'appréciation des personnes qui étaient souvent avec elle.

Il y avait dans cette supériorité naturelle un danger pour la jeune fille, qui aurait pu éprouver quelques mouvements de vaine gloire ; un danger aussi pour la supérieure, qui aurait pu la traiter avec plus d'égards que ses compagnes, et ainsi éveiller des sentiments de susceptibilité dans les autres sœurs.

Mais Dieu veillait. Pour éloigner d'elle la tentation, il lui imposa une croix pénible et humiliante. Angélique fut prise d'un irrésistible besoin de sommeil. A table, en classe, à la chapelle, seule ou en compagnie, elle s'endormait, malgré tous les efforts qu'elle faisait pour se tenir éveillée.

On crut d'abord à une indisposition passagère, à une fatigue que quelques jours de repos feraient bientôt disparaître ; mais les jours, les semaines s'écoulaient sans laisser voir d'amélioration dans l'état de la jeune fille.

La singulière maladie de la postulante fut bientôt connue au dehors. Des chuchoteries, des sourires, des mots couverts vinrent souvent blesser la pauvre enfant, et aussi les sœurs que l'état d'Angélique commençait à inquiéter.

Dans l'intérieur de la communauté, on en vint à se demander si ce sommeil extraordinaire n'avait pas pour principe l'imagination, un secret désir de se faire remarquer ou même la paresse, et l'on en conclut qu'il fallait faire cesser cet état. On essaya. Angélique eut à subir bien des reproches et bien des humiliations.

La jeune fille ne répondait que par ses larmes aux représentations de sa supérieure, et elle faisait de nouveaux efforts pour vaincre le sommeil, mais sans plus réussir.

Pourtant, ce dont elle s'affligeait surtout, ce n'était pas de ces humiliations ni des déboires que lui valait son infirmité, mais bien plutôt de l'impuissance où elle était de s'unir à Dieu dans la prière et de vaquer convenablement à son emploi.

Dans cette pénible épreuve, Angélique eut recours à Dieu. Elle se jeta confiante entre les bras de la divine Providence, et la paix revint dans son âme, un moment bouleversée, mais toujours soumise.

Enfin, Dieu eut pitié d'elle et, pour un moment du moins, mit fin à l'épreuve.

On en est encore à se demander ce qui avait pu occasionner cette maladie. Peut-être était-ce la fatigue.

En général, les maisons des Filles de Jésus se fondaient dans la pauvreté, et la pauvreté y est toujours en honneur ; mais à l'époque dont il est ici question, cette pauvreté confinait à l'indigence. La lutte pour la vie était, par moment, très rude, toujours difficile, et le Château ne faisait pas exception à cette règle. L'accumulation des emplois, confiés à une sœur aussi jeune, montre bien qu'on travaillait beaucoup, bien qu'on y vécût de peu.

Cette vie laborieuse dans la pauvreté n'était pas pour déplaire à Angélique, qui était venue la chercher si loin. Peut-être même, comme elle le fit à Bignan, ajouta-t-elle d'autres privations à celles que la nécessité obligeait les sœurs d'accepter. Mais dans ce cas, ses forces physiques ne répondirent pas à son courage, et une fatigue excessive amena dans la santé d'Angélique les désordres dont nous avons parlé.

Malgré les épreuves ménagées par la divine Providence à Angélique Périgault, l'année de son postulat s'écoula dans la paix et la confiance en Dieu. Au mois d'août, à l'époque de la retraite annuelle, elle fut rappelée à Bignan pour y recevoir le saint habit.

Cette cérémonie eut lieu le 28 août 1842. La nouvelle novice prit le nom de sœur Marie de Saint-Charles, qui était, on s'en souvient, le nom de son frère.

Nous ne savons rien de ce qui se passa dans l'âme de la jeune fille pendant la retraite préparatoire à sa prise d'habit, ni les joies spirituelles que lui apporta cette belle journée, mais nous pouvons penser qu'elle mit à cette préparation toute la ferveur de son âme ardente et sensible.

Dieu lui avait ménagé, en cette circonstance, un grand bonheur : son vénérable père, son frère si tendrement aimé, et l'une de ses sœurs assistèrent à la cérémonie, que rendait encore plus solennelle la présence de presque toutes les sœurs de la Congrégation, réunies à Bignan pour la retraite annuelle.

Après sa vêture, sœur Marie de Saint-Charles reprit, au château de Pontivy, ses fonctions ordinaires, qu'elle continua de remplir avec zèle et dévouement.

Ici encore nous en sommes réduits aux conjectures. Le silence plane sur tout le temps qui sépare la cérémonie de sa vêture de celle de sa profession. Mais tout nous prouve que le temps de son noviciat fut bien employé et que ses progrès dans la vertu furent considérables.

Quinze mois après sa prise d'habit, sœur Marie de Saint-Charles était admise à prononcer ses vœux.

Les détails sur cette cérémonie et les jours qui l'ont précédée, nous font encore défaut, et c'est une regrettable lacune ; il nous eût été si doux de pénétrer jusqu'au fond de cette âme si pure, si fervente, au moment où elle se consacrait à Dieu pour toujours. Quelle édification et aussi quelle consolation nous aurions éprouvées en la voyant si comblée des grâces divines ! Dieu ne l'a pas voulu, et « les secrets du Roi » sont restés cachés.

Quelques lignes, écrites dans ses notes intimes au trente-cinquième anniversaire de sa profession religieuse, nous montrent quelle haute idée la nouvelle professe avait de sa vocation, le sérieux avec lequel elle l'embrassait, et le témoignage que, trente-cinq ans plus tard, elle pouvait se rendre d'avoir toujours poursuivi son idéal.

« Trente-cinq ans aujourd'hui, écrit-elle dans ses notes intimes, je faisais mes premiers vœux. Que d'événements depuis. J'avais dès lors, dans mon cœur, et en germe, les sentiments qui s'y sont développés depuis. Dès ce moment, je comprenais que la « vraie satisfaction ne consiste pas à contenter ses passions, mais à les soumettre à la grâce. » Je sentais que pour avoir le bonheur, il fallait ne point faire de réserve dans la donation de soi-même à Dieu, et c'était de tout mon cœur que je voulais me donner ainsi avec le secours de la grâce. Malgré ma faiblesse, je n'ai jamais varié dans ces sentiments ; aussi, après m'être bien humiliée de mes fautes, j'ai toujours goûté le bonheur dans ma sainte vocation. J'approche de ma fin ; le bon Dieu m'a fait tant de grâces que je dois y correspondre par une fidélité toujours plus grande et une humilité toujours plus profonde. »

Tous les ans, au 8 novembre, dans ses notes intimes ou dans une lettre, elle rappelle le souvenir de ce grand jour. Souvent ce n'est qu'un mot, mais ce mot suffit pour montrer que cette date est, pour elle, inoubliable.

Le 7 novembre 1883, elle écrivait à l'une de ses plus fidèles correspondantes une lettre dans laquelle nous relevons ces paroles : « Je fais aujourd'hui mémoire de ma profession. Quarante ans.... Je ne ferai pas mes noces d'or.... Que la volonté de Dieu soit faite !... Pourvu que nous nous fassions saintes, tout sera bien. »

Comme nous le voyons, l'oblation de la jeune novice fut absolue ; aussi accepta-t-elle d'avance et de tout cœur l'immolation et le sacrifice. Ni les croix ni les amertumes ne devaient lui manquer.

Après sa profession, elle revint au Château, où elle fut chargée du soin des pensionnaires, emploi délicat, dont elle s'occupa avec un dévouement inlassable. Dans les enfants confiés à sa sollicitude, la jeune surveillante voyait surtout les âmes qu'elle voulait conduire à Dieu.

Défiante d'elle-même, car elle sentait sa faiblesse, sœur Marie de Saint-Charles mit toute sa confiance en son divin Maitre. Intimement unie à Jésus, elle espérait de sa toute-puissante bonté les grâces nécessaires pour bien remplir la mission qui lui avait été confiée.

Tout occupée de Dieu et de ses enfants, sœur Marie de Saint-Charles n'avait avec le monde que les rapports obligés. Humble et mortifiée, elle faisait peu de bruit, ce qui n'empêchait pas le parfum de ses vertus de se répandre au delà de la sphère où elle se mouvait heureuse et tranquille. Elle avait acquis, sans les avoir cherchées, l'estime des parents et l'affection des enfants ; mais elle attribuait le succès qu'elle obtenait à la bonté divine dont elle cherchait uniquement la gloire.

Il y avait huit mois que la jeune religieuse jouissait de cette vie calme et paisible, quand une circonstance imprévue vint changer sa destinée.

A l'arrivée des Filles de Jésus au Château, l'hôpital de Pontivy était tenu par des religieuses connues sous le nom de Dames de Saint-Thomas de Villeneuve.

A l'hospice était annexé un orphelinat où l'on recueillait des enfants des deux sexes. Ces orphelins étaient entièrement à la charge de l'hospice. Pour augmenter les ressources, les orphelins travaillaient à des ouvrages de lingerie, à la confection de vêtements d'enfants et d'articles de fantaisie qu'on vendait au profit de l'orphelinat.

Des difficultés étant survenues, les Dames de St-Thomas abandonnèrent l'œuvre qu'elles avaient commencée. Les administrateurs de l'hospice offrirent aux Filles de Jésus de les remplacer. La Congrégation accepta, et le 28 avril 1844, sœur Saint-Ignace, supérieure générale, à la tête d'une petite colonie de dix sœurs, vint prendre possession du nouveau champ d'action ouvert à leur zèle, champ fertile où elles ont travaillé et où elles travaillent encore à la gloire de Dieu et au bien des âmes.

Le premier soin de la supérieure générale fut de distribuer les emplois. La direction de l'ouvroir et du petit magasin demandait un choix judicieux. C'étaient des fonctions assez difficiles et qui exigeaient des qualités et des aptitudes plus grandes que celles qui sont nécessaires dans l'exercice de la plupart des autres offices que les sœurs avaient à remplir à l'hôpital. La supérieure n'hésita pas un instant. Sœur Marie de Saint-Charles était la personnne qu'il lui fallait. Bien qu'elle n'eût pas encore un an de profession, elle était prudente et réservée, très habile dans les travaux manuels et déjà faite au commerce. De plus ses rapports fréquents avec des châtelains avaient donné à la fille du jardinier de Talensac une distinction bien au dessus de son rang.

Elle fut donc appelée à remplir cette charge. Ce ne fut pas sans regret que sœur Marie de Saint-Charles quitta ses enfants, qu'elle aimait avec la tendresse d'une mère, et dont elle était aimée ; mais elle renferma en elle-même sa douleur. D'ailleurs, à l'hôpital comme au Château, la jeune religieuse trouvait Dieu, et cela lui suffisait.

Du 28 avril au 8 juin, la supérieure générale dirigea elle-même la communauté nouvelle. Elle eut ainsi l'occasion de voir à l'œuvre sœur Marie de Saint-Charles. Elle admira son esprit d'ordre, la sagesse avec laquelle elle savait tourner les difficultés, la douce fermeté de sa direction et son ascendant sur les jeunes orphelines, la noble simplicité de ses manières dans ses rapports avec les personnes du monde, particulièrement avec les administrateurs, et elle résolut de la présenter au conseil de la Congrégation comme supérieure de l'hôpital quand elle-même retournerait à Bignan.

Ce retour eut lieu le 8 juin 1844. Avant de partir, elle plaça sœur Marie de Saint-Charles à la tête du nouvel établissement. Celle-ci avait vingt-quatre ans.

La charge était bien lourde pour de si jeunes épaules et sœur Marie de Saint-Charles dut frémir en l'acceptant ; mais, comme toujours, elle s'en remit à la divine Providence du soin de diriger toutes choses selon les voies de Dieu.

Tandis que la jeune supérieure envisageait, avec une tristesse résignée, la nouvelle existence qui s'ouvrait devant elle et les responsabilités qu'elle assumait, tout le monde, autour d'elle, se félicitait du choix fait par la supérieure générale. Les administrateurs et les bienfaiteurs admiraient l'esprit d'initiative et la sagesse qu'elle apportait à toutes choses ; les orphelins et les malades louaient surtout sa charité, sa condescendance, son humeur égale et l'élévation de sa nature, tandis que sa douce gaîté, sa piété aimable et la tendresse de son cœur charmaient la communauté tout entière ; aussi, sous son gouvernement maternel, une atmosphère de paix régnait dans la maison, dilatant tous les cœurs et les portant à la confiance la plus entière en leur jeune supérieure.

Deux ans s'écoulèrent ainsi. Sœur Marie de Saint-Charles n'avait qu'une pensée : remplir ses fonctions le plus parfaitement possible, répandre autour d'elle le bonheur et la joie, quand Dieu changea encore une fois sa destinée.

Depuis quelques années, la Congrégation des Filles de Jésus périclitait. En 1846, elle subissait une crise qui faillit l'amener à sa perte. Satan, prévoyant sans doute le bien que devait accomplir plus tard cette humble famille religieuse, voulut l'étouffer dans sa fleur ; mais Dieu veillait sur son œuvre et la petite plante résista aux vents et aux tempêtes.

Plus zélé qu'habile, M. Coëffic avait entrainé la Congrégation dans des difficultés pécuniaires où le modeste avoir des sœurs semblait devoir disparaitre.

Des procès entre la commune, la fabrique de Bignan et le Père fondateur étaient en cours, et les habitants de la paroisse, confondant le Père et les sœurs, comme lui-même avait confondu son bien avec celui de la communauté, se regardaient comme lésés par la Congrégation.

C'était avec une profonde douleur que la mère Angèle et ses premières compagnes voyaient péricliter une œuvre qui leur avait coûté tant de travaux et tant de peines.

Une mesure radicale s'imposait. Si l'on voulait rendre à la petite famille religieuse des Filles de Jésus sa ferveur première, son dévouement des anciens jours, il fallait relever la Mère générale de ses fonctions.

Mais cette supérieure générale était la propre nièce du

fondateur, et l'on craignait de manquer de délicatesse à l'égard de M. Coëffic, dont on connaissait le dévouement et la bonté. On résolut d'attendre aux élections pour procéder au changement.

Elles eurent lieu le 23 août 1846. Les sœurs ayant droit de vote étaient au nombre de vingt-neuf. Telle était déjà l'influence exercée par la sœur Marie de Saint-Charles sur les autres membres de la Congrégation que, malgré sa jeunesse — elle n'avait pas vingt-sept ans, — elle fut élue à la presque unanimité des voix — vingt-sept sur vingt-neuf — supérieure générale des Filles de Jésus.

La supérieure déposée fut, sur sa demande, nommée supérieure au château de Pontivy.

Quatre ans plus tard, en 1850, elle quittait la Congrégation, entrainant dans sa défection quelques-unes de ses compagnes qui avaient subi son influence...

CHAPITRE III

Administration — Extension de la Congrégation

En confiant le gouvernement de la Congrégation à la plus jeune des supérieures, les sœurs vocales avaient fait preuve d'un grand esprit de foi et d'un véritable amour pour leur institut.

Elles avaient compris que, dans la crise terrible que traversait en ce moment leur famille religieuse, il fallait, pour la relever et la conduire, une main ferme et douce, un esprit éclairé et prudent, une intelligence au-dessus de l'ordinaire, une piété intense, c'est-à-dire un ensemble de qualités et de vertus qui se rencontrent rarement dans une même personne, mais qu'on était unanime à reconnaître dans la sœur Marie de Saint-Charles.

Destinée à être l'instrument de Dieu dans ses desseins sur l'institut, elle avait été préparée à sa mission future. Elle édifia et perfectionna ; et de l'humble rameau qui poussait avec peine, elle fit sortir un grand arbre qui, même de son vivant, allait étendre ses branches puissantes sur presque toute la Bretagne.

Mais l'avenir était caché, et personne ne se doutait en ce moment des grandes choses que Dieu voulait opérer au moyen de l'instrument docile qu'il s'était choisi et qui s'abandonnait entre ses mains.

Ce qu'elle prévoyait, elle, l'élue du Seigneur, c'étaient des difficultés de toute nature, des obstacles qui auraient paru insurmontables à un esprit moins fortement trempé que le sien, des contradictions sans nombre, d'autant plus difficiles à supporter qu'elles viendraient de plus haut.

Comment en aurait-il été autrement ? Corriger les fautes d'une administration malhabile, réformer des abus que l'exemple désastreux de sœurs qu'on pouvait regarder comme des colonnes de l'institut avait autorisés, ramener à la ferveur et à l'esprit de la règle des religieuses que le relâchement avait gagnées, c'était une œuvre difficile et délicate, qui demandait un tact et une patience inlassables, et cette œuvre, elle devait l'accomplir seule.

Cette perspective douloureuse fit frémir la supérieure générale, mais ne la fit pas reculer. Mettant toute sa confiance en Dieu, elle s'abandonna à la divine providence, prit la croix qui lui était présentée, résolue à la porter avec Jésus jusqu'au Calvaire, jusqu'à l'immolation, jusqu'à la mort.

Les difficultés prévues ne tardèrent pas à se présenter. La mère Marie de Saint-Charles joignait à un jugement très sûr une volonté énergique. Elle ne se décidait jamais sans un mûr examen, mais quand elle s'était tracé une ligne de conduite, elle la suivait en dépit de tous les obstacles.

M. Coëffic, bon et saint prêtre, tout dévoué à la Congrégation qu'il avait fondée, ne cherchait, comme la mère Marie de Saint-Charles, qu'à procurer la gloire de Dieu et le salut des âmes ; mais il y avait entre eux cette différence que le Père manquait de l'esprit d'organisation que la supérieure générale possédait à un très haut degré.

Pour bien comprendre ce qui va suivre, quelques détails rétrospectifs sont nécessaires.

M. Noury, recteur de Bignan, était sur le point de fonder un établissement religieux ayant pour but l'instruction chrétienne des enfants pauvres et le soin des malades de la paroisse. Déjà, au moyen de ses économies, il avait formé un fonds destiné à l'œuvre projetée, quand éclata la Révolution.

Comme beaucoup d'autres prêtres, M. Noury se vit contraint d'émigrer. Après plusieurs années d'exil, il revint en Bretagne ; mais nommé curé de Saint-Pierre de Vannes, il ne put s'occuper lui-même de l'œuvre qu'il avait rêvée. Il en confia l'exécution à deux femmes de Bignan, qu'il nomma, à cet effet, ses légataires universelles.

M. Largouët, successeur immédiat de M. Noury à la cure de Bignan, ne donna pas de forme définitive au projet de son prédécesseur. Il se contenta de faire tenir des écoles par des tertiaires, Anne Jéhanno et Yvonne Forget, l'une et l'autre légataires de son prédécesseur.

En 1821, M. Coëffic était nommé curé de Bignan. Il se mit aussitôt en devoir de réaliser l'œuvre conçue par M. Noury.

Dès 1822, il avait créé à Colpo, qui était alors une trêve de Bignan, une petite école dont il avait donné la direction à l'une de ses paroissiennes, Perrine Samson. C'était elle que le bon Dieu avait destinée pour être la pierre fondamentale de la Congrégation des Filles de Jésus. En 1827, le frère Jean, qui dirigeait une école au bourg même, ayant été rappelé à Ploërmel, M. Coëffic confia cette école à Perrine Samson, tandis qu'une autre jeune personne, Perrine Gilet, plus tard sœur Saint-Pierre, prenait la direction de l'école de Colpo.

D'autres jeunes filles, désireuses, elles aussi, de consacrer leur vie au bien des âmes, s'adjoignirent aux premières dans leur œuvre de miséricorde.

Les sœurs vivaient heureuses et paisibles dans l'humble berceau que la divine Providence leur avait ménagé.

Il y avait près de dix ans que cet état de choses durait. Six maisons locales : Pluméliau, Locqueltas, Guidel, le Château de Pontivy, Radenac et l'hôpital de Pontivy, avaient été fondées quand la Révérende Mère Marie de Saint-Charles prit possession du gouvernement de la Congrégation.

D'un coup d'œil, la Révérende Mère avait jugé la situation et compris ce qu'il y avait d'instable dans certaines dispositions prises ; mais le moment de porter remède à ce mal n'était pas encore venu ; la Révérende Mère se décida à remettre à plus tard les explications et les modifications à apporter dans l'administration financière de l'Institut.

Une cause plus pénible d'anxiété, et qui ne souffrait pas de retard, attirait l'attention de la Mère Marie de Saint-Charles : c'était la direction spirituelle des sœurs, trop négligée sous le gouvernement précédent. Un certain relâchement s'était introduit peu à peu dans la communauté.

Une trop grande faiblesse dans la direction avait été

cause du mal ; une grande fermeté était nécessaire pour ranimer l'esprit de ferveur et de régularité dans des âmes que la négligence avait gagnées. C'était une tâche ardue et difficile. Il fallait en même temps corriger et encourager. N'y avait-il pas à craindre de dépasser la mesure ? Un excès de sévérité pouvait lui aliéner les cœurs ; trop de bonté ne remédierait à rien.

Comme dans tous les cas difficiles, la Mère Marie de Saint-Charles s'en remit à la divine Providence. Elle pria beaucoup, fit prier les sœurs afin d'obtenir les lumières nécessaires, puis elle se mit résolument à l'œuvre.

Nous parlerons ailleurs de la direction spirituelle des sœurs par la vénérée Mère Marie de Saint-Charles ; cependant les conseils qu'elle donna à ses filles dans ses premières conférences méritent bien d'avoir leur place ici.

Il y avait bien longtemps que les sœurs n'avaient pas entendu de paroles aussi fortes que celles que prononça la Révérende Mère quand elle les réunit pour la première fois après son élection.

« C'est pour parvenir à la perfection, tout au moins pour y tendre, que nous avons embrassé les conseils évangéliques. Notre Règle ne nous impose rien d'extraordinaire ; mais si nous la pratiquons bien, elle peut nous conduire très loin dans les voies de la perfection. Soyez désormais plus fidèles à vos exercices de piété, spécialement à la méditation, à l'examen de prévoyance et à l'examen particulier. Je vous recommande aussi de garder le silence de la journée plus rigoureusement que vous ne l'avez fait jusqu'ici. Soyez toutes polies les unes à l'égard des autres ; ayez un maintien grave et modeste afin de vous édifier mutuellement. »

« Voici, dit-elle, en une circonstance où ses conseils n'avaient pas été mis en pratique, un avis que je désire vivement vous voir suivre, car je le regarde comme le plus important : c'est de vous aimer les unes les autres, comme le Seigneur vous aime. La charité est une vertu sublime, qui a été écrite en lettres de sang sur la croix de Jésus, et qui devrait être aussi écrite dans nos cœurs. »

Dans la réunion suivante, la Révérende Mère parle plus sévèrement encore. Elle revient sur les conseils déjà donnés et qui n'ont pas été appliqués par toutes, ou ne l'ont pas été suffisamment.

« Dans notre dernière réunion, j'ai parlé de la charité ; avez-vous été plus charitables ? Je vous ai recommandé le silence, la modestie, l'esprit de mortification ; avez-vous été fidèles sur tous ces points ? »

Mais si la Mère Marie de Saint-Charles se montrait sévère dans la répresion des abus, elle ne laissait jamais ses filles sous une impression pénible ; aussi cette réunion se termine-t-elle par ces paroles, bien propres à relever les courages et à soutenir les bonnes volontés : « Plus faibles que des roseaux, de nous-mêmes nous ne pouvons rien ; mais avec la grâce de Dieu, nous pouvons tout. Cette grâce, demandons-la par Marie. Si nous allons à notre Mère avec un cœur droit, nous ne manquerons pas d'obtenir l'objet de notre demande ».

Plus confiante dans la puissance de Marie que dans ses propres efforts, c'est à cette divine Mère que la supérieure générale confiait sa propre perfection et celle de ses sœurs.

Cette confiance de la Révérende Mère fut bien récompensée, car bientôt la petite communauté de Bignan présenta le spectacle édifiant des premières années de son existence.

Il y avait un an que la Mère Marie de Saint-Charles était supérieure générale quand la Révérende Mère Sainte-Angèle, fondadrice et première supérieure, qui avait été élue assistante aux dernières élections, se démit de ses fonctions, devenues trop pénibles pour son état de santé.

La vénérée fondatrice, sentant qu'elle n'avait plus que peu de temps à vivre, voulait se recueillir en Dieu avant d'aller à lui.

Son humilité ne lui avait pas permis de porter au delà de trois ans le fardeau du supériorat général. Le même désir de vie humble et cachée l'avait ensuite portée à résigner ses fonctions d'assistante générale.

Sa mort, survenue peu de temps après, fut un grand deuil pour la congrégation, car toutes les Filles de Jésus avaient en vénération leur humble et sainte Mère fondatrice.

La Mère Marie de Saint-Charles avait obtenu ce qu'elle avait le plus désiré : la ferveur et la régularité dans la petite communauté de Bignan. Tout allait donc pour le mieux à l'intérieur. Mais à l'extérieur les nuages s'amoncelaient et faisaient présager une terrible tempête. L'orage éclata bientôt et faillit submerger le frêle esquif, qui se débattait sur des flots en courroux.

Mais le pilote était à la barre, sa boussole tournée vers le ciel, prêt à affronter la tourmente et à remettre à flots la barque en détresse. Il ne fallait rien moins que la sagesse et la prudence de la Révérende Mère Marie de Saint-Charles, jointe à son inaltérable confiance en Dieu, pour sauver la Congrégation d'une ruine complète. Ce malheur, elle sut l'éviter, et c'est, après Dieu, à la vénérée Mère Marie de Saint-Charles que la Congrégation des Filles de Jésus doit d'exister encore.

En 1849, M. Coëffic, frappé d'une première attaque de paralysie, donna sa démission comme curé de Bignan et se retira dans la maison qui lui appartenait, et occupée au début par les sœurs.

La paroisse de Bignan n'attendait que ce moment pour faire valoir ce qu'elle regardait comme ses droits sur les biens de M. Noury ; la commune se mit de la partie ; le conseil municipal et le conseil de fabrique intentèrent un double procès à M. Coëffic.

Une terrible angoisse saisit l'âme de la Mère Marie de Saint-Charles. Elle savait que c'était la ruine pour la communauté ; M. Coëffic perdrait et les sœurs seraient obligées d'abandonner cette maison où étaient venues s'engloutir toutes les ressources de la Congrégation, qui ne possédait même plus un pouce de terrain.

Le moment d'agir était venu. Il fallait séparer les intérêts de la communauté de ceux du Fondateur et se mettre en dehors de tout procès.

Mgr de la Motte de Broons, à qui la Mère Marie de Saint-Charles en avait référé, répondit en approuvant les Règles et Constitutions des Filles de Jésus, et en reconnaissant à un Conseil de cinq membres le droit d'administrer la Congrégation.

Cette mesure, qui sauva la situation, eut pour effet

immédiat de rendre les rapports entre les deux supérieurs un peu plus difficiles.

Les Filles de Jésus avaient reçu la Règle des mains de leur évêque le 15 janvier 1850, et aussitôt le conseil se mit en devoir d'exécuter son mandat.

La Maison-Mère appartenait légalement au Père Coëffic, bien que les sœurs y eussent une plus grande part. En compensation de l'argent que les sœurs avaient versé, le fondateur leur céda la maison qu'il habitait. L'acte de vente fut passé en 1851 ; mais ce ne fut qu'en 1852 que les sœurs prirent de nouveau possession de la maison où la Congrégation avait pris naissance.

Deux mois s'étaient à peine écoulés depuis le transfert de la communauté à son premier berceau, que la Supérieure générale était appelée à Guidel pour des affaires de même nature.

En 1835, M. Coëffic avait établi une communauté de Filles de Jésus à Guidel, sa paroisse natale. La fondation s'était faite dans les mêmes conditions que celle de Bignan. La maison avait été élevée sur un terrain appartenant à la famille du fondateur. Lorsque ce dernier dut quitter Bignan, après avoir cédé sa maison à ses filles, il crut pouvoir se retirer dans celle qui avait été construite à Guidel au moyen de fonds provenant, ou de ses biens propres, ou de ceux des premières Filles de Jésus.

Les malentendus qui s'étaient produits à Bignan entre le Père Supérieur et le Conseil de la Maison-Mère se renouvelèrent pour la communauté de Guidel, et les sœurs durent quitter cette maison qu'elles occupaient depuis la fondation.

Ce fut un moment de douloureuse angoisse pour la Mère et ses filles. Il n'y avait à Guidel aucune maison à vendre pouvant convenir à l'établissement d'un couvent.

Comme toujours dans ses grandes difficultés, la Mère Marie de Saint-Charles confia cette affaire à la divine Providence ; puis, pleine d'espoir, elle attendit l'heure de Dieu.

La confiance de la Révérende Mère ne fut pas vaine.

La communauté actuelle, qu'on appelait alors l'Hôpital, fut mise en vente au tribunal de Lorient.

Après bien des péripéties, cette maison et ses dépendances devinrent la propriété des Filles de Jésus.

A cette époque M. Coëffic s'était déjà retiré dans sa famille. Sa santé, très précaire, ne lui permit pas de prendre en main l'intérêt de ses filles et de leur éviter les ennuis de toutes sortes qu'elles eurent à souffrir en ces tristes circonstances.

Ces affaires litigieuses n'avaient pas été sans créer une nouvelle gêne entre les deux supérieurs ; mais cela n'avait pas été jusqu'à troubler la bonne harmonie entre le Père Supérieur et la Mère Marie de Saint-Charles. Le désir du bien était trop ancré dans leur âme ; mais des difficultés d'un autre genre allaient surgir et rendre l'entente très difficile, pour ne pas dire impossible. Quand, dans les affaires, le cœur s'en mêle, on ne voit plus les choses sous leur véritable point de vue.

La défection de sa nièce, survenue trois mois après sa déposition, ne pouvait qu'indisposer M. Coëffic contre la Révérende Mère Marie de Saint-Charles.

Dès 1849, il avait avait quitté Bignan et résidait dans sa paroisse natale, d'où il continuait à diriger la Congrégation. Il venait à Bignan quand sa présence était nécessaire ; mais le départ de la sœur Saint-Ignace, bien que la Supérieure générale eût fait son possible pour l'empêcher, avait eu pour résultat de tendre les relations entre le Père Supérieur et la Maison-Mère. Le transfert de la communauté de Guidel à la maison de l'Hôpital ne contribua pas à l'amélioration d'une situation déjà assez pénible.

La divergence de vue entre M. Coëffic et le conseil de la congrégation n'avait pas altéré les sentiments de filial respect que la Mère Marie de Saint-Charles portait au Père Supérieur. Elle ne pouvait oublier que la famille religieuse des Filles de Jésus lui devait son existence, et cela suffisait pour inspirer à la Supérieure générale des sentiments de reconnaissance que ni les préventions ni les contradictions ne pouvaient éteindre.

L'état de santé du vénéré Fondateur allait bientôt le

rendre incapable de diriger les Filles de Jésus ; et quand, en 1857, Dieu l'appela à la récompense, la paralysie lui avait enlevé, non seulement l'usage de ses membres, mais encore l'usage de la parole.

Pendant plusieurs années, la Mère Marie de Saint-Charles dut, avec les membres de son conseil, porter le poids de la plus lourde des responsabilités.

Ce conseil lui-même ne pouvait lui être d'une grande utilité. Les membres du conseil avaient pour leur jeune Mère le plus profond respect et la secondaient de leur mieux ; mais leur inexpérience des affaires était une lacune que leur piété et leur esprit religieux ne parvenaient pas à combler.

Quelquefois le sentiment de sa faiblesse envahissait la Supérieure générale au point de la faire douter de sa mission. Elle craignait d'être un obstacle au bien et se croyait la cause des difficultés contre lesquelles la congrégation luttait péniblement.

Alors, des larmes inondaient son visage et elle allait chercher aide et confort devant le saint tabernacle. Là, une ardente prière montait de son cœur à ses lèvres, et une confiance invincible, car elle était fondée sur Dieu, reprenait le dessus et la Mère Marie de Saint-Charles s'abandonnait, avec ses filles, à la volonté divine.

Dieu, en effet, n'abandonna pas la jeune Supérieure générale. Il lui fit trouver un appui et un conseil dans la direction éclairée de M. Guillaume Le Berre, alors vicaire de Bignan, et confesseur de la communauté.

L'intérêt que M. Le Berre portait à la congrégation se manifestait surtout dans les soins qu'il donnait aux novices, travaillant de tout son pouvoir à faire d'elles des religieuses instruites et ferventes, capables, en tous points, d'assurer l'avenir de la congrégation.

Mais cet appui lui-même allait manquer. M. Le Berre, se croyant appelé à la vie religieuse, quitta Bignan pour entrer dans la Compagnie de Jésus.

Son départ causa une grande douleur à la petite communauté de Bignan ; plus que personne, la Mère Marie de Saint-Charles sentit l'absence de son directeur ; mais en cette pénible circonstance, elle donna à ses filles l'exemple de la plus parfaite soumission à la divine volonté.

Cette absence ne devait pas se prolonger. Quelques années plus tard, M. Le Berre rentrait à Bignan, comme aumônier de la Maison-Mère des Filles de Jésus, charge qu'il remplit jusqu'à sa mort.

Mais l'avenir était caché; et, au départ de M. Le Berre, la supérieure générale restait encore privée de tout appui.

Malgré tous les obstacles, la congrégation continuait sa marche en avant. Un événement important allait hâter ses progrès.

En 1853, la Congrégation des Filles de Jésus était reconnue comme congrégation à supérieure générale. Voici en quels termes la Mère Marie de Saint-Charles annonce à ses filles cette grande faveur, qu'elle attribue tout entière à la Sainte Famille, n'ayant eu, par ailleurs, aucune protection.

« Que Jésus et Marie vous bénissent, mes chères filles ! Je salue vos saints Anges.

« Je ne sais à quel sentiment intérieur j'ai obéi en remettant à hier, mercredi, la clôture du mois de notre bien-aimée Mère. Le courrier est arrivé vers neuf heures, porteur d'un pli adressé par Monseigneur à M. le Curé, et ce pli contenait le décret de l'Empereur, daté du 12 mars, décret qui approuve notre Institut comme Congrégation à supérieure générale.

« Ce nouveau bienfait, qui nous assure de plus en plus la protection du ciel, nous impose de grandes obligations. Il faut que nous le reconnaissions par un plus grand dévouement, dans les œuvres de notre vocation, par un plus grand renoncement à nous-mêmes, par une charité plus cordiale et plus universelle entre nous, enfin par un accroissement de confiance et d'amour envers la Sainte Famille. C'est par elle que nous devons tout obtenir. Notre-Dame des Victoires et saint Joseph ont été nos seuls protecteurs à Paris. Voyez quelle doit être pour eux notre reconnaissance ! »

Cette approbation impériale rendait l'avenir de la Congrégation moins précaire ; les nouvelles maisons locales se succédèrent rapidement et le noviciat se remplit de nouvelles recrues.

La première maison locale fondée par la Révérende Mère est l'asile de Pontivy (septembre 1850). Elle eut pour première et dernière supérieure sœur Marie-Ambroise. Cette religieuse, jeune et pleine d'entrain, avait toutes les qualités et toutes les aptitudes d'une bonne asilienne ; c'est pourquoi la municipalité décida de l'envoyer à Paris pour y suivre les cours célèbres de Mme Pape-Carpentier. Comme il était convenable qu'elle fût accompagnée, la Mère Marie de Saint-Charles lui adjoignit sœur Emmanuel-Marie, sujet de grande espérance.

Au bout de quelques mois, elles revenaient, munies du diplôme convoité, et établissaient la salle d'asile de Pontivy sur le même pied que les établissements du même genre, vus à Paris.

Cette salle d'asile, durant trente-huit ans, fit un bien énorme. La laïcisation des écoles communales en août 1888 entraina celle de la salle d'asile.

En 1851, eut lieu la fondation de Baden, celles de Bréhan-Loudéac et de Mohon.

Jusque-là la Congrégation des Filles de Jésus n'avait pas franchi les limites du diocèse. En cette même année 1852, elle pénétra dans les Côtes-du-Nord par la fondation de Saint-Étienne-du-Gué-de-l'Isle, et dans l'Ille-et-Vilaine, par celle de Talensac.

Ce fut une bien grande joie pour la Mère Marie de Saint-Charles de conduire ses filles dans sa paroisse natale, et aussi de les confier à son vénérable pasteur M. Chollet, dont Dieu s'était servi comme d'instrument pour faire entrer la Révérende Mère dans la Congrégation des Filles de Jésus.

C'est au château de la Hunaudière, propriété de Mlle de Kergrist, si plein de souvenirs pour la Révérende Mère, que les sœurs s'établirent. Mlle de Kergrist et sa bonne, Marie Le Breton, s'étant réservé quelques pièces, demeurèrent avec les religieuses pendant les années qu'elles vécurent encore.

M. le Recteur de Talensac, grand admirateur de la vénérée Supérieure, travailla de tout son pouvoir à étendre la Congrégation des Filles de Jésus dans le diocèse de Rennes.

A Cintré, gracieuse petite commune d'Ille-et-Vilaine, des immeubles avaient été légués à la paroisse pour l'entretien de religieuses qui instruiraient les petites filles pauvres et visiteraient les malades nécessiteux de l'endroit. M. le Recteur de Talensac engagea M. Denieul, recteur de Cintré, à presser la conclusion de cette affaire et à confier l'œuvre projetée aux Filles de Jésus.

Les premières ouvertures en furent faites quand la Mère Marie de Saint-Charles vint conduire ses filles à Talensac; mais ce ne fut qu'en 1855 que l'établissement de Cintré reçut ses sœurs.

Dans toutes les fondations déjà établies et celles qui devaient s'établir dans la suite, la Mère Marie de Saint-Charles montrait un véritable désintéressement. La gloire de Dieu, le salut des âmes, la propagation du culte de saint Joseph, voilà ce qu'elle mettait au-dessus de tous les intérêts ; aussi l'on se demandait parfois comment les sœurs pouvaient vivre aux conditions acceptées par leur Mère ; et pourtant excessivement rares sont les établissements qui ont du être fermés, faute de ressources suffisantes. La Providence, sur laquelle la Mère Marie de Saint-Charles s'appuyait exclusivement, venait toujours à leur aide au moment opportun. Dieu récompensait ainsi l'esprit de foi et le désintéressement de la vénérable Mère. Cependant, quelque conciliante qu'elle fût, elle montrait une grande fermeté quand il s'agissait de défendre les intérêts de la Congrégation. Malgré son détachement de tout, la Mère Marie de Saint-Charles savait maintenir ses droits et ceux de ses filles.

C'est ce que prouvent certaines lettres écrites au sujet de fondations à établir ou déjà établies.

M. Le Net, vicaire à Radenac, paroisse où les Filles de Jésus étaient établies depuis plusieurs années, écrivit à la Mère Marie de Saint-Charles, une lettre sans signature et très inconvenante. La réponse qu'elle y fit nous fera connaitre les griefs que cet ecclésiastique croyait avoir contre la Révérende Mère.

« A mon arrivée de voyage, j'ai reçu une lettre sans signature, mais que je sais être de vous. Vous pensez que dans le nouvel arrangement que je vous propose, j'ai cédé à des suggestions étrangères. Vous vous trompez, Monsieur. Ce que je vous ai proposé, je l'ai fait parce que je le croyais selon la conscience. Je n'ai pas tant visé au gain qu'à la bonne harmonie que je désire voir régner entre vous et les sœurs. »

La Mère Marie de Saint-Charles termine cette lettre par ces mots un peu sévères, mais justes : « La gloire de Dieu, le salut des âmes, tel doit être notre premier but. Nos dissensions n'y conduiraient point, mais retomberaient sur la religion dont nous devons être les plus fermes appuis.

« Je suis fâchée, Monsieur, de vous faire de la peine, fâchée de vous retirer mes sœurs ; fâchée surtout du mauvais effet que peut produire leur départ ; mais je ne puis accepter vos dernières dispositions, qui n'assureraient pas aux sœurs des moyens d'existence suffisants. »

M. Le Net avait voulu modifier les intentions de M. Le Breton, bienfaiteur de l'œuvre, et imposer les siennes à la Supérieure générale, conditions mesquines en réalité et qui lui avaient valu la réplique un peu verte qu'on vient de lire.

La lettre de la Révérende Mère se terminait par ces mots : « Si je retirais mes sœurs, vous vous en repentiriez, croyez-moi, Monsieur. »

Il est probable que M. Le Net finit par comprendre le bien fondé des réclamations de la Supérieure générale et qu'il acquiesça à sa demande, car elle ne retira pas ses sœurs, qui continuent à édifier la paroisse par leurs vertus et leur dévouement.

Quelquefois les changements apportés au personnel d'une maison attiraient des difficultés. Dans ces circonstances, la Révérende Mère poussait la condescendance aussi loin que possible ; mais elle s'arrêtait au point où cette condescendance serait devenue de la faiblesse ; alors, on ne sait pas ce qu'on doit admirer le plus, ou sa patience à supporter les reproches ou la dignité avec laquelle elle y répond. C'est ce qu'on remarque surtout dans une lettre adressée au fondateur d'une de ses communautés.

Cette maison avait pour supérieure locale une des

religieuses les mieux douées de la Congrégation. Le Conseil l'ayant appelée à la Maison-Mère pour y remplir un office important, le fondateur refusa d'accepter la sœur qui lui était envoyée.

La réponse de la Supérieure générale à la lettre qu'il lui écrivit à ce sujet est un modèle de fermeté et de retenue.

« Votre message vient de me parvenir. Je suis ennuyée, très ennuyée des tracasseries que vous subissez et qui, paraît-il, me sont imputables. J'aurais bien voulu les éviter et m'éviter à moi-même les reproches sanglants que vous m'adressez. Vous ne voulez pas de la sœur que je vous destine ; peut-être le regretterez-vous. J'ai cru combiner toute chose dans l'intérêt de votre communauté. Si je n'avais pas jugé la sœur capable d'enseigner, je n'aurais pas pensé à vous l'envoyer. Mais, quoi qu'il en soit, je ne vous l'enverrai pas. Dans huit jours, au plus tard, la sœur N. que vous aviez il y a deux ans, sera à la communauté de B. pour y remplir ses anciennes fonctions. On n'a jamais eu de reproches à lui adresser au sujet de sa classe ; je la crois disposée à aller de mieux en mieux. Comme vous le savez, sœur N. a le diplôme d'institutrice. »

Pour faire face à toutes ces difficultés, et à de bien plus graves encore, la Mère Marie de Saint-Charles était seule ; car il y avait déjà longtemps qu'elle gouvernait la Congrégation presque sans aide. Le vénérable fondateur avait bien encore le titre de Supérieur ecclésiastique, mais il ne pouvait plus en remplir les fonctions. Le choix d'un autre Supérieur s'imposait.

Pour l'obtenir, la Révérende Mère avait tenté plusieurs démarches, mais l'évêque de Vannes, Mgr de La Motte, n'avait encore rien fait dans ce sens.

La Mère Marie de Saint-Charles se décida enfin à aller trouver l'Évêque et à s'entendre avec lui. Malgré son courage, la bonne Mère trembla en se trouvant devant le palais épiscopal. Ce fut bien pire quand sa demande d'audience lui revint : Mgr de La Motte, qui s'était laissé circonvenir, refusait de recevoir la Révérende Mère.

Attristée, mais non découragée, la Supérieure générale alla se jeter aux pieds de la Sainte Vierge, la suppliant de l'aider, résolue qu'elle était à tenter une nouvelle épreuve.

Dans l'après-midi, la Mère Marie de Saint-Charles revint à l'évêché.

« Que me veut donc cette fille ? dit Mgr de La Motte, d'un air ennuyé, quand on annonça la Révérende Mère. Il allait donner l'ordre de l'éconduire encore, quand ses regards tombèrent sur une petite statue de la Sainte Vierge, placée sur son bureau. Alors, sans se rendre compte de ce qui se passait en lui en ce moment, il commanda d'introduire la Révérende Mère. Avec sa foi habituelle, la vénérable Supérieure avait prié Marie, et la Sainte Vierge avait répondu à son ardente prière en changeant complètement l'esprit du Prélat.

Admise en sa présence, la Mère Marie de Saint-Charles lui exposa la situation de la Congrégation avec tant de précision, de clarté et de simplicité, qu'elle le gagna à sa cause.

Le résultat de cette entrevue fut la nomination de M. Flohy, chanoine titulaire de la cathédrale et grand Pénitencier, comme Père supérieur de la Congrégation des Filles de Jésus.

Voici en quels termes la Mère Marie de Saint-Charles, dans deux lettres circulaires, annonce à ses filles cette heureuse nouvelle. La première de ces lettres est datée du 8, la seconde du 12 janvier 1855.

Mes chères Filles,

« Enfin, je viens vous annoncer un Père supérieur ! J'ai reçu samedi une lettre de l'Évêché, dans laquelle Monseigneur me fait connaitre que M. Flohy a été nommé à cette charge, et qu'il vient de l'accepter.

« C'est du Cœur de Marie que j'attendais cette grâce. Nous avons tant prié cette bonne Mère à ce sujet, que nous ne pouvons pas douter que ce ne soit elle qui nous l'ait choisi. Aussi j'espère que vous recevrez cette nouvelle avec reconnaissance. Gardez-vous d'aucun raisonnement. Je vous veux toutes des filles de foi, de vraies filles de Jésus, de dignes enfants de Marie. Vous me causeriez la plus grande douleur, si vous agissiez autrement.

« Je compte aller mercredi présenter mes hommages à notre Père Supérieur et l'assurer de notre respect et de notre obéissance à toutes ses directions. J'espère de la grâce de Dieu que vous ne démentirez pas les avances que je ferai en votre nom.

« Mais je ne veux pas m'arrêter à cette pensée. Je connais vos cœurs et votre bonne volonté : vous suivrez les avis de votre Mère. Tous nos cœurs n'en feront qu'un en Notre-Seigneur. A cette condition, je vous promets et je vous réponds que le ciel vous récompensera et comblera vos vœux au delà de toute attente. »

Le mercredi suivant, la Mère Marie de Saint-Charles et son assistante se rendirent à Vannes pour offrir au nouveau Père Supérieur l'hommage de leur respect et de leur piété filiale.

M. Flohy les reçut avec une grande bonté. Enhardie par cet accueil, la bonne Mère l'invita à les accompagner à Bignan, afin de faire plus tôt la connaissance de ses nouvelles filles. Le Père Supérieur accepta avec plaisir l'invitation qui lui était faite.

Dans une nouvelle lettre circulaire, la Mère Marie de Saint-Charles fit part aux sœurs des maisons locales de cette première visite du Père Supérieur.

Le 12 janvier 1855

Mes chères Filles,

« Que Jésus et Marie vous bénissent toutes !

« C'est mercredi, sous les auspices de saint Joseph, que notre Père a fait son entrée au milieu de nous. Nous l'avons reçu comme l'envoyé du ciel.

« Il a parlé à tout le monde, en général et en particulier, et nous a témoigné une bonté vraiment paternelle.

« Le premier désir que notre Père a exprimé, c'est que nous soyons bien régulières et très unies entre nous. J'ai l'intime espérance que nous allons toutes nous appliquer sérieusement, et de cœur, à lui donner cette consolation.

« Le premier acte d'autorité qu'il a exercé a été de nous donner Marie-Immaculée pour patronne jusqu'au premier janvier prochain. Honorez donc, plus que jamais, cette bonne Mère; continuez le Pater et l'Ave en son honneur, avec cette invocation : « Sainte Marie-Immaculée, priez pour nous, qui avons recours à vous. »

Cette pratique en l'honneur de la Vierge Immaculée s'est perpétuée dans la Congrégation. L'invocation seule a subi une modification ; les sœurs disent maintenant : « O Marie conçue sans péché, priez pour nous qui avons recours à vous. »

En cette même année 1855 eurent lieu des élections. Dans la circulaire où la Mère Marie de Saint-Charles les annonce, elle donne aux sœurs des conseils pratiques, tous marqués au coin de la sagesse et du désintéressement le plus absolu.

« En cette circonstance, mes très chères Filles, je ne saurais trop vous recommander le dépouillement de toute vue humaine, la recherche unique de la plus grande gloire de Dieu et le plus grand bien de la Congrégation. Malheur à nous si nous nous laissions diriger par d'autres motifs ! Soyons, plus que jamais, régulières, recueillies et charitables pour attirer en nous l'esprit de Dieu, afin qu'il daigne nous éclairer et nous diriger en tout. »

Aussitôt la nomination du Père Supérieur, la Révérende Mère et son Conseil s'étaient mis à l'œuvre pour préparer une nouvelle édition des Constitutions.

Dirigées par le Père supérieur, les sœurs eurent bientôt terminé leur travail ; et, le 15 septembre, une lettre circulaire, écrite par le Père Supérieur, annonçait à toute la Congrégation que chacune des sœurs recevrait bientôt un exemplaire de la seconde édition des Constitutions. Il leur rappelait et leur affirmait que rien de nouveau n'y avait été introduit ; qu'on avait seulement, au sujet des pouvoirs du Supérieur ecclésiastique, — rappelé un principe de droit commun, mais dont toutes les sœurs n'avaient pas jusque-là compris les conséquences.

Bien que le fond de la règle fût le même, il y eut cependant quelques changements dans la forme. Ainsi le lever, qui avait d'abord lieu à quatre heures, fut fixé à cinq heures La récitation de l'office qui, jusqu'à cette époque, avait lieu après la récréation du soir, fut avancée d'au moins une heure.

Les sœurs converses, tenues jusqu'alors à cette récitation, y suppléèrent par le chapelet et autres prières.

Sous l'habile et sage direction du Supérieur ecclésiastique et de la Mère Marie de Saint-Charles, la Congrégation continua à prospérer : de nouvelles fondations s'ajoutèrent aux anciennes. Les pourparlers au sujet de la maison de Cintré aboutirent enfin ; et le 7 septembre 1855 eut lieu l'installation des sœurs. La cérémonie fut très solennelle ; le Père Supérieur la présida et prêcha deux fois dans la même journée.

Dans la cour de la communauté, on avait élevé un autel provisoire et sur l'autel était posée une statue de la Sainte Vierge. La procession s'arrêta en cet endroit et le vicaire général, M. Flohy, bénit la statue, qui fut ensuite placée dans un enfoncement pratiqué au-dessus de la porte principale.

Cette cérémonie si touchante de la bénédiction d'une statue de la Sainte Vierge et son érection au-dessus de la porte d'entrée devait se renouveler à chaque nouvelle fondation.

Comme sainte Thérèse, la Révérende Mère n'avait qu'un but en fondant de nouveaux établissements : procurer la gloire de Dieu et le salut des âmes. C'est ce qui ressort d'une lettre adressée par elle à un ecclésiastique qui traitait avec la Congrégation pour la fondation d'une nouvelle communauté dans le diocèse de Rennes.

« Prions, lui écrit la Révérende Mère, demandons la volonté de Dieu sur ce nouvel établissement. L'important pour nous est de procurer sa gloire et d'être utile aux âmes. J'ai été heureuse de vous rencontrer à Talensac et c'est aussi avec beaucoup de consolation que je verrais une nouvelle colonie de Filles de Jésus s'établir dans mon diocèse d'origine, si c'est la volonté de Dieu. »

Il faut croire que cette fondation entrait bien dans les desseins de Dieu, car le 11 décembre 1855, la Révérende Mère conduisait ses filles à Pipriac, où pendant de longues années elles allaient se dévouer à l'éducation des jeunes filles et au soin des malades.

Le bien que les Filles de Jésus ont accompli dans cette paroisse porte jusqu'à présent ses fruits, car Pipriac a donné à la Congrégation de nombreux et excellents sujets.

Mais en même temps que la fondation de Pipriac donnait une communauté de plus à la petite famille religieuse des Filles de Jésus, le plus important de leurs établissements, le Château de Pontivy, était sérieusement menacé. Le prince de Léon avait résolu de vendre le vieux château, que les sœurs occupaient depuis l'année 1841. Ce fut un moment critique. Le seul moyen de conserver cet établissement était d'en faire l'acquisition. Mais où prendre les fonds nécessaires ? La Mère Thérèse de Jésus, qui avait été la seconde supérieure générale des Filles de Jésus, sauva la situation. Elle vendit une de ses propriétés et put ainsi fournir la somme exigée par le prince de Léon pour le château.

Tout s'était arrangé à la satisfaction générale, quand survinrent des difficultés imprévues.

Maîtresses du vieux domaine seigneurial des ducs de Rohan, les sœurs voulurent clore les douves du château ; mais la ville s'opposa à ce projet, une partie des douves appartenant à la commune.

La Révérende Mère ignorait cette servitude qui diminuait la valeur de la propriété et pouvait attirer des contestations avec la ville, ce que la supérieure générale voulait éviter à tout prix.

Après bien des pourparlers avec le conseil municipal de Pontivy, avec le prince de Léon et son homme d'affaires, M. Carré, les choses finirent par s'arranger, à la grande satisfaction de la Mère Marie de Saint-Charles, toujours si amie de la paix.

La patience, la prudence, le désintéressement de la Révérende Mère finirent par vaincre tous les obstacles. Le prince de Léon consentit à payer les frais d'acquisition qui avaient été laissés à la charge de la communauté ; le terrain réclamé sur les douves par la ville fut assuré et la municipalité s'engagea par écrit à ne pas demander autre chose.

L'affaire du vieux château n'avait pas empêché la Mère Marie de Saint-Charles de s'occuper d'une autre fondation, à Pontivy même.

Lors du passage de la famille impériale en Bretagne, l'impératrice Eugénie avait laissé des fonds pour établir un asile de vieillards des deux sexes. Mme de Cimier, femme du sous-préfet de Pontivy, et sa collaboratrice dévouée, Mme de Montbrun, résolurent de s'occuper de cette affaire et de la mener à bonne fin. Elles entrèrent en pourparlers avec la Mère Marie de Saint-Charles, et, le 21 novembre 1856, les Filles de Jésus prenaient possession de leur nouvel établissement.

En l'honneur de l'impératrice. l'asile des vieillards prit le nom de Sainte-Eugénie.

Les fondations se succédaient rapidement. En l'année 1857, on en compte trois : l'Ile-d'Arz, dans le Morbihan ; Clohars-Carnoët, dans le Finistère et Domloup, dans l'Ille-et-Vilaine.

. A la communauté de l'Ile-d'Arz, se créait, bientôt après la fondation, un ouvroir ou atelier de passementerie qui devait être, pendant bien des années, une des grandes ressources de l'île.

La communauté de Clohars-Carnoët est le premier établissement de Filles de Jésus dans le diocèse de Quimper.

M. de Mauduit, maire de la commune, et M. Lannou, recteur de la paroisse, désirant confier à des religieuses l'éducation chrétienne des enfants, s'adressèrent à M. Flohy, supérieur ecclésiastique des Filles de Jésus, pour avoir des sœurs. Le Père supérieur chargea la Mère Marie de Saint-Charles de négocier cette affaire. Tout se fit rapidement : les fondateurs voulurent avoir leurs sœurs pour la rentrée, et la Révérende Mère ne pouvait voir qu'avec une grande satisfaction un nouveau et vaste champ d'action s'ouvrir pour ses filles.

Le 30 septembre 1857, les sœurs arrivaient à Clohars et le dimanche, 1er octobre, avait lieu la cérémonie d'installation. Le lendemain, les classes s'ouvraient, à la grande joie des parents, heureux de confier leurs enfants à des religieuses.

Parmi les fondatrices, se trouvait sœur Marie du Carmel, toute jeune religieuse alors, mais qui devait, pendant de longues années, gouverner cette maison avec une sagesse consommée, et y faire régner le plus pur esprit religieux.

La fondation de Domloup eut lieu quelques jours plus tard. La nouvelle colonie avait à sa tête sœur Emmanuel-Marie, dont il a déjà été plusieurs fois question.

Après la fondation de Domloup, il y eut un arrêt, et l'année 1858 s'écoula sans qu'un seul établissement s'ouvrit. Le 30 mars 1859, eut lieu la fondation de Malguénac, près de Pontivy. La supérieure du nouvel établissement était sœur Marie-Athanase, qui devait être successivement économe générale, maîtresse des novices et supérieure générale de la Congrégation.

La cérémonie d'installation fut très solennelle. M. de Cimier, sous-préfet de Pontivy, y assista, et M. Bernard, aumônier de Filles de Jésus, vint de Bignan pour la présider. Bien que le compte rendu des fondations ne signale pas la présence de la Mère Marie de Saint-Charles à la cérémonie, il est probable qu'elle y assista.

Deux autres communautés, celles de Henlée-Taupont et de Saint-Servant, furent fondées en cette même année 1859. La Congrégation comptait alors vingt-deux établissements, ses membres s'étaient accrus, et les sujets se présentaient alors en grand nombre.

Depuis quelques années l'insuffisance de local se faisait sentir. On avait fait toutes les additions possibles aux bâtiments existants et, malgré tout, les sœurs manquaient d'espace et d'air ; les santés s'altéraient d'une façon inquiétante. Il fallait s'étendre à tout prix. On fit des tentatives d'acquisition qui n'aboutirent pas.

Dans ces difficultés, la Mère Marie de Saint-Charles eut recours à la prière. Dieu répondit à ses supplications et fit briller une lueur d'espérance dans un ciel noir.

Mademoiselle Mélanie Vistorte, de Locminé, avait commencé, dans une de ses terres appelée Lann Vras — Grande Lande — une construction, qu'elle destinait à une œuvre charitable. Elle vint elle-même proposer à la Révévende Mère de lui vendre cette propriété. La Mère Marie de Saint-Charles considéra cette ouverture comme une réponse de Dieu à ses prières. Le Conseil de la Congrégation se hâta d'accepter l'offre qui lui était faite. Le 4 août 1855, la promesse de vente était un fait accompli, et le dossier de cette affaire immédiatement envoyé au ministère.

Le 22 juin, un décret approuvait cette acquisition, le transfert de la maison-mère en ce lieu, et la communauté de Bignan comme succursale de la Congrégation.

A peine ce décret était-il arrivé, que Mademoiselle Vistorte, qui avait pressé de tous ses vœux le succès de cette affaire, changea de sentiment et retira sa parole.

On aurait pu l'obliger à terminer ce qu'elle avait elle-même commencé, en lui payant le prix porté sur l'acte, et beaucoup de personnes conseillaient de le faire ; mais la Révérende Mère ne le voulut pas. Elle préféra s'adresser au bon saint Joseph qu'elle savait n'avoir jamais prié en vain. Elle fit placer la statue du saint patriarche sur la façade de la construction, et bien que tout espoir semblât perdu, la Mère Marie de Saint-Charles ne cessa pas d'espérer.

Le temps s'écoulait pourtant sans apporter le moindre changement dans la situation. L'exiguïté du local devenait de plus en plus dangereuse à la santé des sœurs et plusieurs d'entre elles furent atteintes de maladies mortelles.

On peut juger de l'angoisse de la Révérende Mère, et pourtant cette pénible épreuve était le moyen choisi par la divine Providence pour arriver à ses fins. C'est du plus profond de l'abime que vint le salut.

Sœur Marie Sainte-Mélanie, que Mademoiselle Vistorte aimait beaucoup, et à laquelle on avait donné son nom, fut atteinte d'une très douloureuse maladie et mourut après de longs mois d'indicibles souffrances.

La supérieure générale se souvint de l'affection que Mademoiselle Vistorte portait à la sœur Mélanie et la fit avertir de la mort de sa protégée.

Mademoiselle Vistorte fut touchée de l'attention de la Révérende Mère ; et, ne pouvant se rendre elle-même à l'enterrement, elle s'y fit représenter par une personne de confiance. Cette personne était en même temps chargée de renouer les négociations au sujet de la propriété de la Grande Lande. Mademoiselle offrait de nouveau sa propriété à la Congrégation, proposant de traiter l'affaire par l'entremise de M. Larbitre-Monferrant, alors curé de Locminé.

Le Conseil de la Congrégation accepta l'offre de Mademoiselle Vistorte.

Au jour et à l'heure fixés par cette dernière, la Mère

générale et son Conseil, le Père supérieur de la Congrégation et le notaire se trouvaient réunis à la cure de Locminé. Mademoiselle Vistorte se fit attendre plusieurs heures et, quand elle arriva, ce fut pour vomir contre la Révérende Mère Marie de Saint-Charles et son Conseil un torrent d'injures. Le Père supérieur, M. le Curé de Locminé, la Révérende Mère et les sœurs restèrent impassibles, tandis que le notaire rédigeait, en silence, l'acte de vente. Mademoiselle Vistorte se tut enfin, et le notaire, qui avait terminé son travail, lut l'acte à haute voix, l'argent fut versé immédiatement et le contrat signé par toutes les personnes présentes.

Certes, ce n'était pas une vente simulée, comme voulaient le faire croire quelques personnes mal intentionnées ; mais une vente réelle, et à des conditions qui devaient, plus tard, devenir très onéreuses, puisque la Congrégation payait l'immeuble vingt mille francs comptant et s'engageait à fournir à Mademoiselle Vistorte une rente viagère de trois mille francs.

Cette affaire épineuse était enfin terminée. La Congrégation était en possession de Lann-Vras et avait désormais un asile assuré. Elle pouvait s'étendre autant qu'il était nécessaire.

On était au 30 avril 1860 ; mais pour transformer cette lande en la charmante oasis qu'est maintenant Kermaria, et même pour disposer la propriété en couvent, il fallait du travail et du temps ; aussi le transfert de la maison-mère de Bignan à Kermaria ne put-il se faire aussitôt.

Depuis le mois de janvier 1855, où la nomination de M. Flohy comme supérieur ecclésiastique de la Congrégration des Filles de Jésus avait déchargé la Mère Marie de Saint-Charles d'une grande partie de sa responsabilité, les années s'étaient écoulées pour elle dans une paix relative, dont la Révérende Mère jouissait délicieusement, malgré les croix qui les avaient traversées.

Une de ces épreuves fut le départ de M. Le Berre pour le noviciat des Jésuites.

A la suite de son départ, Mgr de la Motte de Broons, le 14 mars 1858, nommait aumônier de la communauté de Bignan, M. Bernard, recteur de Saint-Gilles. La lettre

que l'Evêque écrit à la Mère Marie de Saint-Charles pour
lui annoncer cette nomination se termine par ces mots :
« J'ai promis à ce digne prêtre que jamais il n'aurait que
des consolations de la part de toutes mes filles. Il m'est
doux de penser que je ne lui ai rien promis de trop.

« Veuillez, Madame la Supérieure générale, le leur dire
de ma part, et recevez, ainsi qu'elles, avec la bénédiction
de votre évêque, de votre père, l'assurance de mon·
paternel attachement.

A. Ch., évêque de Vannes. »

De son côté, M. Bernard annonça sa nomination
d'aumônier des « bonnes Filles de Jésus de Bignan », et son
entrée en fonction eut lieu dans les premiers jours de
décembre.

« En attendant, ajoute le nouvel aumônier, nous verrons
dans cet événement ce que la foi découvre partout, je
veux dire la conduite de la Providence, par laquelle nous
devons nous laisser guider ici-bas sans trouble ni
inquiétude. Tout tourne au bien de ceux qui ont le
bonheur de suivre cette règle.

« Agréez, s'il vous plait, ma très chère sœur, les
sentiments respectueux de votre très humble serviteur:

I. L. Bernard. »

D'où pouvait provenir cette sorte de crainte qui se mani-
feste dans la lettre de l'Evêque comme dans celle de
l'aumônier ? On ne sait pas trop. Il est probable que la
Mère Marie de Saint-Charles avait exprimé un désir
auquel Mgr de la Motte avait répondu par un refus, sévèrement notifié. Quoi qu'il en soit, la bonne Mère était trop
respectueuse pour ne pas accepter avec reconnaissance
l'aumônier que le prélat avait choisi pour sa communauté. Sa réponse à Monseigneur en fait foi.

A Monseigneur l'Evêque de Vannes,

le 17 novembre 1858.

Monseigneur,

J'ai reçu la lettre que Votre Grandeur a daigné m'écrire,
et j'en ai fait part à nos sœurs, qui s'unissent à moi pour

vous en remercier et vous assurer de toute notre soumission à recevoir l'aumônier que vous nous avez nommé.

Daignez, Monseigneur, agréer de nouveau le profond
respect de toutes vos filles, avec l'assurance qu'elles vous
aiment trop pour vouloir vous faire de la peine, et daignez
continuer à les bénir toujours.

SŒUR MARIE DE SAINT-CHARLES,
Supérieure générale.

Dans sa réponse à M. Bernard, la Révérende Mère lui
donne l'assurance qu'il sera le bienvenu à la communauté,
puisqu'il vient de la part de celui qui tient la place de
Dieu auprès des Filles de Jésus.

M. Bernard ne continua pas longtemps son ministère
près des Filles de la Mère Marie de Saint-Charles. Moins
de deux ans plus tard, en juillet 1860, M. Le Berre était
nommé aumônier de la Congrégation.

Une épreuve plus grande attendait la Mère Marie
de Saint-Charles. Au commencement de l'année 1860,
M. Flohy, un peu fatigué, et craignant de ne pouvoir
remplir avec tout le soin désirable les devoirs de sa double
charge de vicaire général et de supérieur ecclésiastique,
se démit de ces dernières fonctions, sans pourtant cesser
de porter à la Révérende Mère et à ses Filles le plus grand
intérêt. Il les aida toujours de ses conseils et aussi de
l'autorité que lui donnait sa charge sur le clergé, dans les
affaires difficiles et délicates qui pouvaient quelquefois
intervenir entre le presbytère et le couvent.

La démission de M. Flohy fut pour toute la Congrégation
une bien pénible épreuve, que la Mère Marie de Saint-
Charles surtout sentit vivement. Pendant cinq ans, elle
s'était appuyée sur le Père supérieur dans tous les actes
de son gouvernement, et maintenant ce soutien allait lui
manquer.

Le successeur de M. Flohy fut M. Bellec, recteur de
Pluméliau. C'était un prêtre vénérable, très bon, très
savant, mais déjà avancé en âge et sans influence.

Ce choix de l'Evêque étonna un peu les sœurs : un
simple desservant remplaçant un vicaire général, cela
pouvait sembler assez peu ordinaire. Mais la Mère Marie

de Saint-Charles voyait les choses de plus haut que ses Filles ; aussi reçut-elle le Père supérieur comme l'envoyé de Dieu, et elle s'efforça d'inspirer à ses Filles les sentiments de vénération et d'estime pour le Père que l'Evêque leur avait choisi, mais surtout que Dieu leur avait destiné.

La lettre circulaire qui annonçait aux sœurs la nomination nous montre avec quelle grandeur d'âme elle accepta l'épreuve.

Maison de Saint-Joseph, Bignan le 1er mars 1860.

.Mes chères Filles

Que Jésus et Marie soient toujours vos guides et vos protecteurs !

J'ai reçu, le 29 février, une lettre de Monseigneur, dans laquelle il me fait connaitre qu'il a accepté la démission de M. Flohy, et qu'il vient de nommer M. Bellec, recteur de Pluméliau, pour le remplacer.

J'ai répondu à Sa Grandeur pour la remercier, lui témoigner notre soumission et le prier de nous bénir.

Depuis longtemps notre Père Flohy désirait du repos. Il sentait qu'il lui était impossible d'en prendre à la tête de la Congrégation, car il faut bien se décider à quelque chose pour une maison principale. Je pense que ces raisons ont été sinon la cause, du moins l'occasion de la décision qu'il a prise.

Mes chères Filles, que ces changements soient pour nous un motif de plus d'être toutes à Dieu, de nous abandonner pleinement à son bon plaisir, de resserrer les liens de charité qui nous unissent les unes aux autres. Prions pour le Père qui nous quitte et soyons-lui reconnaissantes de ce qu'il a fait pour la Congrégation ; prions pour celui que le ciel a nommé à sa place, afin qu'il obtienne grâce, lumière et force pour la tâche qui lui est confiée. En un mot, montrons-nous les fidèles imitateurs de Jésus, dont nous avons l'honneur d'être les Filles.

Notre nouveau Père est déjà venu nous visiter. C'est d'ici qu'il vous adresse la lettre ci-incluse.

Adieu, mes chères Filles, ayez bon courage, pleine confiance, entier abandon entre les mains de notre bon Père saint Joseph, envers lequel je vous engage à redoubler d'honneur, d'amour et de supplications durant ce mois.

Votre toute dévouée et affectionnée Mère,
Sœur Marie de Saint-Charles.

A cette lettre était jointe celle que le nouveau Père supérieur adressait lui-même à ses Filles.

Bignan, le 29 février 1860.

Mes chères Filles en Jésus-Christ,

Que la grâce et la paix de Notre-Seigneur soient avec vous, et que son saint amour règne dans vos cœurs !

D'après une lettre de Monseigneur l'Evêque de Vannes, datée du 24 février, je suis nommé supérieur des Filles de Jésus, dont la maison est à Bignan, en remplacement du respectable M. Flohy, chanoine.

Je vous salue dans les saints cœurs de Jésus et de Marie. »

Bellec,
Recteur, et supérieur des Filles de Jésus.

En même temps que la Mère Marie de Saint-Charles donnait à toutes ses Filles l'exemple de la soumission la plus complète à l'égard de l'autorité ecclésiastique, elle ne manquait aucune occasion de manifester devant elles la vénération et l'estime qu'elle portait au nouveau supérieur.

Dans ses lettres intimes, elle en parle presque toujours. Ce n'est souvent qu'un mot, le rappel d'un souvenir ; mais ce mot, ce rien est une preuve de l'entente qui régna entre le Supérieur et la Révérende Mère.

« Me voici enfin à vous, écrit-elle à l'une de ses filles. Vous avez eu tant de nouvelles et tant de consolations que j'ai cru pouvoir attendre à répondre à vos lettres, que j'ai reçues en leur temps, et qui m'ont fait plaisir. »

Il faut avouer que la Mère Marie de Saint-Charles n'aurait jamais eu le cœur de laisser ses Filles de P... sans réponse, si elle n'avait su que le Père supérieur n'y suppléait vraiment en père. « Je l'avais aussi prié de répondre à toutes les demandes que vous faisiez dans votre première lettre ; il m'a dit l'avoir fait. »

Dans l'affaire qui, au moment de l'entrée en charge de M. Bellec, préoccupait le plus la Congrégation tout entière, c'est-à-dire le transfert de la Maison-Mère de Bignan à Lann-Vras, elle se retire à l'arrière-plan et attribue tout le succès de l'entreprise au Père Supérieur. Voici ce qu'elle dit à ce sujet dans une lettre circulaire.

« Notre Père Supérieur, à peine entré en charge, a voulu nous voir mieux logées et il a formé le projet de renouer, si possible, l'affaire si importante de Lann-Vras.

« 'Après une ouverture qu'il a fait faire à Mlle Vistorte à ce sujet, celle-ci nous a fait diverses propositions, dont voici la dernière, qui nous parait sujette à moins de difficultés. »

La Révérende Mère s'étend ensuite sur les conditions dont on a déjà parlé.

Enfin l'affaire en question étant heureusement résolue, il ne s'agissait plus que de mettre en ordre la nouvelle acquisition.

Le lendemain du jour où le contrat avait été signé, deux sœurs furent envoyées à Lann-Vras pour la culture des terres.

Il y avait un grand travail à faire, car outre l'étendue du terrain, il fallait compter sur l'incurie et la négligence, qui avaient laissé incultes des terres qui auraient rapporté cent pour un si elles avaient été bien cultivées.

Il fallait aussi donner aux bâtiments une appropriation convenable à leur nouvelle destination.

Ces bâtiments se composaient d'une maison en construction, dont la coque seule était terminée, et d'une petite maison de campagne qu'il s'agissait de mettre tout de suite en état de recevoir les novices pendant les retraites annuelles.

Le 24 mai 1862, fête de Notre-Dame Auxiliatrice, la Mère Marie de Saint-Charles et un certain nombre de sœurs vinrent de Bignan travailler à la fondation, ce qui eut lieu fréquemment jusqu'à l'époque du transfert définitif.

On partait de Bignan aussitôt la messe ; les prières de règle se faisaient en chemin. Arrivées sur les terres de Saint-Joseph-de-Kermaria, nom choisi pour la nouvelle Maison-Mère des Filles de Jésus, les sœurs se mettaient à genoux pour saluer la statue de saint Joseph qui ornait la façade de la petite maison, et que l'on apercevait de cet endroit, et prier le père nourricier de Jésus de bénir et de diriger l'œuvre qu'on venait d'entreprendre, qui était la sienne. Le bon patriarche de Nazareth avait, jusque-là tout fait pour les Filles de Jésus et on lui demandait de vouloir bien continuer jusqu'à la fin son assistance.

Au mois d'août, les travaux n'étaient pas terminés à Kermaria. Cependant le temps pressait ; les sœurs des maisons locales devaient arriver à Bignan pour la retraite ; il fut décidé que le noviciat serait transféré à Kermaria à la fin de ce mois. On y avait déjà transporté le matériel indispensable.

Le 29 août 1860, les novices quittèrent définitivement Bignan, pour se rendre à ce cher Kermaria, si longtemps désiré. Elles étaient accompagnées de la maîtresse des novices, sœur Aimée de Marie, de M. Le Berre, aumônier des Filles de Jésus depuis deux mois.

Le lendemain 30 août, M. Flohy, ancien supérieur de la Congrégation, et vicaire capitulaire depuis la mort de Mgr de la Motte, vint bénir un appartement qui devait servir de chapelle en attendant celle qu'on se proposait dès lors de bâtir en l'honneur de saint Joseph. Il bénit aussi un cimetière.

M. Flohy était accompagné du Père Supérieur, de M. Jégo, curé de Baud, de M. Le Diraison, curé de Bignan, et de plusieurs autres ecclésiastiques.

Au mois d'octobre suivant, le Conseil, avec la Mère générale et quelques sœurs professes, vint se fixer à Kermaria.

Enfin, quelques semaines plus tard, tout le personnel de la Maison-Mère prenait possession de la nouvelle demeure, et le berceau de la Congrégation, toujours cher aux Filles de Jésus, devenait un établissement purement local.

Le transfert de la Maison-Mère de Bignan à Kermaria, et toutes les préoccupations qui en avaient été le résultat, n'avaient pas empêché la Révérende Mère de s'occuper activement d'un projet de fondation à l'extrémité ouest du Finistère.

La paroisse de Pouldreuzic attirait la Mère Marie de Saint-Charles. Il n'y avait pas encore de religieuses au Cap, et tout faisait prévoir que les paroisses environnantes voudraient aussi avoir des sœurs.

La mort d'une des religieuses qui devaient faire partie de la fondation retarda le départ, qui ne se fit que le 3 janvier 1861.

Le voyage se fit par étapes : on s'arrêta à Hennebont, à Guidel, à Quimper, ce qui permet de juger combien la fondation était éloignée de la Maison-Mère.

Pour l'époque, avec la difficulté des moyens de transport, c'était comme une terre étrangère, une sorte de mission, à laquelle toutes les sœurs auraient désiré se dévouer et dont on parlait avec un enthousiasme qui nous fait sourire, maintenant que les Filles de Jésus se sont répandues jusque dans le Nouveau-Monde, et que les voyages en Angleterre et en Belgique sont devenus choses communes.

Cette année 1861 vit naitre plusieurs fondations, entre autres celle de Plouay, due au zèle de M. Uhel, curé de la paroisse, et à la générosité de Mme la comtesse de Fournas, insigne bienfaitrice de l'œuvre.

Cette maison de Plouay était destinée à devenir une des plus importantes de l'Institut.

Un an plus tard, s'ouvrait la maison de Kernascléden, fondée par la noble famille de Brissac, qui se montra toujours d'une générosité sans bornes à l'égard des sœurs.

Pendant cette même année 1861, si féconde en œuvres pour la Congrégation des Filles de Jésus, le Seigneur taillait, dans l'ombre, à la Mère Marie de Saint-Charles une bien lourde croix.

Nous n'entrerons pas dans les détails de ce qui fit tant souffrir la Révérende Mère ; qu'il nous suffise de dire qu'une religieuse, en qui cette bonne Mère avait la plus grande confiance, quitta la Congrégation, laissant la communauté qu'elle dirigeait en qualité de supérieure criblée de dettes. La Maison-Mère, très gênée en ce moment, dut tout sacrifier pour faire honneur aux engagements pris par la supérieure locale.

La grande peine de la Révérende Mère vint moins de la perte pécuniaire que de l'abus de confiance d'une sœur pour laquelle la digne Supérieure avait été d'une bonté infinie.

La Congrégation continuait à s'étendre et les aspirantes au noviciat se présentaient de plus en plus nombreuses. L'appartement qui servait de chapelle provisoire fut bientôt insuffisant. L'érection d'une chapelle s'imposait ; on avait hâte d'ailleurs de remplir le vœu fait à saint Joseph d'élever un sanctuaire en son honneur si les pourparlers au sujet de la vente de Lann-Vras se terminaient par une acquisition en bonne et due forme. Mais on manquait d'argent et il n'y avait guère moyen de s'en procurer. On ne se déconcerta pourtant pas. Le passé garantissait l'avenir. Saint Joseph ne laisserait pas son œuvre inachevée et, sans ressources, on résolut de commencer. Il fallait une foi à transporter les montagnes pour entreprendre, dans de telles conditions, une œuvre aussi importante. Mais cette foi en Dieu, cet abandon en la Providence, qui obtient tout, même des miracles, la Mère Marie de Saint-Charles l'avait, et elle devait réussir dans ses projets au-delà de toute espérance.

On est émerveillé de tout ce que Dieu fit, à cette époque, pour les Filles de Jésus. On croirait lire une légende du moyen âge, et pourtant tout y est si vrai et si simple !

Voici ce qu'on lit dans le livre des Fondations :

« On fit bénir une pièce de cinq francs que l'on déposa avec deux mille francs reçus du Père Supérieur et quelques autres aumônes, dans une boîte fermant à trois clefs, au fond de laquelle il y avait l'image de notre saint protecteur. C'est avec ces simples ressources qu'on se mit à l'œuvre. »

Le 25 novembre 1862, eut lieu solennellement la pose de

la première pierre de la chapelle que les Filles de Jésus allaient élever à la gloire de saint Joseph.

Les travaux devaient commencer au printemps suivant. M. Le Berre, aumônier, à la prière du Révérend Père Supérieur et des sœurs du Conseil, se chargea de la surveillance des ouvriers, aidé en cela par M. Gohébel, vicaire de Locminé. Tous deux déployèrent, dans cette œuvre bénie, un zèle et une ardeur admirables.

De leur côté, les sœurs ne restaient pas inactives. Toute la Communauté mettait la main à l'œuvre, aidant à creuser les fondations de la chapelle, à déblayer la carrière de sable, à transporter les pierres. La Révérende Mère Marie de Saint-Charles conduisait les professes au travail, toutes les fois que ses occupations le lui permettaient ; la maîtresse des novices accompagnait le noviciat, et tout le monde s'occupait à son ouvrage avec une ardeur qui excitait l'activité des ouvriers.

La carrière d'où l'on extrayait la pierre était distante d'un kilomètre environ ; on s'y rendait et on en revenait en silence et en priant. Le soir, les ouvrières se sentaient un peu fatiguées ; mais elles étaient heureuses d'avoir travaillé pour Dieu et à la gloire de leur bon Père saint Joseph.

Malgré le zèle et la bonne volonté des sœurs, leur travail ne pouvait être d'un grand appoint, et le salaire des ouvriers montait chaque semaine à une somme considérable.

En songeant aux fonds mis d'abord en réserve, on serait en droit de se demander comment les sœurs pouvaient se procurer autant d'argent. Elles se le procuraient pourtant, puisque chaque semaine les ouvriers étaient payés.

L'intervention de saint Joseph est ici très visible. La Mère Marie de Saint-Charles ne reçut jamais aucun don considérable, tout se fit avec l'obole du pauvre. On avait fait graver des images de saint Joseph, que les sœurs des maisons locales, aidées par de pieuses et saintes filles, répandaient un peu partout. Tout le monde voulut en avoir, et dans nombre de paroisses, on vit dans chaque maison, à la place d'honneur, l'image bénie du saint Patriarche.

C'était néanmoins une faible ressource, même en y ajoutant le produit de quelques collectes, pour une entreprise aussi considérable, et pourtant chaque semaine, comme on l'a vu plus haut, la somme nécessaire au salaire des ouvriers était réunie au moment voulu ; mais comme si saint Joseph avait eu l'intention de montrer que c'était bien à lui qu'on la devait, il ne restait jamais rien pour la semaine suivante.

La Révérende Mère eut bientôt occasion de montrer jusqu'où allait sa confiance en saint Joseph.

Le personnel de Kermaria allait toujours en augmentant et il devint urgent de bâtir. La chapelle n'était pas achevée, les dettes étaient nombreuses et les ressources pour ainsi dire nulles ; pourtant la vénérable Supérieure n'hésita pas : saint Joseph qui fournisait l'argent nécessaire à l'érection de la chapelle, ne refuserait pas son appui en cette circonstance, puisque le besoin était absolu. Vaincus par la foi de la Révérende Mère, le Père supérieur et le Conseil de la Congrégation décidèrent qu'on élèverait un bâtiment qui relierait la communauté à la chapelle.

Cette construction, commencée au mois de mai 1866, était terminée un an plus tard. Les sœurs professes purent s'y installer en juillet 1867.

Un mois plus tard, Mgr Bécel bénissait la chapelle de Saint-Joseph, charmant édifice de style ogival, dont la flèche élancée porte bien haut le nom du saint patriarche de Nazareth.

La cérémonie fut splendide : deux évêques, plus de soixante prêtres et une foule considérable accourue de tous les coins de la Bretagne y assistèrent.

Les sœurs anciennes se rappellent avec émotion ce jour, l'un des plus beaux de leur vie.

Le diner fut servi dans l'allée de la sainte Vierge sous un berceau de verdure. En face, la statue de Marie semblait présider ces agapes fraternelles et les bénir.

Qui pourrait rendre la joie de la Révérende Mère ? Son désir le plus ardent était accompli. Saint Joseph avait, en Bretagne, un nouveau sanctuaire, et ce sanctuaire c'étaient les Filles de Jésus que le lui avaient élevé.

Au commencent de l'année 1868, le Seigneur ménagea

à la Révérende Mère une vive joie et à toute la Congrégation une grande faveur : la bénédiction du Saint-Père. Voici en quels termes la vénérable Supérieure annonce à toutes ses filles cette heureuse nouvelle.

Saint-Joseph de Kermaria, 26 février 1868.

Mes chères Filles,

J'ai remis à l'approche du mois de saint Joseph à vous faire part d'une bien consolante nouvelle.

Le lendemain de la Sainte-Catherine, une occasion providentielle me fut offerte pour écrire au Souverain Pontife. Je la saisis avec empressement.

En faisant passer au Saint-Père l'obole de la pauvreté, je lui témoignai, au nom de la Congrégation, notre respect filial, notre attachement à son auguste personne, et je lui demandai, en retour, sa bénédiction pour la Congrégation, nos personnes, nos œuvres, nos malades, nos enfants, nos établissements, et aussi pour tous ceux qui nous sont chers.

Toute la communauté signa cette supplique.

M. l'Aumônier et M. Gohébel y joignirent la leur en faveur de l'œuvre de saint Joseph et de tous les bienfaiteurs de la chapelle.

Le 8 janvier dernier, Sa Sainteté écrivait de sa propre main au bas de notre adresse :

« Que Notre-Seigneur vous bénisse tous, qu'il soit votre consolateur tous les jours de votre vie, et qu'enfin il vous conduise à la vie éternelle. — Pie IX, pape. »

Et cette suprême bénédiction nous arrive par l'entremise du Nonce, le 18 du même mois.

Cette faveur causa à la communauté un bonheur indicible. M. l'abbé Gohébel baisa plusieurs fois, avec avec une pitié toute filiale, ces lignes tracées par le Saint-Père. Ce fut comme un rayon de soleil qui illumina ses derniers moments. Dix-huit jours plus tard, il allait recueillir au ciel les fruits de cette paternelle bénédiction. Tout dévoué au culte de saint Joseph pendant sa vie, M. Gohébel voulut dormir son dernier sommeil à l'ombre du sanctuaire qu'il avait aidé à élever à la gloire du Père nourricier de Jésus.

Les fondations se multipliaient ; au mois de septembre 1870, on en comptait soixante-deux ; les aspirantes au noviciat se présentaient en grand nombre ; mais la guerre qui éclatait en ce moment vint arrêter l'expansion de la Congrégation et jeter l'angoisse dans tous les cœurs.

Dire que celui de la Révérende Mère ne fut pas broyé pendant ce terrible cataclysme, qui menaçait de tout engloutir, serait ne pas connaître son exquise tendresse et son amour de la Congrégation ; mais elle ne perdit ni son calme ni sa sérénité. S'abandonnant, elle et ses filles, au bon plaisir divin, elle relevait leur courage en leur recommandant de se confier en Dieu et de ne rien craindre.

« Soyez calmes, leur dit-elle, dans une de ses circulaires ; priez beaucoup, tout en vous acquittant fidèlement de tous vos devoirs ; puis reposez-vous en paix dans les cœurs de Jésus, Marie et Joseph. »

A l'une de ses filles, elle écrit : « Bien que les temps soient alarmants, il nous siérait mal à nous, Filles de Jésus, de perdre courage. C'est à nous, au contraire, de donner l'exemple de la confiance en Dieu. Ne vous laissez pas ébranler par la violence de la tempête ; mais cherchez plus que jamais, dans la prière et l'accomplissement entier du devoir, les lumières et les forces dont vous avez besoin pour calmer votre imagination, la pacifier et fixer votre volonté dans l'abandon de tout vous-même à Dieu. »

Au mois d'octobre 1870, une ambulance internationale ayant été établie à Versailles, on demanda l'aide des Filles de Jésus. Mgr Bécel, ayant été consulté, donna un avis favorable ; et le 4 novembre de la même année, les sœurs Marie-Stanislas, Marie-Philomène, Marie des Anges et Marie des Sept-Douleurs partaient pour Versailles.

Au mois de février 1871, leur mission étant terminée, elles rentrèrent à Kermaria.

La paix signée avec l'Allemagne n'existait pas dans les cœurs ; la bonne Mère le sentait ; aussi ne fut-elle pas étonnée de voir les horreurs de la Commune succéder à celles de la guerre avec l'étranger.

Cet état de chose, si inquiétant pour les Congrégations religieuses, ne l'affectait par outre mesure. Elle voyait en cela, comme en tout, la volonté de Dieu.

L'année suivante, la Révérende Mère demanda au Conseil de nommer comme visiteuses temporaires quelques supérieures locales. L'Evêque consulté permit un essai, qui ne réussit d'ailleurs pas. Cette mesure dérangeait les communautés, et même les classes des sœurs chargées de la visite ; d'un autre côté, les sœurs visitées regrettaient de ne pas voir les sœurs du Conseil, à qui elles pouvaient avoir des choses importantes à communiquer. Aussi ce nouvel ordre de choses fut-il bientôt abandonné. Trois ans plus tard, les sœurs du Conseil reprenaient le cours de leurs visites, à la grande satisfaction de toutes.

Le Père Bellec, âgé et accablé d'infirmités, se vit contraint de se démettre de sa charge de Supérieur ecclésiastique des Filles de Jésus.

Dans une circulaire datée du 14 mai 1872, la Révérende Mère annonce cette nouvelle à ses filles. « Vous connaissez les infirmités du Père Supérieur. Comme elles vont toujours en augmentant, il s'est déterminé à donner sa démission. J'ai vu Monseigneur depuis peu. Sa Grandeur ne compte pas nous donner tout de suite un autre supérieur. Je suis donc autorisée à accorder, au besoin, les permissions réservées jusqu'ici au Père Supérieur. »

Comme on le voit, la charge retombait, pour ainsi dire tout entière, sur la Mère générale et son Conseil, et cela au moment où allaient surgir, pour les Congrégations religieuses, tout un monde de difficultés.

Mgr Bécel avait, il est vrai, pris en main le haut gouvernement de la Congrégation et, dans les grandes questions, c'était lui qui assumait la responsabilité ; mais il était loin ; et dans les cas, toujours nombreux, qui demandaient une prompte solution, on n'avait pas toujours le temps de recourir à lui.

La Mère Marie de Saint-Charles était trop pleine de foi pour se décourager. Elle avait, dans sa nature, deux traits bien caractéristiques : une bonté qui allait jusqu'à la tendresse et une énergie qui la faisait passer par-dessus tous les obstacles, quelque blessure que pût en recevoir son cœur. Cette disposition fut, pour la Révérende Mère, une cause de profondes douleurs, car souvent l'on prit pour un défaut ce qui était chez elle la plus grande de ses qualités, Dieu le permettant ainsi pour donner à la Révérende Mère plus d'occasions de souffrir et de mériter.

Une nouvelle croix se préparait pour la Mère Marie de Saint-Charles. Depuis quelque temps la santé de M. Le Berre déclinait. Les docteurs consultés prescrivirent un changement d'air. Il alla à Hennebont, chez son frère, aumônier de l'hôpital, où les meilleurs soins lui furent prodigués. Mais son état ne s'améliora pas, au contraire, et le 29 juillet 1872, il rendait le dernier soupir entre les bras de son frère, entouré des siens et du clergé de la paroisse.

Sa dépouille mortelle fut aussitôt ramenée à Kermaria, où on lui fit de magnifiques funérailles.

Bien qu'il y ait eu quelquefois divergence de vue entre M. Le Berre et la Mère Marie de Saint-Charles, tous deux cherchaient la gloire de Dieu, le bien des âmes et l'intérêt de la Congrégation ; aussi la mort de l'aumônier fut-elle une grande épreuve pour la Révérende Mère et toutes ses filles.

Quelques jours plus tard. M. Ehanno, vicaire à l'Ile-aux-Moines, était nommé aumônier de la Maison-Mère.

Nous avons vu plus haut que la guerre de 1870 avait arrêté l'expansion de la Congrégation ; peu ou point de fondations, quelques novices qu'on n'osait même pas recevoir à la profession, voilà tout le bilan de ces années désastreuses ; mais avec l'ordre et la paix, la Congrégation reprit son mouvement en avant. A la fin de l'année 1874, elle comptait quatre-vingt-quatre établissements, tous très prospères.

Mais à la même époque il s'éleva une grande difficulté. Le vieux Château tombait en ruine : la toiture était si mauvaise que les ouvriers ne voulaient plus y monter pour les réparations. La remplacer eût entraîné de grandes dépenses que Kermaria ne pouvait s'imposer sans avoir recours à un emprunt nouveau.

Deux alternatives se posaient : vendre la maison et

abandonner les œuvres, ou conserver les œuvres en empruntant la somme nécessaire aux réparations.

Le 28 décembre 1874, la Mère Marie de Saint-Charles adressait à ses filles une circulaire dans laquelle elle leur faisait connaitre l'état des choses et invitait les supérieures locales à réunir leurs sœurs dans une consultation dont on lui adresserait ensuite le résultat. Il s'agissait d'opter entre l'emprunt ou la vente.

La grande majorité des sœurs fut pour l'emprunt, et le cœur de la Mère penchait aussi de ce côté-là. Le Château était un établissement important, très prospère et où il se faisait beaucoup de bien : l'abandonner eût été certainement très pénible, et pourtant ce fut ce que décida Mgr Bécel.

Pendant que les sœurs priaient, examinaient la question et enfin optaient pour le parti qui leur semblait le meilleur, l'Evêque consultait des personnes très compétentes qui toutes s'accordaient à dire que si l'on commençait les réparations, on pourrait être entrainé à des dépenses beaucoup plus considérables que celles qu'on prévoyait et que le plus sage était de vendre l'immeuble si l'on trouvait un acquéreur.

Cet avis fut suivi par Mgr Bécel, et le vieux Château fut mis en vente. Le duc de Rohan racheta le Château au même prix qu'il l'avait vendu et les sœurs, devenues ses locataires, purent continuer leurs œuvres.

Nous touchons au moment où les Congrégations religieuses vont être soumises à de cruelles épreuves.

C'est le prélude d'une persécution qui aboutira à la séparation de l'Eglise et de l'Etat.

Déjà s'agitaient les questions de la gratuité scolaire et de la nécessité de posséder le brevet élémentaire pour être nommé titulaire d'une école primaire, obligation qui devait bientôt s'étendre à tout le personnel enseignant. Enfin vint l'ère de la laïcisation à outrance.

On commença par dédoubler les écoles mixtes où des pensionnats étaient annexés à l'école ; plus tard, les maires furent invités à choisir leurs instituteurs entre laïques et congréganistes, mesure qui atteignit aussitôt des établissements fondés par les Filles de Jésus.

La question des brevets surtout était difficile à résoudre. Un certain nombre des écoles tenues par les filles de la Mère Marie de Saint-Charles avaient pour titulaires des sœurs non pourvues du brevet de capacité. Faudrait-il les abandonner ? Non. La Révérende Mère et son Conseil veillaient et prenaient les dispositions nécessaires pour sauvegarder les intérêts de la Congrégation et des paroisses.

Un laps de temps était donné aux institutrices pour se préparer au diplôme ; puis celles qui avaient trente-cinq ans d'âge et un certain nombre d'années d'exercice purent rester en fonctions.

Dans ces moments critiques, la Mère Marie de Saint-Charles conserva, au moins extérieurement, tout son calme et ramena la paix dans l'âme de ses filles, troublées par la crainte de voir leurs enfants livrées aux écoles laïques.

Au fond, la Révérende Mère était très inquiète. Aurait-elle le temps de pourvoir de maitresses brevetées toutes les écoles tenues par ses filles ? Comme toujours, elle se confia en Dieu et songea à mettre à profit le délai accordé. Toutes les jeunes sœurs, et celles qu'on jugeait aptes à réussir à un examen, furent mises à l'étude : les unes à la Maison-Mère, les autres dans les établissements où elles exerçaient déjà les fonctions d'institutrices.

Dieu bénit leurs efforts : des brevets furent obtenus et, quand le moment vint de témoigner de la possession du brevet, toutes les écoles existantes restèrent debout.

Dans ces moments critiques, la Mère Marie de Saint-Charles montra une rare décision de volonté et une grande énergie de caractère. Par son calme, sa confiance en Dieu, elle ramena la tranquillité dans l'âme de toutes ses filles.

Une des lettres écrites en ces circonstances la peint sur le vif.

« Un mot seulement pour dire que je suis à C... depuis vendredi, les sœurs ayant été priées par l'Inspecteur primaire de vider la maison, car un instituteur était nommé pour les remplacer, et probablement aussi une institutrice ; sans cela, il ne serait pas nécessaire de livrer tout l'immeuble.

« Nos sœurs sont dans une grande peine. Deux d'entre elles reviennent à Kermaria, les quatre autres resteront dans l'ancien presbytère, en attendant que les Frères s'y installent. On pense à bâtir une école libre ; le terrain est donné, mais cela demande du temps.

« Pendant leur repos forcé, les sœurs feront le catéchisme et soigneront les malades à l'ordinaire. La population est désolée. On agit, bon gré mal gré, contre le vœu du maire qui est très bon. Que faire ? Contre la force, il n'y a pas de résistance. J'en fais cependant, de la résistance, car j'ai écrit à l'Inspecteur pour le prier de me faire connaître, par mandat officiel, qui l'autorise à agir ainsi. J'attends la réponse dans deux jours. S'il ne présente un arrêté du Préfet, nous ne bougeons pas. Malheureusement le traité ne porte pas la clause de s'avertir six mois à l'avance en cas de résiliation du traité par l'une ou l'autre des parties, c'est pourquoi nous n'aurons qu'à nous retirer dès que nous y serons invitées en bonne et due forme.

« La conclusion de ceci, mes filles, c'est que nous devons mettre notre confiance en Dieu seul, nous attacher à son bon plaisir, prier, nous tenir calmes et ne nous étonner de rien.

« C'est malgré tout notre Père qui tient le gouvernail du vaisseau. »

Quelques jours avant, elle avait écrit à la supérieure dont on avait laïcisé l'école ces paroles consolantes :

> Ma chère Fille,
> La paix de Notre-Seigneur !
> Courage et confiance !

J'ai reçu toutes vos lettres, j'ai vu toutes vos peines et j'y prends une bien grande part. Je prie et fais prier pour vous. J'espère que tout tournera à la prospérité de vos œuvres quand l'heure du bon Dieu sera venue. En attendant, calme et abandon. Ne vous étonnez ni ne vous déconcertez de rien. Les hommes s'agitent en vain sans Dieu. Le Seigneur sait, quand il lui plait, montrer qu'il est le maitre.

Donnez à votre santé les soins qu'elle réclame, et évitez toute inquiétude exagérée.

Que le bon Dieu vous tienne toutes et toujours sous sa sainte garde et sa puissante protection.

Quand la Révérende Mère écrivait ces lignes, peu de mois la séparaient de la mort, et ces dernières années avaient été, pour elle, un vrai martyre. Souffrant dans son corps de cruelles infirmités, et dans son âme des douleurs morales qu'on devine, sans en bien connaître la nature, elle excitait en même temps l'admiration et la compassion.

Mais, avant d'entrer dans cette dernière phase de son long calvaire, nous devons jeter nos regards sur les années qui se sont écoulées et considérer l'œuvre de la vénérable Supérieure dans la direction donnée à ses filles, et entrer ensuite dans le sanctuaire de son cœur pour y contempler les grandes choses que Dieu a faites en elle.

Cependant les Filles de Jésus ne doivent pas s'en tenir à une admiration stérile des vertus de leur Mère et des grâces qu'elle a reçues de Dieu ; mais elles doivent suivre ses conseils et ses exemples et essayer de marcher sur ses traces. C'est d'ailleurs le but et la raison d'être de cet humble travail.

CHAPITRE IV

Direction spirituelle de la Mère Marie de Saint-Charles

Quand la Révérende Mère prit en main le gouvernement de la Congrégation, deux choses surtout étaient en souffrance : l'administration des biens et la direction des âmes.

Nous l'avons vue à l'œuvre dans la conduite extérieure de la Congrégation ; nous avons pu nous rendre compte des progrès matériels accomplis : l'expansion continue des fondations, expansion qu'arrête un moment la guerre de 1870, mais qui reprend aussitôt la paix conclue ; étudions-la maintenant dans ses rapports intimes avec les sœurs.

Comme nous l'avons déjà vu, la conduite peu religieuse de la Supérieure déposée avait eu pour résultat immédiat un certain relâchement. Les fondatrices étaient restées rigides observatrices des Règles, on pouvait même les appeler des « Règles vivantes » ; nombre d'autres marchaient sur les traces de leurs aînées ; mais quelques-unes faisaient bon marché du règlement établi, qui aurait dû avoir pour elles force de loi. La règle du silence surtout n'était pas toujours observée, et ces infractions donnaient lieu à certains abus.

Pour Mère Marie de Saint-Charles, voir le mal, c'était le combattre, l'extirper si possible ; aussi se mit-elle résolument à l'œuvre.

Très gaie et pleine d'entrain pendant les récréations, très bonne, très maternelle, quoique toujours ferme, dans ses rapports intimes avec ses filles, elle devenait sévère quand elle surprenait les sœurs violant la règle du silence, par exemple, à laquelle elle tenait si fort.

C'est dans les réunions de communauté, dans ses conseils de direction, dans les lettres intimes, qu'elle adresse surtout aux supérieures, et aussi dans ses lettres circulaires, qu'on peut se faire une juste idée du mélange d'indulgence et de fermeté qui forme le fond de sa direction et la rendit si efficace.

La Mère Marie de Saint-Charles avait une trop haute idée de la vie religieuse pour se contenter, dans ses filles, d'une vertu médiocre. Or, elle était forcée de s'avouer que toutes les sœurs ne répondaient pas à l'idéal qu'elle s'était formé de la vraie religieuse. Les y amener par ses exemples et ses conseils, voilà le but qu'elle se proposa en commençant et qu'elle poursuivit jusqu'à la fin de sa vie.

Comme nous l'avons vu plus haut, son espérance ne fut jamais trompée.

Cependant on sent, dans les premières années du généralat de la Révérende Mère, qu'à son désir d'amener ses filles à la perfection de leur état, se mêle une certaine ardeur juvénile, dont elle sourira elle-même plus tard. Elle se servira de son expérience pour montrer aux jeunes supérieures que la perfection ne s'atteint pas aussi facilement que l'on voudrait et que c'est pas à pas qu'on peut y amener les autres.

« Ma pauvre enfant, disait-elle un jour, en riant un peu, à une jeune supérieure qui lui faisait part de ses ennuis, ce n'est rien cela. Vous en verrez bien d'autres. En vieillissant, on devient plus indulgente. Vous êtes jeune, et vous cherchez la perfection dans vous et dans les autres ; vous ne la trouverez pas. »

Il y avait donc, comme nous l'avons déjà fait remarquer, dans la direction de la Révérende Mère Marie de Saint-Charles une sévérité qui a paru excessive à quelques-unes, et une indulgence presque infinie. Cette sévérité venait de la grandeur de la vie religieuse, de la tendance à la perfection qu'elle exige, et du sentiment exagéré que la Révérende Mère avait de sa propre faiblesse. Se trouvant elle-même si imparfaite, elle ne pouvait s'étonner que ses filles eussent aussi leurs défauts.

Ce même caratère se présente dans ses entretiens particuliers, ses lettres et ses exhortations dans les chapitres.

Sans avoir l'âpreté des premières conférences de la Supérieure générale, où il fallait couper court à de graves abus, plusieurs de ses entretiens sont encore bien sévères. Mais quels qu'ils soient, fermes ou tendres, ils sont pleins de doctrine, et une religieuse qui les mettrait fidèlement en pratique serait sûre d'arriver bientôt à la perfection de son état.

En effet, c'est toujours à la vertu solide que la Mère Marie de Saint-Charles veut amener ses filles ; ce qu'elle leur propose, c'est l'humilité, la charité, l'oubli de soi-même, c'est-à-dire les vertus fondamentales, non seulement de la vie religieuse, mais encore de la vie chrétienne.

A la fin d'une réunion, la Mère Marie de Saint-Charles disait ces mots, qu'elle ne cessait d'ailleurs de répéter : « Soyons humbles, afin de nous rendre le bon Dieu propice. »

« Travaillons à nous renouveler dans la résolution de pratiquer la bonté. Soyons bonnes dans nos pensées, bonnes dans nos paroles, bonnes dans nos actions ; mais pour arriver ainsi à être vraiment bonnes, il faut que nous soyons vraiment humbles.

« Demandons donc instamment cette vertu par l'offrande du précieux sang de Jésus au Père Eternel, offrande que nous répéterons aussi souvent que possible pendant ce mois qui, comme complément du mois du Sacré-Cœur, est consacré à honorer ce sang divin. »

La Révérende Mère termine une autre conférence par ces mots « Amour et sacrifice ! N'oblions pas que c'est par là que nous imiterons Notre-Seigneur et que nous plairons à son Père. »

Ailleurs nous lisons : « Joignons à la pratique du silence, du bon emploi du temps, de l'ordre et de la propreté dans les emplois, une rénovation sincère dans l'esprit de charité. Toutes nous désirons la paix ; mais souvenons-nous qu'il ne nous est pas possible de la conserver longtemps avec le prochain, si nous ne suivons pas le conseil de l'*Imitation* : « Faites plutôt la volonté des autres que la vôtre. »

« Il y a quelquefois, même parmi les religieuses, de petites récriminations, de petits rapports des unes aux autres, de certains mécontentements. Rien ne nuit plus à la paix. En blessant la charité, ou en la diminuant, on attriste le Cœur de Jésus.

« Veillons beaucoup sur nous-mêmes afin de ne pas nous laisser aller à ces fautes, qu'on regarde comme peu de chose, et qui peuvent avoir des suites bien graves. »

La Révérende Mère ne se lasse pas de prêcher à ses filles la sublime vertu de charité.

« Nous devons travailler à aimer Dieu et à nous aimer les unes les autres. Nous témoignerons notre amour à nos sœurs en supportant courageusement leurs faiblesses, comme elles sont obligées de supporter les nôtres. Que ce support mutuel soit notre grand travail jusqu'à notre prochaine réunion ; pendant tout ce laps de temps, évitons de dire ou de faire quoi que ce soit qui puisse troubler la charité. »

La sauvegarde de la charité, c'est le silence ; aussi la Mère Marie de Saint-Charles ne cesse de le recommander à ses filles. Il n'est presque pas d'entretiens où elle n'y revienne. Ce n'est souvent qu'un mot, mais un mot qui porte : « Je vous recommande le silence, le recueillement. »

« Pendant ce saint temps du carême, attachez-vous spécialement à la garde du silence. Je demande aux sœurs officières de le faire respecter dans leurs emplois. »

« Préparons-nous à la retraite en travaillant avec calme et paix, dans le silence et le recueillement, en vue de l'éternité. »

Dans les circulaires adressées à toutes les sœurs en certaines circonstances de l'année, la Révérende Mère revient encore, mais avec plus d'ampleur dans les idées, sur la pratique des mêmes vertus.

Des élections devant avoir lieu, la bonne Mère, en annonçant la date des retraites, ajoute : « Je vous engage instamment, mes chères filles, à resserrer entre vous, en cette circonstance, les liens de la charité qui doit nous unir en Dieu ; à vous humilier en sa présence, à pratiquer le recueillement et la pénitence, à prier avec ferveur et persévérance, afin d'obtenir du Ciel qu'il ne se mêle à nos élections aucun intérêt humain, qu'on ne s'y propose d'autre but que la gloire de Dieu et le bien de la Congrégation. »

La Mère Marie de Saint-Charles saisissait toutes les occasions d'inculquer à ses filles les principes de la perfection chrétienne et religieuse ; aussi, malgré sa bonté si grande, sa direction avait un caractère d'énergie et de fermeté qui la ferait juger sévère si on n'avait le témoignage de la tendre et filiale affection que lui portaient ses filles.

Elle-même se reproche quelquefois ce qu'elle appelait son impatience et sa sévérité et s'en accuse devant ses filles émues et édifiées.

Mais cette sévérité apparente disparait complètement dans ses directions particulières et dans les lettres intimes, écrites au courant de la plume à quelqu'une de ses filles qu'elle savait capable de la comprendre. Dans cette correspondance, on sent que la Mère sait qu'elle peut tout dire, qu'elle dit tout. Aussi, est-ce un mélange de tendresse maternelle et de juste sévérité qui sort de chacune de ces pages et qui ont porté dans tant de cœurs la consolation et la paix.

Ces lettres, en même temps qu'elles nous font connaitre la Révérende Mère, nous dévoilent aussi le caractère de ses filles, et c'est un sujet d'étude bien intéressant et bien instructif pour les générations futures des Filles de Jésus.

Telle sœur est un peu tendre sur elle-même, telle autre manque de simplicité ; celle-là se recherche un peu, surtout dans les choses spirituelles ; celle-ci craint les petits sacrifices. La Mère lève doucement le voile qui cachait ces sentiments, même aux yeux de celle qui les produisait, et le mot qui doit corriger ou éclairer tombe si juste qu'il est impossible à la coupable de n'avoir pas conscience de sa faute ou de son imperfection. Ce mot est sévère ou railleur, jamais dur ni blessant.

Le plus souvent les sœurs ne voyaient dans les reproches ou les pointes ironiques de leur Mère qu'une preuve de plus de son amour et de l'intérêt qu'elle prenait à leur avancement spirituel. Quelquefois cependant, l'expression employée leur semblait trop forte et les filles se plaignaient à leur Mère de ce qu'elle s'était montrée trop sévère à leur égard ; elles allaient quelquefois jusqu'à dire qu'elles n'étaient pas traitées aussi bien que les autres sœurs, enfin qu'elles n'étaient pas aimées. Alors la Mère montrait, tout doucement, car il y avait là une blessure à panser, combien ces plaintes étaient injustes et déraisonnables, et combien elle aurait eu lieu, elle, la Mère, de s'en montrer offensée.

Rarement cette seconde lettre manquait son effet. La coupable reconnaissait sa faute, témoignait son repentir, et la paix renaissait dans cette âme un moment troublée.

Des extraits de lettres, adressées à quelques-unes des plus anciennes filles de la vénérable Mère Marie de Saint-Charles, nous donneront une idée juste des sentiments qui l'animaient, sentiments qu'elle savait si bien faire passer dans l'âme de ses filles.

Une jeune supérieure n'avait pu résister à la tentation de venir à la Maison-Mère en passant par sa paroisse natale, et elle était venue sans demander une autorisation qu'elle savait bien devoir lui être refusée. La Révérende Mère était absente en ce moment. A son retour à Bignan, elle apprit ce qui s'était passé, et aussitôt elle écrivit à la sœur pour lui témoigner sa désapprobation.

« Ma fille, j'arrive d'Evriguet et je suis bien fatiguée ; mais je mets de côté ma fatigue et je vous écris immédiatement. Je suis extrêmement peinée de votre voyage à Bignan et à A... Il me semble vous avoir suffisamment fait connaître mes intentions au sujet des voyages, et j'avais, pour vous refuser celui-ci, mille raisons que vous ne connaissez pas. « Laissez les morts ensevelir les morts, dit Notre-Seigneur au jeune homme de l'Évangile ». Vous avez vu presque tous les membres de votre famille cette année ; mais cela ne suffit pas à votre esprit de renoncement. Quand donc serez-vous religieuse ? »

Dans cette lettre sévère, la sœur à qui elle était adressée ne vit qu'une chose : sa désobéissance et la peine qu'elle avait faite à sa mère. Aussitôt elle lui exprima son profond repentir. Quelques jours plus tard, la Mère Marie de Saint-Charles lui adressa la lettre qui suit.

Ma chère fille,

« Que Jésus et Marie règnent à jamais dans votre cœur et celui de vos filles !

« Je vous ai tout pardonné, ma fille. Ne pensez plus jamais à vous procurer des satisfactions au détriment de vos devoirs de supérieure et de l'amour que vous devez à Notre-Seigneur et à sa sainte Mère. »

A une supérieure qui avait pris en mauvaise part une remarque de la Révérende Mère et s'était plainte d'une décision prise à son égard, la Supérieure générale écrit une lettre sévère, mais dans laquelle on sent percer toute sa tendresse maternelle.

« On m'a fait part de vos dispositions. Je n'y puis rien que par mes prières, si Dieu daigne les exaucer. Mon parti est pris : je prierai et j'abandonnerai le reste à la divine Providence.

« Vous pensez, et vous dites, que je vous serre trop et que je ne ferais pas à une autre supérieure ce que je vous fais. Il est vrai que je ne me suis jamais intéressée à personne autant qu'à vous, et que je n'ai fait pour aucune sœur ce que j'ai fait pour vous ; heureuse suis-je maintenant si j'ai agi purement pour Dieu.

« Mes peines ne seront pas sans quelque fruit auprès de sa bonté. Je vous laisse désormais à la direction de son divin Esprit. Écoutez-le bien. »

On s'étonnera moins de la sévérité que la Mère Marie de Saint-Charles montre dans ces quelques lettres, quand on saura qu'elles étaient adressées à des religieuses jeunes, ardentes, enthousiastes, généreuses, capables d'accomplir de grandes choses pour la gloire de Dieu ; mais aussi douées de ces qualitées brillantes qui élèvent des sujets au-dessus de l'ordinaire et attirent l'attention du monde, ce qui, pour une jeune religieuse, constitue un grand danger.

La Révérende Mère savait ce qu'elle pouvait obtenir surtout de l'une de ces sœurs, mais aussi avec quelle facilité on eût pu l'entrainer hors de la voie de la vraie perfection, et elle était résolue à garder pour Dieu seul tous les trésors renfermés dans des âmes ardentes et à n'en rien laisser au monde ; de là le soin de la bonne Mère à les tenir dans l'humilité ; elle voulait, à tout prix, empêcher l'esprit mondain de les dominer.

Mais si ces sœurs se laissaient quelquefois aller jusqu'à la plainte, presque jusqu'au murmure, cela ne durait qu'un moment. Reconnaissant leurs torts, elles venaient humblement implorer leur pardon, qui ne leur était jamais refusé.

C'est sans doute à la suite d'une de ces lettres d'excuses que la Mère Marie de Saint-Charles adressa à l'une de ces sœurs les lignes suivantes :

Bien chère Fille,

« Oui, je devrais vous gronder plus fort que je ne le fais ; mais je m'en abstiens parce que je suis mère, et parce que je suis persuadée que dans les reproches que vous m'adressez quelquefois, la tête a plus de part que le cœur.

« Mais, de grâce, soyez donc plus raisonnable. Tant de fois je vous l'ai demandé ! Tant de fois vous me l'avez promis ! Vous le pouvez si vous le voulez. Vous n'avez qu'à prendre la sincère résolution de devenir plus humble et plus obéissante. Avec ces deux vertus, combien vous seriez heureuse ! Vous supporteriez en paix vos misères et les défauts de vos sœurs. Alors vos croix mêmes vous sembleraient plus douces et plus aimables.

« Allons, ma chère Fille, relevez-vous encore une fois et reprenez votre marche en avant. Promettez-le à la sainte Vierge. Alors je serai contente de vous, Jésus et Marie seront glorifiés et vous-même, ma chère fille, goûterez de nouveau le vrai bonheur »

La Révérende Mère ne tolérait dans ses filles rien qui sentît la mignardise, l'affectation ou l'exagération. Pour les corriger de ces travers, elle avait un remède efficace : une raillerie fine et tout était dit ; on n'y revenait plus.

Une jeune sœur qui s'était laissée aller à l'exagération dans une lettre adressée à la Révérende Mère, en reçut cette réponse.

« Il paraît que sœur N... ne mange que du miel, témoin cette litanie de mots doux et tendres que j'ai trouvée à la fin de sa dernière lettre, litanie très peu de mon goût, je puis vous l'assurer.

« Je ne doute pas du tout de votre affection pour moi, mon enfant, et je n'en ai jamais douté. La mienne, pour vous, est aussi très grande. Je vous en donne des preuves qui peuvent vous sembler quelquefois amères. Il faut vous aimer comme je vous aime, pour vous faire ainsi remarquer vos moindres défauts.

« Allons, je vous pardonne pour cette fois, car j'espère bien qu'en écrivant désormais, vous vous servirez de termes plus en rapport avec la dignité de votre état. »

Il ne faudrait pas croire que la correspondance de la Révérende Mère revêtit toujours ce caractère de sévérité. En général, ses lettres avaient pour but de résoudre quelque difficulté, d'accorder ou de refuser une permission ; mais elle en profitait pour glisser à ses filles quelques conseils de perfection et leur donner un petit stock de nouvelles de la Maison-Mère, qu'elle savait devoir les intéresser. La lettre suivante donne une idée du caractère général des lettres de la Mère Marie de Saint-Charles aux sœurs des maisons locales.

Ma chère Fille,

« C'est avec plaisir que j'ai reçu votre lettre du 19 septembre. J'espère que vos transes sont passées et que votre pensionnat commence à se repeupler. Dans tous les cas, le plus agréable au bon Dieu sera que vous vous en remettiez à sa sainte volonté.

« Je vous conseille de ne pas vous abuser avec vos répugnances à ce sujet ; il suffit que votre volonté à vous adhère à celle de Dieu. Ce que le divin Maître permettra tournera à votre plus grand bien et à celui de votre petite communauté, vous pouvez en être sûre.

« Remettez-vous, chaque jour, au service du bon Dieu,

comme si vous ne faisiez que de commencer. Tenez aux méthodes avec la simplicité d'une novice. Je voudrais surtout que vous prissiez les moyens d'émousser en vous cette activité inquiète qui, à mon avis, est un obstacle à l'esprit de recueillement. Ne craignez pas vos misères, pas même vos fautes ; mais servez-vous-en pour devenir plus simple, plus humble et plus confiante en Dieu.

« Et maintenant, ma fille, quelques nouvelles, qui vous intéresseront, je l'espère.

« Sœur Marie Sainte-A..., est encore à P... Je devais aller visiter l'établissement de L..., et la prendre pour m'accompagner dans mon voyage ; mais j'ai reçu contre-ordre, et elle doit revenir à Kermaria. Merci de vos bonnes propositions pour elle. Bien qu'elle ne doive pas en jouir, cela lui a fait plaisir que vous ayez pensé à elle.

« M. l'Aumônier est en mission à La Chapelle-Neuve. Ma sœur Marie-A... est mieux ; la sœur L... est alitée, on craint pour la poitrine.

« La chapelle avance lentement. Les couvreurs y travaillent depuis mercredi.

« Il nous arrive tous les jours des postulantes ; priez le bon Dieu de choisir celles qui sont bien appelées.

« Ma sœur A..., ni toutes les sœurs de l'infirmerie ne sont pas plus malades.

« Adieu, ma chère fille ; nous sommes au mois d'octobre, priez bien les Saints Anges ; c'est le mois qui leur est consacré. »

A une autre de ses filles, la Mère Marie de Saint-Charles écrit :

Ma chère Fille,

« J'ai reçu vos lettres du 28 octobre et du 25 novembre. Merci de votre belle poésie. Je vous retourne, en échange, mes meilleurs vœux pour l'année qui va s'ouvrir. Dieu nous fasse la grâce de croître toutes les deux dans son amour et dans l'imitation de son Verbe incarné, dont nous méditons les vertus en ce saint temps. Prions-le bien dans ce but. Nous sommes faibles, c'est vrai ; mais si notre volonté est bonne, Dieu fera le reste.

« Allons, du courage ! Nous vieillissons, l'éternité s'approche et, avec elle, la fin de nos maux et la récompense ! Cette pensée est bien propre à donner de l'énergie à notre âme.

« Je vous arriverai quand vous y songerez le moins, quoique je ne puisse pas encore préciser l'époque. Le bon Dieu la fixera à son heure ; ce sera celle qui sera la plus profitable à nos âmes. Demandons-lui toujours l'accomplissement de son bon plaisir. »

C'est toujours avec cette simplicité et cette ouverture de cœur que la Révérende Mère écrit à ses filles, quand rien de particulier ne l'oblige à plus de sévérité ou de tendresse.

C'est surtout quand elles étaient sous le coup de l'épreuve que ses filles pouvaient sentir les trésors de bonté et de compassion cachés dans le cœur de leur Mère. Elle trouvait, pour chacune d'elles, et pour chaque genre de souffrance, la parole qui encourage, qui relève et qui guérit.

Dans les premières années du généralat de la Mère Marie de Saint-Charles, une jeune sœur était en proie à des peines intérieures très pénibles. D'une nature délicate et d'une conscience timorée, elle souffrait étrangement des tentations qui l'obsédaient et elle ne se laissait pas facilement convaincre que ces peines étaient des épreuves et non des fautes.

Malgré sa jeunesse et son peu d'expérience des âmes, expérience qui ne s'acquiert qu'avec le temps, la Supérieure générale ne faillit pas à sa mission de consolatrice et de guide.

Plus tard, quand les années l'auront mûrie, elle ne pourra dire ni mieux ni autrement ; Dieu était avec elle et la grâce divine ne l'abandonna jamais, même dans les occurrences les plus difficiles.

Mais écoutons-la elle même ; rien ne nous fera mieux juger la sagesse de sa direction que les extraits de sa correspondance.

Ma bonne Fille,

« Je n'ai pu lire votre lettre sans me sentir attendrie jusqu'aux larmes. Oh ! oui, j'embrasse toutes vos peines. Vos souffrances sont grandes et cependant je n'oserais demander à Dieu de vous en délivrer, car j'ai la conviction qu'elles vous sont envoyées pour votre plus grand avantage. Je regarde l'état où vous vous trouvez comme une épreuve par laquelle Dieu épure votre âme et la prépare à recevoir les plus grandes grâces.

« Ayez confiance, le Seigneur ne vous a pas abandonnée, au contraire ; la plus grande marque d'amour qu'il a donnée à ses saints, n'est-ce pas sa croix ?

« Vous avez l'imagination ardente, le démon le sait et c'est pour vous troubler qu'il veut vous faire croire que ce qui se passe en vous vient de votre volonté. Ne le croyez pas, et pour éviter ses pièges, rendez une obéissance parfaite à ceux que Dieu a chargés de vous conduire, puis abandonnez-vous avec confiance entre les bras de la divine Providence.

« Ne vous laissez jamais aller à l'inquiétude, même au milieu des plus grandes tentations, c'est ce que veut votre ennemi ; mais humiliez-vous bien. C'est pour vous amener à l'humilité que Dieu permet la tentation qui vous effraye tant. Pourquoi cette crainte excessive ? « La tentation marque l'élection » ; le démon ne tente pas ceux qui sont à lui, mais les âmes qui ne cherchent que Dieu.

« Loin de vous conseiller d'abandonner la sainte communion, je vous engage à la recevoir le plus souvent possible.

« Allons, ma bonne fille, du courage, de l'obéissance et de la confiance. Puisse ma lettre vous apporter un peu de tranquillité, c'est mon plus ardent désir. »

Un peu plus tard, la Mère Marie de Saint-Charles écrit à la même sœur.

« Quel que soit votre état, ma chère Fille, souvenez-vous que la volonté de Dieu est que vous le sanctifiiez en vous abandonnant à son bon plaisir.

« Tout va bien dans la vie spirituelle, pourvu qu'on ne

perde pas courage et qu'on aille puiser l'énergie à la source de toutes forces, Notre-Seigneur Jésus-Christ. Loin de négliger vos communions, soyez plus exacte à vous approcher de la sainte table, les peines et les croix étant régulièrement. une marque d'amour de la part de Dieu. »

Que la tentation soit permise de Dieu, qu'elle vienne du démon ou qu'elle soit le jouet de l'imagination, l'âme troublée ne se laisse pas facilement convaincre.

Ce ne sont pas seulement les âmes éprouvées par des peines intérieures que la Révérende Mère console et encourage ; elle témoigne le même intérêt et la même bonté à celles qui, par faiblesse, ont manqué à quelqu'un de leurs devoirs.

« Bien que vous vous soyez un peu écartée du chemin que vous deviez suivre, je vous reconnais pour ma fille et je vous aime encore. Vous avez offensé Dieu ; vous vous êtes laissée aller à la négligence ; désormais, pour réparer vos manquements envers Jésus, et satisfaire aux désirs de mon cœur, au lieu de vous lamenter et de vous apitoyer sur votre état, vous aller agir en âme généreuse. Tout en vous humiliant profondément devant Dieu, vous jetterez tout le passé dans le sein de sa divine miséricorde et vous prendrez à tâche de le servir avec plus de bonne volonté et de zèle que jamais.

« Oui, ma fille, après avoir considéré et baisé votre crucifix, toujours plus convaincue de l'ardent amour et de l'infinie bonté de Dieu, vous ne l'envisagerez plus — ce que je vous ai vue faire quelquefois après vos chutes — comme un juge sévère qui ne pardonne rien, mais comme un père, plus empressé de vous accorder votre pardon que vous de le lui demander.

« Je suis sûre que vous n'êtes dans l'état d'apathie qui vous désole, que par défaut de confiance en Dieu. Allez donc vous jeter à ses pieds, et demandez-lui dans une prière fervente, par les mérites de Jésus et de Marie, le pardon de vos fautes et la grâce de vous confier en lui, même quand vous êtes tombée.

« Ne plus penser au passé ; songer uniquement à plaire à Jésus ; pacifier votre cœur ; être désormais fidèle à vos exercices de piété ; apporter de la prudence dans vos rapports extérieurs ; dans vos doutes et vos embarras, recourir à la prière, tels sont, ma fille, les moyens que je vous propose. Employez-les et vous vous en trouverez bien. »

Une catégorie de sœurs qui excitait au plus haut point la compassion de la Révérende Mère, c'étaient les malades et les infirmes. Elle veillait sur leurs besoins avec une tendresse de mère et si, malgré sa sollicitude, il leur manquait quelque chose, elle se le reprochait comme une négligence, et s'en accusait devant les sœurs :

« J'étais venue à Kermaria pour me remettre d'une fatigue qui menaçait de devenir grave et recevoir, à cause de cela même, des soins particuliers, écrit une sœur dans ses mémoires. Mais notre Mère comptait sur la sœur infirmière pour me procurer tout ce qui serait utile à ma santé. Assurée que rien ne me manquerait, notre bonne Mère ne s'occupa plus de moi. La sœur infirmière de son côté attendit les ordres de notre Mère pour me soigner efficacement ; de sorte que je fus mise au régime de la Communauté.

« Me promenant un jour dans les jardins, je fis la rencontre de M. l'Aumônier, qui m'arrêta pour s'enquérir de ma santé.

« Que prenez-vous, me demanda-t-il ? » Je fus obligée de lui avouer que, jusque-là, j'avais vécu de la vie commune.

« Dans l'après-midi, notre Mère m'appela dans sa chambre. « Ma chère enfant, me dit-elle, aussitôt qu'elle m'aperçut, comme je regrette de m'être fiée aux autres pour vous soigner ! J'aurais dû m'informer plus tôt de ce qu'on vous donnait. Dès demain, vous suivrez un régime fortifiant. Je compte sur votre raison pour prendre bien simplement tout ce qu'on vous présentera.

« Allez maintenant, mon enfant, et pardonnez-moi ma négligence. »

Ce fait, peu important en lui-même, est cependant une preuve de l'affection bien tendre que la Mère Marie de Saint-Charles portait à ses filles malades, puisqu'elle se reprochait si vivement un simple oubli.

La vénérable Supérieure ne se contentait pas de s'occuper de la santé des sœurs qui étaient à Kermaria, elle étendait sa sollicitude sur toutes les maisons locales. A chaque retraite annuelle, elle donnait des avis sur ce point. « Soignez les santés, disait-elle aux supérieures ; mais ne cherchez pas à vous débarrasser des sœurs souffrantes. Rappelez-vous que les malades et les infirmes attirent la bénédiction du ciel sur nos communautés.

« Je prie les supérieures de donner à leurs sœurs une pension fortifiante ; ayez surtout du bon bouillon, afin que les santés, qui presque partout sont débiles, puissent se soutenir. N'attendez pas trop tard pour soigner les indispositions ; prenez-les au début : on ne sait jamais ce qu'un simple malaise peut devenir. »

Elle s'adressait aussi aux cuisinières. « Préparez bien vos repas ; donnez-y tout le soin et l'attention possibles. La santé des sœurs dépend beaucoup de la nourriture qui leur est servie. Préparez des mets appétissants. Pour que les aliments profitent, il faut qu'ils soient pris avec un certain plaisir ; s'ils sont mal préparés, ils ne peuvent exciter l'appétit. »

Mais si la Révérende Mère faisait des recommandations aux supérieures et aux cuisinières, elle en adressait aussi aux inférieures. Elle les engageait à prendre toutes les précautions nécessaires pour conserver leur santé et leurs forces ; elle leur demandait aussi souvent de faire un retour sur elles-mêmes afin de découvrir les causes de leur manque d'appétit. Il y a de ces causes qu'on n'aime à avouer ni à soi-même ni aux autres. La sage Mère les devinait sans qu'on lui en parlât. Ce petit travers n'est pas nouveau ; sainte Thérèse le reprochait aussi à ses carmélites. La Mère Marie de Saint-Charles, comme sainte Thérèse, faisait la guerre aux caprices, à l'affectation, à la vanité, même avant que ces mauvaises plantes se fussent tout-à-fait montrées.

Enfin la bonne Mère mettait ses filles en garde contre le manque de simplicité. Quelques-unes, en effet, ne découvraient pas assez tôt leurs indispositions ; d'autres refusaient de prendre les soulagements qu'on voulait leur donner, agissant, comme le disait leur Mère, en enfants plutôt qu'en religieuses.

La Révérende Mère avait les mêmes soins et les mêmes délicates attentions pour des sœurs atteintes de ces maladies organiques dont on ne voit pas la fin, et qui, tout en permettant de remplir un emploi, rendent le travail et la vie pénibles.

Une jeune supérieure avait souvent des palpitations de cœur, qui la faisaient beaucoup souffrir. A bout de forces, elle demanda quelques jours de repos, qu'elle alla passer chez une de ses sœurs, supérieure dans une communauté peu éloignée de Rennes. La Mère Marie de Saint-Charles s'y rendit aussi, et il fut décidé que la malade consulterait à Rennes un habile médecin. Le docteur rendit son verdict. La sœur était atteinte d'une grave affection au cœur et il lui fallait, avec un régime très fortifiant, la cessation complète de tout travail.

La Révérende Mère, qui était en cours de visites dans l'Ille-et-Vilaine, demanda au docteur si un voyage dans les maisons des environs pourrait être nuisible à la malade ? — « Au contraire, répondit le médecin, ce sera pour elle un repos relatif. »

Heureuse de cette décision, qui était aussi une joie pour la malade, la Mère Marie de Saint-Charles la prit pour compagne pendant tout son voyage.

De temps en temps, la digne Supérieure recevait des maisons locales des nouvelles inquiétantes de la santé des sœurs. Alors elle renouvelait ses instances auprès de ses filles pour qu'elles prissent des précautions afin d'éviter les maladies, qui souvent, en effet, naissent d'imprudences.

« Je vous recommande encore de prendre grand soin de votre santé, écrit-elle à une sœur souffrante, mais cependant capable de remplir son office ; j'ai trop besoin de vous pour que vous vous laissiez mourir maintenant. »

« Moi aussi, j'ai bien envie de vous voir, écrit-elle à une de ses filles. Si vous pouvez venir conduire votre postulante à Kermaria, j'en serai très heureuse. Mais choisissez un beau jour, afin que votre santé ne souffre pas du voyage. »

Cette grande sollicitude de la Mère Marie de Saint-Charles pour la santé de ses filles n'allait jamais jusqu'à la faiblesse ni jusqu'au manque de soumission à la volonté de Dieu. Quelques extraits des lettres écrites à ces sœurs montreront bien le profit qu'elle pouvait tirer pour elle et pour ses filles de la rude épreuve de la maladie.

« Vous êtes donc sur votre lit, écrit-elle à une supérieure locale ; vous ne sauriez être mieux que là, puisque le bon Dieu vous y veut. Ne faites pourtant pas d'imprudences qui puissent vous y retenir. Ne soyez pas douillette ; mais soyez raisonnable.

« Votre mal ne vous conduira pas tout de suite à la vie éternelle. Il faut beaucoup souffrir avant d'y entrer. Vous n'avez encore fait que tremper vos lèvres au calice qu'il faudra bien épuiser.

« Efforcez-vous de ne faire que des pensées de paix qui pourront vous profiter plus tard. »

En une autre circonstance, la Révérende Mère écrit à la même sœur :

« Puisse Notre-Seigneur vous accorder force, patience et courage pour bien utiliser le temps de votre infirmité. Tâchez de vous le rendre bien profitable, en vous entretenant souvent avec Jésus souffrant. Ecoutez-le bien. Il vous apprendra beaucoup de choses qu'il n'a pas pu vous enseigner quand vous étiez trop occupée pour l'entendre. Offrez-vous bien à lui, pour souffrir tout ce qu'il voudra, malgré les réclamations de la nature. »

« J'espère que sœur N... est guérie, écrit-elle à une supérieure. Veuillez, au plus tôt, me donner de ses nouvelles. J'espère qu'elles seront plus rassurantes.

« Les jours derniers nous avions quatorze sœurs alitées. Elles étaient atteintes d'angines et d'érysipèles. C'est une véritable épidémie.

« Il faut nous réjouir en Dieu de ces contretemps. Ils n'accommodent pas la nature ; mais ils sont dans les desseins de ce bon Père, qui veut, par ce moyen, purifier nos âmes et nous attacher plus étroitement à lui. »

Une sœur, qui souffrait beaucoup des yeux, demanda à la Mère Marie de Saint-Charles la permission de consulter un spécialiste, tout en craignant que cela ne fût trop dispendieux et contraire à son vœu de pauvreté. Voici la réponse de la vénérable Supérieure.

« Je vous permets bien volontiers de vous rendre chez l'oculiste dont vous me parlez ; mais prenez avec vous une compagne, autrement je serais inquiète. Ne regrettez pas la dépense ; le bon Dieu y pourvoira. Confiance et courage ! Soyez d'une grande exactitude à suivre les prescriptions du docteur ainsi que les recommandations que je vous ai fait faire par mon assistante. Nous prions pour vous. »

Un peu plus tard, à l'occasion de la fête de la malade, la Mère Marie de Saint-Charles lui écrit encore : « Bonne et heureuse fête, de tout mon cœur. J'ai pensé à vous ce matin.

« C'est un grand sacrifice pour moi de ne pouvoir aller vous visiter en ce moment où mon cœur de Mère serait si bien venu pour vous aider à supporter vos souffrances. Mais, depuis quatre mois surtout, je suis enveloppée dans un vrai tourbillon d'affaires, sans parler de mes souffrances, qui sont plus grandes que d'habitude.

« Cependant, j'ai le plus grand désir de recevoir de vos nouvelles. Je vous prie de m'en faire donner tous les huit jours. Je vais faire tant prier que le bon Dieu vous guérira. »

Malgré l'habileté du spécialiste et les bons soins qui lui furent prodigués, la malade demeura dans un état très précaire et menacée de perdre la vue.

On peut juger de l'inquiétude de la bonne Mère. Comptant peu sur le secours des hommes, elle se tourna vers Dieu. Tout en encourageant la sœur à porter sa croix avec courage et résignation, la Mère Marie de Saint-Charles implorait du ciel, avec la foi ardente qui la caractérisait, la guérison de sa fille.

Enfin Dieu exauça ses prières ; une grande amélioration se produisit, et la sœur put penser au retour.

La Mère Marie de Saint-Charles avait promis d'aller

elle-même prendre la sœur à D... pour la ramener à Kermaria ; mais, au dernier moment, elle ne put réaliser son projet. Voici comment elle annonce à sa fille cette nouvelle déception.

« Jusqu'à présent, j'ai cru pouvoir aller vous prendre ; c'est ce qui m'a fait retarder ma réponse ; mais je vois que la chose m'est impossible. Ainsi, ma fille, tâchez de trouver une bonne voiture pour nous venir, si vous le pouvez ; nous vous soignerons avec bonheur. Il faut espérer qu'en peu de temps je pourrai vous reconduire chez vous. Il me tarde de vous voir ; pourtant si le voyage devait compromettre votre santé, je ne le voudrais pas à ce prix. »

En une occasion pourtant, la Révérende Mère sembla oublier sa prudence habituelle.

Accompagnée de sa secrétaire, la Mère Marie de Saint-Charles conduisait une petite colonie de sœurs à une nouvelle fondation. Elle s'arrêta dans une communauté et y trouva la supérieure au lit, en proie à une assez forte fièvre. « Et pourtant, ma fille, dit la bonne Mère, je viens vous prendre pour m'accompagner dans mes visites. » La supérieure répondit qu'il lui était impossible de voyager dans l'état où elle se trouvait. « Nous verrons demain, ajouta la Mère ; jusque-là, dormez tranquille. »

Le lendemain, la Mère Marie de Saint-Charles pria sa secrétaire d'aller voir la malade et de l'aider à s'habiller. Un peu plus tard, la Révérende Mère vint elle-même dans la chambre, où la sœur secrétaire faisait de son mieux pour obéir à l'ordre qui lui avait été donné ; mais la pauvre patiente ne pouvait se tenir debout, la nuit ayant été très mauvaise.

« C'est bien inutile, ma Mère, dit la sœur secrétaire, en voyant la Mère Marie de Saint-Charles, la sœur est trop malade pour voyager. »

De leur côté, les sœurs de la maison suppliaient la Révérende Mère de revenir sur sa décision et de ne pas emmener leur supérieure. « Je l'emmènerai jusqu'à la gare, répondit la Mère ; si elle est plus souffrante, la voiture la ramènera. »

Plus souffrante, la chère sœur l'était déjà beaucoup ; mais l'intention de la Supérieure générale de se faire accompagner par elle était bien arrêtée.

Après un voyage assez pénible, la Mère Marie de Saint-Charles confia la malade à la supérieure d'une maison locale, en recommandant à cette dernière de la lui reconduire à la nouvelle fondation le dimanche suivant.

Tout se fit comme la Révérende Mère l'avait ordonné. La malade était guérie, quoiqu'un peu faible encore, et elle put accompagner la vénérable Supérieure dans ses visites.

Au retour, en présentant aux religieuses leur supérieure, la Révérende Mère leur dit en souriant : « Vous me l'avez confiée malade, je vous la rends bien portante. L'obéissance est toujours la meilleure des voies. »

La manière d'agir de la Mère Marie de Saint-Charles, en cette circonstance, ne laisse pas de nous étonner. Quel était son but ? Peut-être de s'assurer jusqu'où pouvait aller l'obéissance de ses filles, peut-être aussi avait-elle deviné dans l'insistance des sœurs quelque chose de naturel. Quoi qu'il en soit, elle avait agi sous une impulsion divine : l'heureux dénouement de ce voyage nous le montre bien. Mais c'est le seul fait de ce genre qu'on puisse relater.

Quand la maladie des sœurs présentait certains caractères de gravité, la Révérende Mère ne reculait devant aucune dépense, aucune fatigue, aucun sacrifice pour la conjurer ou l'enrayer ; si, malgré tous les soins, la maladie suivait son cours, elle faisait son possible pour consoler les malades et adoucir leurs souffrances.

Une de ses filles était atteinte à la bouche d'un mal extrêmement dangereux. Il fallait d'urgence avoir recours à une opération très délicate et qui exigeait la main habile d'un spécialiste.

Deux alternatives se présentaient : l'opération réussissait parfaitement, alors la guérison s'ensuivrait ; mais le plus probable était que la malade mourrait pendant l'opération ou après quelques jours d'une atroce souffrance.

La bonne Mère connaissait le danger ; aussi ne voulut-elle laisser à personne le soin d'accompagner la malade à Paris.

Elle voulait être là pour l'aider et l'encourager pendant le voyage et les longs jours de souffrance qu'elle devait passer à la clinique, ou recevoir son dernier soupir et rendre à sa dépouille mortelle les derniers devoirs, si le bon Dieu demandait à la patiente le sacrifice de sa vie. On comprend combien c'était une tâche pénible pour la bonne Mère, qui aimait sa fille d'un amour si tendre, et avait un cœur si largement ouvert à la pitié !

Le voyage se fit péniblement, douloureusement ; ce fut un vrai calvaire.

Au moment de l'opération, on proposa à la bonne Mère de s'éloigner, craignant pour elle une émotion trop forte, mais elle ne voulut pas y consentir. « Non, dit-elle, je veux rester ici, au pied de ce crucifix, pour recommander ma malade à Jésus, et faire plus généreusement mon sacrifice, si Dieu l'exige de moi. » Et elle demeura là, en prière, tout le temps que dura l'opération.

Dieu bénit la foi et le dévouement de la bonne Mère. La malade supporta l'opération ; mais pendant trois jours elle souffrit d'intolérables douleurs. Pendant tout ce temps, la Mère Marie de Saint-Charles veilla nuit et jour près de ce lit de souffrances. Elle ne consentit à s'en éloigner pour prendre un peu de repos, que lorsque la malade s'endormit d'un sommeil réparateur.

Quelques semaines plus tard, la Mère Marie de Saint-Charles ramenait la sœur complètement guérie et prête à reprendre ses fonctions d'institutrice, qu'elle devait remplir encore pendant bien des années.

Il y avait dans la sollicitude de la Révérende Mère pour les sœurs malades ou indisposées, une grande bonté de cœur, mais il y avait aussi le désir ardent de les voir travailler longtemps à la gloire de Dieu et à la prospérité de la Congrégation.

Une sœur était presque toujours souffrante et s'en désolait, car elle craignait de voir péricliter la maison dont elle était la supérieure et l'école dont elle était la directrice, ne pouvant, à cause de sa mauvaise santé, s'en occuper convenablement.

Sa sœur ainée, fille de Jésus comme elle, suppliait la Révérende Mère de rappeler la malade à Kermaria, donnant pour raison qu'en maison locale elle ne pouvait faire aucun bien dans l'état où elle était. « Non, lui répondit un jour la Mère Marie de Saint-Charles, je veux qu'elle meure les armes à la main. » Réfléchissant un instant, la Révérende Mère ajouta : « Votre sœur travaillera très longtemps. Sa santé ne l'empêchera pas de remplir son office. » C'est ce qui est arrivé, en effet. Cette sœur fut à la tête d'une maison et dirigea une école jusqu'à un âge avancé.

Au moment où s'écrivent ces lignes, elle est encore là pour rendre témoignage des vertus et de la sainteté de la vénérable Mère.

Dans la Congrégation des Filles de Jésus, les sœurs qui ne peuvent plus remplir leurs fonctions dans les maisons locales reviennent à la Maison-Mère, et l'infirmerie, que la Révérende Mère appelait le « vestibule du ciel, » reçoit en même temps les sœurs que la maladie abat au milieu ou au commencement de leur course et celles que l'âge ou les infirmités obligent à prendre un repos bien mérité, en attendant que le divin Rémunérateur les appelle à la récompense.

Pour toutes, la Mère Marie de Saint-Charles avait des tendresses infinies. Il ne se passait pas de jour qu'elle ne vînt les visiter à l'infirmerie, et sa visite était toujours saluée avec bonheur. Quand elle apparaissait, le sourire s'épanouissait sur tous les visages.

Sa première visite était aux plus malades. Elle trouvait dans son cœur des paroles qui les consolaient et qui éveillaient en elles de si douces espérances, que même les plus souffrantes ne se lassaient pas de l'entendre.

Elle écoutait leurs plaintes, puis elle ramenait doucement leur pensée vers Jésus en croix ; alors les malades bénissaient les souffrances qui les rendaient si semblables à leur divin Maître.

« Ma fille, disait-elle à une novice malade, vous voilà dans la souffrance ; le bon Dieu vous donne une parcelle de sa croix. Si vous voulez être fille de Jésus, attendez-vous à souffrir. On ne peut épouser Jésus sans épouser en même temps sa croix. »

— 94 —

Les malades visitées et consolées, venait le tour des vénérables anciennes. La Mère Marie de Saint-Charles avait pour chacune une bonne et sainte parole. Quand ses occupations étaient moins nombreuses, elle s'asseyait au milieu de ses filles et écoutait avec une grande attention les petites histoires, cent fois entendues, qu'elles lui racontaient.

Combien elle était heureuse, la vénérable Mère, quand elle pouvait distribuer à ses chères filles les petites douceurs que les sœurs des maisons locales lui apportaient quelquefois !

La sollicitude de la bonne Mère Marie de Saint-Charles ne connaissait plus de bornes quand une de ses chères malades approchait de sa fin.

« Appelez-moi, disait-elle aux sœurs infirmières, aussitôt que vous verrez du changement. Je veux être là pour adoucir ses derniers moments, si c'est possible, ou pour prier, si je ne puis faire autre chose. »

Au premier signal, la bonne Mère accourait, abandonnant tout. Le jour, la nuit, on la voyait penchée sur ce lit de douleurs, exhortant la mourante, l'encourageant à souffrir avec Jésus agonisant. Ses paroles étaient si persuasives que la pauvre patiente semblait, pour un moment, oublier ses tortures.

Une jeune sœur se mourait dans des souffrances indicibles. On avait le cœur navré en entendant, à distance, les cris que lui arrachait la douleur. La Mère Marie de Saint-Charles était là à tout moment. Enfin, la mort approchant, elle ne quitta pour ainsi dire plus ce lit d'agonie.

La jeune sœur, qui avait conservé toute sa lucidité d'esprit, entendit enfin les paroles si pieuses et si consolantes de la Révérende Mère. Elle cessa de gémir. Quelques moments plus tard, la malade demanda à la Mère Marie de Saint-Charles qu'on fit venir près d'elle toutes les novices.

« Je suis heureuse maintenant, ma Mère, ajouta-t-elle, oui, bien heureuse de mourir. Je désire chanter à Dieu ma reconnaissance, et comme je ne le puis pas moi-même, les novices chanteront pour moi. Oui, qu'elles fassent monter vers le ciel, avant que j'y entre, le cri de mon amour. »

Les novices vinrent et chantèrent le *Magnificat*. Souvent l'émotion les gagnait et le chant s'éteignait dans les larmes. La Mère Marie de Saint-Charles pleurait aussi. La mourante était radieuse. On eût dit qu'elle entendait le *Magnificat* résonner dans les parvis célestes, chanté par les anges, aux concerts desquels elle allait bientôt s'unir.

La mort de deux jeunes sœurs présente quelque chose de plus extraordinaire encore.

Avant de partir pour un voyage de quelques jours, la Mère Marie de Saint-Charles vint prendre congé de ses chères malades. Il y avait à l'infirmerie deux sœurs bien souffrantes. « Ma Mère, dit l'une d'elles, permettez-nous de mourir. » — « Non, mes chères filles, répondit la Mère, attendez mon retour, alors je vous le permettrai. » — « O ma Mère, reprit l'une des malades, que dites-vous ? Vous attendre ! » — « Oui, ma fille, vous m'attendrez. Souffrez toutes les deux en patience, en union avec Jésus agonisant. Dieu sera content de vous. » Elle les bénit, les embrassa et partit.

A son retour, elle accourut au chevet de ses chères enfants, toujours mourantes et toujours l'attendant. Elle les baisa avec une affection plus tendre encore, les bénit et les consola. Quand la Révérende Mère eut fini de parler, les sœurs lui demandèrent encore une fois la permission de mourir. « Oui, mes enfants, répondit la Mère, maintenant je vous le permets. » Quelques instants plus tard, à très peu d'intervalle, les deux mourantes allaient recevoir au ciel la récompense de leurs vertus. Mais leur Mère était là pour recevoir leur dernier soupir, accompagner à la tombe leur dépouille mortelle et verser sur elles, avec ses larmes, ses plus ardentes prières.

Le spectacle de ces morts si édifiantes consolait les sœurs qui en étaient témoins et excitait chez elles une sainte envie de mourir. Elles pensaient, avec raison, que des âmes si bien préparées pouvaient en toute confiance se présenter devant le Juge suprême.

Etre préparées à la mort par la Mère Marie de Saint-

Charles était le plus grand désir des vénérables anciennes. « Ah ! qui m'aurait dit, s'écriait l'une d'elles, en sanglotant, quelques jours après la mort de la Révérende Mère, qu'à mon heure dernière, je serais privée de celle qui, après le saint viatique, était ma meilleure espérance ? O ma Mère, pourquoi vous en aller avant vos filles ? »

Toutes étaient désolées de la voir les précéder dans la tombe.

Les soins touchants de la Révérende Mère ne s'arrêtaient pas au lit de mort de ses filles : sa tendresse maternelle allait plus loin encore. Elle ne laissait à personne le soin de les préparer pour la tombe.

A cette époque, les sœurs étaient portées au cimetière le visage découvert, les mains jointes, la tête posée sur un oreiller. Avant de fermer. le cercueil, il fallait ôter les oreillers, étendre les bras le long du corps, couvrir le visage d'un suaire. La Mère Marie de Saint-Charles rendait à ses enfants ce dernier service, avec un respect pieux et touchant ; puis, avant que la dépouille mortelle eût disparu à jamais, la vénérable supérieure déposait sur le front glacé de la défunte un long baiser et elle se relevait le visage baigné de larmes.

Chaque nouveau décès faisait au cœur de la bonne Mère une profonde blessure, et il lui fallait tout son esprit de foi et son abandon à la divine Providence pour s'y résigner.

C'est bien ce que nous voyons dans les lignes suivantes adressées à la supérieure d'une maison locale : « Je viens de fermer les yeux à notre chère sœur Marie-Josaphat. Inutile de vous dire ce que mon cœur éprouve de peine naturelle et de joie spirituelle dans cette nouvelle perte ! C'est un combat dont la foi seule a le secret. Puisse ce nouveau sacrifice attirer sur la Congrégation, sur l'Eglise, sur le Père commun des fidèles et sur notre chère patrie — on était alors en 1871 — la miséricorde et la protection du bon Dieu. Notre sœur a souffert et offert sa vie dans ce triple but. »

On a dit quelquefois que la Mère Marie de Saint-Charles s'occupait surtout de la direction spirituelle des supérieures. C'est vrai, mais la vénérable Mère avait un puissant motif d'agir ainsi. Elle avait un principe dont elle ne se départit jamais : les supérieures, chargées de la conduite des sœurs, devant prêcher d'exemple, avaient besoin d'une direction solide et éclairée. D'après elle, la supérieure devait être, dans sa maison, une lumière, un guide, un appui ; une lumière pour éclairer le sentier qui s'ouvre devant ses filles ; un guide pour marcher dans le même chemin, afin de les empêcher de s'égarer ; un appui pour les soutenir si la voie semble longue et difficile ; pour les aider s'il se présente des obstacles, les relever si leur pied heurte quelque pierre.

« Si la supérieure est intérieure, surnaturelle, régulière et toujours au devoir, disait la vénérée Mère, ses filles seront vertueuses et la régularité sera en honneur dans la communauté. »

Pour arriver à cet heureux résultat, la Mère Marie de Saint-Charles ne reculait devant aucun moyen, aucun sacrifice : retraites spéciales aux supérieures, avis particuliers, correspondance active, tout était mis en œuvre pour que celles qu'elle avait chargées de conduire au ciel l'âme de ses filles fussent dignes de leur haute mission.

Dans les conseils donnés par la Révérende Mère, les supérieures pouvaient puiser des règles pour leur propre perfection et celle de leurs sœurs.

Les principes posés par la Mère Marie de Saint-Charles, surtout ceux qui regardent la conduite personnelle des supérieures, étaient d'une haute spiritualité. Inconsciemment la Révérende Mère se peignait elle-même dans les conseils qu'elle donnait à ses filles.

« Exigez peu et donnez beaucoup, disait-elle aux sœurs qui étaient à la tête d'une maison locale. Pour être bonne supérieure, il faut se mortifier, se tenir, par l'esprit et le cœur, à la dernière place, tout en occupant la première : l'exemple a plus d'influence que les paroles. Tendez toujours à unir les sœurs entre elles dans la paix de Notre-Seigneur, car l'union des membres fait la force des communautés.

« Efforcez-vous de mettre de côté tout amour-propre

pour entretenir la paix et l'union au dedans. Soyez aussi d'une grande discrétion pour garder leurs petits secrets. Une imprudence, sous ce rapport, pourrait faire beaucoup de mal. Ne découvrez jamais des fautes qui ne sont connues que de vous. Ne faites jamais vos sœurs se surveiller les unes les autres ; ne mendiez pas les rapports, ne les encouragez pas.

« Ne reprenez jamais les sœurs devant les enfants ; ne leur donnez pas le dessous, ce serait leur faire perdre leur autorité et les indisposer contre vous.

« Vous devez reprendre les fautes ; mais, même alors, soyez plus encourageantes que sévères, car le découragement en général est le plus grand mal de la vie spirituelle et l'un des plus communs.

« Les supérieures doivent être de véritables mères pour les sœurs confiées à leurs soins, lisons-nous dans les avis spirituels donnés à la fin de la retraite des supérieures. Elles doivent les estimer, les aimer, s'efforcer de leur faire du bien, soigner leur santé et se bien persuader que les infirmes et les malades attirent sur une maison religieuse les bénédictions du ciel. » Ces paroles, nous les avons déjà rappelées ; mais la Révérende Mère aimait tant à les redire, que nous nous permettons d'y revenir avec elle.

Une autre catégorie de sœurs attirait encore l'attention de la Mère Marie de Saint-Charles : c'étaient les caractères difficiles. Elle voulait qu'on les traitât avec patience et bonté. « Quand vous avez fait votre possible pour corriger une sœur de ses défectuosités de caractère et qu'il n'y a pas d'amendement, il faut prier pour elle et vous montrer très bonne à son égard. Cette sœur est atteinte d'une maladie morale, dont le seul remède est le support. »

Les supérieures ne comprenaient pas toujours cette mansuétude de la Révérende Mère et certaines d'entre elles continuaient à se plaindre et à demander le déplacement des sujets qui leur occasionnaient quelques ennuis. Alors la vénérable Supérieure élevait la voix, et en quelques mots montrait à ces supérieures qu'elles non plus n'étaient pas impeccables.

Voici ce qu'elle écrit à ce sujet à une supérieure locale qui s'était plainte de quelques-unes de ses inférieures.

« Vos filles vous font quelquefois de la peine; mais, vous-même, n'avez-vous pas vos petites misères ? Vous êtes obligée de prêcher aux autres l'esprit de foi, le renoncement, le support; mais toutes vos leçons seraient inutiles, si vous ne les appuyiez de vos exemples. Peut-être le Seigneur ne vous envoie ces épreuves que comme des moyens pour vous de pratiquer les vertus que vous voudriez voir dans vos filles. Pressez-les donc avec amour, ces croix, comme inhérentes à votre état; avec reconnaissance aussi, puisqu'elles doivent tourner à votre profit spirituel, aussi bien qu'à celui des âmes que vous dirigez. Imitez Dieu dans votre conduite à l'égard de ces sœurs. De temps en temps, il les trouble; mais tout en les pressant de se donner à lui sans partage, il les attend avec une longanimité incomparable. »

« Soyez bonne et ferme en même temps, dit-elle à une autre de ses filles. Appliquez-vous, dans la correction, à agir par raison et par esprit de foi et non par impatience et par recherche de nous-mêmes. En un mot, et la bonne Mère en revient toujours là, soyez une vraie mère pour vos filles, que vous ayez à reprendre ou à encourager. »

A une supérieure qui depuis nombre d'années était à la tête d'une maison locale et avait par là même acquis de l'expérience et de la sagesse, la Mère Marie de Saint-Charles confie ses plus jeunes sœurs, principalement les novices. En lui envoyant une de ces jeunes sœurs, la Révérende Mère lui écrit : « Je vous envoie sœur N... pour que vous la dirigiez bien. Elle est jeune, sans expérience, ardente; elle peut faire beaucoup de bien ou beaucoup de mal, comme les personnes de ce caractère; prenez-la par la raison et la foi; faites-vous aimer d'elle et je crois que vous en ferez une bonne religieuse, car vous la corrigerez par la pratique des vertus opposées à quelques-unes de ses inclinations. »

Très régulière elle-même, la Mère Marie de Saint-Charles exigeait aussi de ses filles une grande régularité; mais comme elle savait que la régularité d'une maison religieuse dépend beaucoup de la fidélité des supérieures aux moindres règles, c'est surtout à celles-ci qu'elle adressait ses conseils à ce sujet.

« Montrez-vous les plus fidèles observatrices de la règle, leur disait-elle. Vous devez être suavement fermes pour exiger dans vos communautés respectives le fidèle accomplissement des exercices spirituels, qui sont la vie de l'âme.

« Revenez souvent sur la règle du silence, leur disait-elle encore. Elle-même, à Kermaria, réprimandait, et quelquefois punissait les sœurs qu'elle surprenait en flagrant délit de bavardage.

Une ancienne sœur était en train de balayer le couloir du premier étage, tout près de la chambre de la vénérée Mère. Une sœur, en passant, lui dit quelques paroles et une conversation s'engagea. La sœur ancienne était un peu sourde et ne s'apercevait pas qu'elle élevait la voix. La Révérende Mère était dans sa chambre. Entendant causer, elle ouvrit la porte, interpella les coupables avec une énergie qui les fit trembler.

Un jour que la Mère Marie de Saint-Charles suivait lentement l'une des allées du jardin, en récitant son chapelet, elle aperçut, à quelques pas d'elle, deux sœurs qui causaient à haute voix et riaient aux éclats. Elles étaient si plongées dans leur conversation qu'elles ne virent pas la Mère Marie de Saint-Charles s'approcher.

« Baisez la terre », leur dit-elle en arrivant près d'elles. Interdites et confuses, les sœurs se soumirent à la pénitence imposée. Quand elles se furent relevées, la bonne Mère ajouta : « Une autre fois, quand vous aurez quelque chose d'important à vous communiquer, vous aurez soin de parler de manière à n'être pas entendues, et vous ne rirez pas aux éclats en dehors des récréations. »

Cependant la sévérité de la Mère Marie de Saint-Charles était plus apparente que réelle ; au fond, il y avait dans son cœur une immense miséricorde et elle demandait aux supérieures, comme nous l'avons déjà vu, la même longanimité.

« Après avoir ranimé votre bonne volonté par des vues de foi, servez-vous, auprès de vos sœurs, pour les gagner et les ramener au devoir, de toutes les pieuses industries que Notre-Seigneur vous inspirera. Surtout, priez beaucoup pour elles : la prière, à mon avis, est le meilleur moyen d'obtenir ce que nous désirons. »

Plus tard, la Mère Marie de Saint-Charles ajoute : « La prière est l'arme la plus puissante dont nous puissions nous servir pour toucher le Cœur de Jésus. Quand vous sentez le découragement vous envahir, lorsqu'une difficulté s'élève entre vous et les sœurs, pensez au prix des âmes et à ce que Notre-Seigneur a souffert pour elles. Alors vous ne reculerez pas devant le sacrifice. »

A une supérieure qui avait eu à se plaindre d'une de ses sœurs, la Mère Marie de Saint-Charles écrit une lettre dont nous extrayons le passage suivant :

« Pour le reste des misères que vous me faites connaître, priez et essayez de les rendre profitables aux coupables en les portant à l'humilité, et à vous, en vous en servant pour croître dans la patience. »

Une sœur, un peu jeune de caractère, avait commis une imprudence. La bonne Mère la traite avec une bonté extrême et une sagesse consommée.

La supérieure de la maison locale où l'incident s'était produit demandait le rappel immédiat de la sœur à la Maison-Mère. Mais la Mère Marie de Saint-Charles la pria de prendre patience : le changement de la sœur ferait peut-être découvrir son imprudence et cela lui serait nuisible.

Certainement la Supérieure générale blâme la pauvre imprudente, mais elle reprend aussi la supérieure, qui aurait dû être plus vigilante.

« Pour vous, ma chère fille, soyez prudente, bonne et ferme au milieu de cette tempête, et surtout priez beaucoup. Dieu a eu ses desseins en vous envoyant cette croix après votre retraite. C'est peut-être une punition miséricordieuse des fautes que vous avez commises et laissé commettre. »

La bonne Mère ajoute ici des conseils sur la conduite à tenir à l'égard de la jeune sœur. Elle termine en disant : « Donnez connaissance de ma lettre à sœur N... mais avec bonté, en l'engageant à se tenir dans le calme, à parler peu, à se produire le moins possible et à faire son devoir sans bruit. »

Enfin la bonne Mère revient à son recours habituel : « Parlez beaucoup de cela à Dieu ; il vous écoutera et fera tourner cette affaire à votre bien spirituel. Que Jésus et Marie vous soutiennent et vous éclairent ! »

Cette patience de la Révérende Mère se manifestait surtout dans le support des caractères. Elle savait attendre et laisser passer.

A une supérieure qui se plaignait des difficultés que lui occasionnaient certains caractères, la bonne Mère disait : « Ma pauvre enfant, vous voudriez la perfection dans vous et dans les autres, mais vous ne la trouverez pas. Il faut passer sur bien des choses et, pour avoir la paix, supporter ce que nous ne pouvons empêcher. »

La bonne Mère ajoutait : « Il y a des caractères que vous ne changerez pas, des esprits de travers que vous ne redresserez pas. »

— « Alors, ma Mère, répliqua la sœur, il n'y a qu'à laisser chacune faire ce qu'elle veut ? »

— « Je ne dis pas cela, reprit doucement la **Mère Marie de Saint-Charles** ; il faut bien que vous repreniez, que vous essayiez de corriger ; mais si, malgré vos efforts, vous ne réussissez pas, il n'y a qu'une chose à faire : laisser passer. »

Ce conseil, la Révérende Mère l'avait déjà donné à une autre supérieure, nous l'avons vu.

— « Et si la sœur manque à la règle, reprit la supérieure locale ?

— « Il faut d'abord lui donner l'exemple d'une parfaite régularité, l'avertir une fois. Si elle ne vous écoute pas, si elle ne se corrige pas, c'est de sa faute. Vous avez fait votre devoir ; à elle de faire le sien, elle le connaît. C'est une affaire qu'elle arrangera avec le bon Dieu. Prenez l'esprit de la règle : la lettre tue, l'esprit vivifie. « Il y a faute pour les unes où il n'y a pas faute pour les autres. Ce n'est pas à nous de juger ; si l'action est mauvaise, l'intention peut être bonne. Ne vous laissez pas facilement scandaliser ». Allez à Dieu simplement, comme à un père, sans scrupule. Encore une fois, nous devons passer sur beaucoup de choses, quand il s'agit des autres. »

Les conseils de la Révérende Mère aux supérieures ne se bornaient pas à leurs rapports avec leurs inférieures; ils avaient aussi en vue leur conduite personnelle. Elle les voulait pieuses, régulières, mortifiées, prêtes à tous les sacrifices, bonnes et saintes religieuses, en un mot, et pour cela elle ne reculait devant aucune peine, aucune fatigue, tout en conservant la paix si le résultat de ses efforts n'était pas tel qu'elle l'eût désiré.

A l'une de ses filles qui passait par des alternatives de négligence et de scrupule, la vénérable Mère donne ce conseil : « Gardez-vous d'interrompre vos communions à cause de vos misères. Vous êtes faible, très faible, et vous avez besoin d'être fortifiée. Allez à Jésus avec foi et simplicité, vous souvenant qu'il est votre père. »

A une autre, d'un caractère vif et d'une activité qui l'eût facilement entraînée vers les choses extérieures, la bonne Mère écrit : « Je voudrais que, tous les jours dans votre méditation, vous jetiez un regard sur la paix et le calme de notre divin Sauveur, afin que cette vue soit en votre âme tout le reste de la journée et l'empêche d'être si bouillante et si répandue. Quoi qu'il en soit, bon courage pendant que vous êtes jeune. Vous avez bonne volonté, vous arriverez à cette paix que je vous désire. Aimez beaucoup Notre-Seigneur, ne craignez pas tant de lui déplaire que de ne pas l'aimer assez. Patience avec vous-même, patience avec les autres, patience toujours. »

Dans une lettre à la même sœur, la Mère Marie de Saint-Charles laisse percer une certaine tristesse. « Je ne chercherai pas à combattre vos préjugés, que je sens propres à vous éloigner de la perfection à laquelle vous devez tendre. Ce que je vous demande, je sens que c'est la volonté de Dieu. Vous ne le comprenez pas. Tout ce que je puis faire, c'est de prier pour vous. Je prierai donc de tout mon cœur. J'espère que votre amour pour Dieu, reprenant le dessus, la pauvre nature sera encouragée et soutenue dans la souffrance. »

« Revoyez souvent les sentiments de votre dernière retraite, les invitations de Notre-Seigneur pour que vous le suiviez de très près, vos offres de services à la divine Majesté. Tout cela vous encouragera à vous remettre à sa suite avec fidélité. Gardez-vous du découragement, c'est le plus grand mal qui puisse arriver à votre âme. »

A une autre de ses filles, d'un caractère un peu léger et qui se serait facilement répandue au dehors, la bonne Mère prêche le recueillement et la paix.

« Que la paix de Notre-Seigneur soit en vous !

« Prenez grand soin de la conserver dans votre cœur, cette sainte paix, afin que le règne de Dieu s'y établisse plus promptement et plus solidement. Tenez aussi bonne compagnie au divin Maître dans le désert pendant cette sainte quarantaine, il y est si délaissé ! »

Une sœur était en proie à de grandes peines intérieures. La Révérende Mère s'empresse de la consoler : « Ma chère fille, vous obtiendrez la paix, même au milieu des combats que vous livre le démon, si vous détournez votre attention de vous-même pour la porter sur Dieu.

« Quand vous sentez le trouble vous envahir, allez vous jeter, telle que vous êtes, avec une simplicité tout amoureuse, dans le cœur de Jésus. Déposez en même temps vos ennuis, vos dégoûts, vos tristesses dans cette source divine où toute souffrance perd son amertume. »

Une sœur se trouvait sous le poids d'une souffrance intime extrêmement pénible, la Mère Marie de Saint-Charles lui écrivit la lettre suivante :

« J'ai reçu votre dernière lettre. Je comprends vos peines. J'espère que le divin cœur de Jésus sera votre soutien dans ces épreuves et vous inspirera les moyens de remédier aux misères dont vous me parlez. Gardez-vous de vous en étonner ni de vous effrayer. C'est la croix que vous offre le cœur de Jésus pour vous conduire à la connaissance, puis à l'anéantissement de vous-même.

« Voyez, ma fille, ce que nous jugeons être un mal est souvent un bien pour nous. Si nos affaires allaient toujours convenablement, notre amour-propre en serait satisfait et, tout en cherchant la gloire de Dieu qui est, je n'en doute pas, votre premier but, le « moi » pourrait y trouver sa part. C'est de quoi nous sommes préservées quand nous voyons notre impuissance à arranger les moindres choses, et nous sentons mieux le besoin de nous humilier, de prier, de nous abandonner. Tenez cette conduite avec Dieu. Ayez patience aussi, le calme reviendra.

« Écrivez-moi au besoin, dites-moi vos peines, vos difficultés ; je prierai au moins, si je ne puis faire autre chose. Aidez Jésus à porter sa croix en y réunissant les vôtres, et cela, faites-le le plus amoureusement possible. »

Dans une congrégation religieuse, la formation des novices est la chose la plus importante : la Révérende Mère ne pouvait donc pas se désintéresser de la direction donnée à ces jeunes sœurs, espoir de l'avenir ; aussi pendant longtemps partagea-t-elle ce soin avec la maitresse des novices. Elle leur donnait des conseils affectueux, les visitait dans leurs emplois, surveillait leurs études et aimait à constater leurs progrès à tous les points de vue.

La bonne Mère aimait à se voir entourée des sœurs novices et postulantes ; aussi prenait-elle plaisir à passer quelques moments de récréation au milieu d'elles ; leurs réparties joyeuses ou spirituelles, leurs naïvetés même la faisaient rire aux larmes. En ces moments, son cœur, si souvent broyé sous la pression de peines de toutes sortes, se dilatait et la Mère Marie de Saint-Charles semblait tout oublier.

Si la Révérende Mère se plaisait au milieu de ses novices, celles-ci ne se trouvaient nulle part aussi bien qu'auprès de leur vénérée Mère générale. Sa conversation toujours édifiante et variée, les traits édifiants qu'elle racontait avec une onction touchante, les souvenirs des débuts de la Congrégation qu'elle aimait à évoquer, leur rendaient ces moments vraiment délicieux.

Quelquefois la divine Providence ménageait à une novice troublée une rencontre avec la charitable Mère ; la jeune sœur en bénissait Dieu. Un sourire aimable, une parole, un conseil utile, adoucissaient certaines peines de cœur et, s'il était nécessaire, un entretien plus long ramenait le calme, là où le démon avait essayé de mettre le trouble.

« La Mère Marie de Saint-Charles était si bonne pour

nous, dit une novice de ces temps-là, que nous allions à elle comme des enfants à leur mère. »

La bonté de la Révérende Mère à l'égard des novices était accompagnée d'une grande sollicitude. Elle avait l'œil à tout, remarquait la moindre négligence et la faisait aussitôt remarquer.

Quand elle passait dans un appartement ou le long des cloîtres, elle voyait tout ce qui n'aurait pas dû s'y trouver. Souvent on la voyait passer le doigt sur la rampe d'un escalier, sur le dossier ou sur les barreaux d'une chaise, sur une boiserie quelconque, et montrer à la jeune sœur chargée de l'emploi la poussière qui s'y était attachée. Le sourire aimable, ou légèrement railleur, qui accompagnait ce geste n'empêchait pas la rougeur de monter au front de la jeune sœur surprise en flagrant délit de négligence.

Il y eut des cas où la Révérende Mère usa d'une plus grande sévérité ; c'était quand la négligence entrainait en même temps une faute contre la pauvreté ou qu'elle était le fait d'une sœur plus capable que d'autres de supporter une assez forte humiliation.

« Il y avait au noviciat une postulante que nous aimions beaucoup, raconte la novice déjà citée. Nous l'aimions surtout à cause de sa droiture d'esprit et de sa grande simplicité. C'était une Savoyarde, et son accent nous amusait beaucoup. Elle était chargée de faire la chambre du Père Supérieur, et elle s'acquittait de son emploi avec un soin admirable.

« Un jour cependant, elle oublia dans le jardin une chaise qu'elle y avait portée pour la nettoyer. Dans la nuit, la pluie tomba à torrents. Le lendemain matin, la sœur se hâta de rentrer la chaise ; mais celle-ci était dans un triste état. Un peu plus tard, la Mère Marie de Saint-Charles, se rendant à la chapelle, passa par là et vit la postulante faisant tous ses efforts pour réparer le désastre.

« On juge de notre stupéfaction de voir au diner la postulante à genoux au milieu du réfectoire, ayant devant elle la chaise qui lui valait cette humiliation. »

La vénérée Mère avait un don spécial pour faire accepter de bon cœur les sacrifices, surtout aux jeunes sœurs du noviciat. C'était toujours comme en s'amusant qu'elle présentait à faire quelque chose de pénible et c'était en souriant qu'on l'acceptait. Cependant, elle savait condescendre à la faiblesse de la nature et n'obligeait jamais à accomplir un acte pour lequel on se sentait trop de répugnance. Mais il était très rare qu'on ne vainquit pas cette répugnance instinctive qu'on avait d'abord refusée.

« Un jour que notre Mère voyait les postulantes en particulier, raconte l'une d'elles, elle me demanda si j'avais fait quelques pénitences publiques. Sur ma réponse négative, elle me dit : « Si nous essayions d'en faire une aujourd'hui ? » Tout impressionnée, je ne répondis pas. Voyant mon trouble, notre bonne Mère me dit doucement : « Si cela vous coûte trop aujourd'hui, attendons à plus tard. Ce n'est pas une obligation ; cependant si vous vous sentiez le courage d'accepter pour le bon Dieu cette légère humiliation, ce serait un acte bien agréable à sa divine Majesté ? » Comment résister à une aussi douce invitation ? Malgré l'effort que je dus faire, j'accomplis l'acte demandé et je vis que l'appréhension avait été bien plus pénible que l'acte lui-même. »

La Révérende Mère était d'une habileté surprenante pour découvrir le naturel, même dans ses plus profonds replis ; une parole, un geste, une expression de visage suffisait pour voir le mal et y porter aussitôt remède.

Quelquefois le sacrifice exigé était pénible et demandait, pour être accompli, un véritable effort. Nous pourrons en juger par le trait suivant.

« Le jour de notre prise d'habit, écrit une sœur dans ses mémoires, il manquait un chapelet de côté aux sœurs de chœur. Comme j'étais la dernière de cette catégorie, je dus accepter un des chapelets destinés aux sœurs converses.

« Comme je suis grande, et que le chapelet des sœurs converses est plus court que celui des sœurs de chœur, celui qui m'était échu ne m'allait pas du tout. Je ne fis cependant aucune réclamation, sachant bien d'ailleurs qu'elle n'aurait pas été écoutée.

« Quelques jours plus tard, nous rencontrons notre Mère

générale. Comme d'habitude, nous accourûmes près d'elle. Elle s'arrêta et nous dit : « Eh bien ! vous êtes heureuses maintenant. Vous portez l'habit des Filles de Jésus. » Toutes nous répondimes affirmativement.

« Ma Mère, s'écria étourdiment une de nos compagnes, voyez donc comme le chapelet de sœur N... est court ! Elle est si grande !...

« Vous avez raison, ma fille, dit en souriant, non sans une pointe de malice, notre vénérée Mère. Un chapelet si court à une sœur si grande, cela ne va pas du tout. Mais il y a moyen de tout arranger. Vous êtes petite et sœur N... est grande ; votre chapelet est long, le sien est court. Faites un échange et tout sera dans l'ordre. »

« Ma compagne tout interdite regarda notre Mère et se mit à pleurer. « O ma Mère, dit-elle, ne m'enlevez pas mon chapelet : c'est un souvenir de mon frère. Il l'a enchaîné exprès pour moi. »

« Justement, dit la Mère Marie de Saint-Charles ; plus le sacrifice coûte, meilleur il est. »

« J'était désolée, continue la novice, de la tournure qu'avait prise la conversation. Je n'avais d'ailleurs aucun désir de faire cet échange. Aussi, toutes les deux, restions-nous immobiles et sans paroles. Notre Mère nous regardait sans rien dire. Enfin la sœur, toujours en pleurant, tendit à notre Mère le chapelet dont le sacrifice lui coûtait tant d'efforts. « Non, non, dit notre bonne Mère, donnez-le lui vous-même. Il faut être généreuse jusqu'au bout. » Elle s'éloigna alors et nous fimes l'échange. Depuis ce jour, j'ai toujours porté le chapelet du « sacrifice » !

« Combien de fois j'ai pensé à cette scène, surtout en voyant cette sœur, morte depuis. »

Un fait à peu près semblable se produisit pour la profession de la même novice. C'est encore elle qui le relate. En cette circonstance, elle fut pour l'une de ses compagnes l'occasion d'un plus grand sacrifice.

« Pour notre profession, nous dit-elle, les crucifix étaient en bois blanc, mais peints en noir, très minces, et, par suite, peu solides.

« Le lendemain de la cérémonie, pressée de reprendre

mon crucifix, je l'enfonçai si précipitamment que le pied du crucifix se détacha du reste. Qu'on juge de mon émoi ! Me présenter à la chapelle sans croix, le lendemain de ma profession, m'était bien pénible. Ce qui aggravait encore, c'était mon départ de Kermaria, qui devait avoir lieu le jour même. Aussi, dès que je le pus, je me rendis toute désolée chez notre Mère. » Ne vous faites pas tant de peine, me dit-elle avec bonté, le mal n'est pas irréparable : on vous trouvera une autre croix. »

« A la récréation, une sœur novice s'écria : « Comment, sœur N... vous en êtes encore là ?... Je vous croyais professe. Ce ne sera pas bien honorable pour vous de partir ainsi. » — « Elle ne partira pas ainsi, dit notre Mère, qui était à la récréation et avait trouvé la plaisanterie un peu cruelle en ce moment, ce serait trop triste pour elle d'aller novice à sa communauté. Vous allez lui donner votre crucifix et, en attendant qu'on vous en trouve un autre, c'est vous qui serez novice. » J'unis mes supplications à celles de ma compagne pour obtenir que notre Mère revînt sur sa sentence si sévère ; mais elle fut inexorable. Je partis avec le crucifix de la sœur. Ce crucifix, je l'ai encore, bien que plus de soixante ans se soient écoulés depuis ce jour. »

Ce petit fait nous montre, et celui qui va suivre nous le montrera encore davantage, que ce n'était pas toujours en riant que la vénérée Supérieure imposait aux jeunes sœurs des sacrifices.

« Une jeune religieuse était venue d'une maison locale à Kermaria pour se préparer à la profession. Elle avait eu, dans l'année, à surmonter quelques difficultés assez légères, mais que sa sensibilité, et peut-être aussi son imagination, lui faisait paraître insurmontables. Elle en avait fait part à la Révérende Mère et elle s'attendait bien à ne pas retourner dans cette maison.

La veille de la cérémonie, la Mère Marie de Saint-Charles emmena la novice au jardin, la fit asseoir et sans préambule lui dit : « Ma fille, vous retournerez dans votre communauté. » Et comme la jeune sœur pleurait, la Révérende Mère ajouta : « Et vous y retournerez non seulement un an, mais plusieurs années très probablement. Vous réussissez dans votre emploi ; vous avez tout ce qu'il faut pour faire du bien dans cette maison, qui est d'ailleurs celle où le bon Dieu vous veut. »

La jeune sœur éclata en sanglots. Alors la Mère Marie de Saint-Charles lui dit sévèrement : « Aujourd'hui, vous êtes libre, demain vous ne le serez plus. Le choix vous est donné : ou retournez à votre obédience, ou rentrez dans votre famille. Réfléchissez ce soir : demain matin vous viendrez me donner votre décision. » Elle se retira alors, laissant la sœur à ses réflexions.

Elles furent bien sombres, ces réflexions, et elle trouvait la Mère Marie de Saint-Charles bien dure à son égard. La pensée de retourner à ce poste, dont elle se grossissait à plaisir les difficultés, lui était insupportable, et cependant, rentrer dans sa famille, le jour même où elle devait faire profession, était une perspective qu'elle ne pouvait non plus envisager sans frémir. La lutte dura longtemps. Être si près du bonheur et le laisser échapper ; mais aussi, retourner dans cette maison... Non, elle ne pouvait se décider.

Dieu eut enfin pitié de la pauvre enfant. Une lumière se fit dans son âme. Elle vit le piège du démon, elle alla trouver sa Mère, qui la bénit : « O ma Mère, dit-elle, vous avez prié pour moi ? » En effet, la nuit entière s'était passée pour la Révérende Mère en une prière ardente.

Quelques heures plus tard, entourée de sa famille, elle faisait solennellement sa profession. « Mon frère, qui disait la messe de cérémonie, disait-elle plus tard, reçut mes vœux en pleurant : moi aussi, je pleurais, mais de joie et de reconnaissance. »

Ce n'était pas seulement du noviciat de Kermaria que la Révérende Mère aimait à s'occuper avec la maîtresse des novices, dont elle n'entravait jamais l'action, au contraire ; elle étendait ses soins aux novices que les nécessités du moment obligeaient à envoyer en obédience quelquefois longtemps avant leur profession. Les fondations se multipliaient. Dans un grand nombre de paroisses du Morbihan et du Finistère, on demandait des Filles de Jésus, et les professes ne suffisaient pas à toutes les demandes.

Certaines communautés, plus spacieuses et mieux aménagées, ayant à leur tête des supérieures expérimentées et prudentes, en recevaient souvent plusieurs à la fois. Ces maisons devenaient comme autant de petits noviciats, dirigés par la maîtresse des novices et souvent visités par la Révérende Mère Marie de Saint-Charles, mais sur lesquels les supérieures locales exerçaient un contrôle immédiat.

La supérieure, devenue ainsi sous-maîtresse des novices, était ordinairement chargée de transmettre aux jeunes sœurs qu'elle avait sous sa direction les conseils généraux donnés par la Révérende Mère. La supérieure recevait aussi des lettres qui devaient être communiquées aux novices ; d'autres, contenant un avis sur la manière de diriger les novices, étaient adressées à la supérieure locale.

« Je ne suis pas contente de sœur N... lisons-nous dans une de ces lettres : elle ferait mieux de s'humilier que de se perdre dans des pensées énervantes ; de travailler à se corriger avec simplicité et calme, que de se tant tourmenter et lamenter. Elle se recherche beaucoup trop. Dites-lui, de ma part, qu'elle n'aura de lettres du Père Supérieur et de moi que quand elle aura commencé à pratiquer le saint renoncement.

« Dites aussi à sœur A. que je lui demande de se rappeler la devise qui lui a été si souvent répétée : « De moi-même, je ne puis rien, mais je puis tout en celui qui me fortifie. » Avec cela, qu'elle soit vile et abjecte à ses propres yeux. C'est l'humilité qui lui manque encore.

« A sœur L... et à sœur B... dites que pour être Fille de Jésus, il faut apprendre à soutenir les tentations et à souffrir.

« Ce dernier point peut aller à tout le monde.

« Dites-leur bien encore que je suis contente de toutes leurs misères et de toutes leurs peines, que je ne prie pas le bon Dieu de les en délivrer, mais d'agrandir leur cœur. »

Ces dernières paroles montrent à quelle hauteur la Mère était parvenue, et aussi à quelle hauteur elle appelait ses filles, même les novices.

La Mère Marie de Saint-Charles confiant une novice à une supérieure lui dit : « Je vous envoie une nouvelle fille. Soignez-la bien et établissez le règne de Dieu dans ce jeune cœur. Cette sœur a de grandes dispositions à la vertu ; mais elle a besoin d'être formée à l'humilité. Elle est encore enfant et elle a les défauts de son âge ; faites de votre mieux pour elle. Si vous avez quelques difficultés avec vos novices, faites-en part à leur maîtresse, qui elle-même m'en fera part. Alors je tâcherai de porter remède au mal. »

Parlant d'une novice, la bonne Mère dit à une supérieure : « Comment va sœur L... pour sa classe, pour son caractère ? Il faut la former à l'oubli d'elle-même et à une grande générosité. »

Pendant le temps de leur noviciat, la Mère Marie de Saint-Charles ne cessait de rappeler aux novices les devoirs de la vie religieuse, la perfection à laquelle elles étaient appelées, la nécessité de répondre aux grâces reçues, de pratiquer les vertus chrétiennes et religieuses, de réaliser des progrès constants si elles voulaient être dignes du saint état qu'elles étaient résolues d'embrasser.

A l'approche des cérémonies, la vénérée Mère redoublait de soins et de sollicitude. Ses entretiens avec les novices roulaient surtout sur l'étendue de leurs obligations comme professes.

Voici comment elle parlait aux novices à la veille de leur profession :

« Mes chères sœurs, vous voici arrivées au terme vers lequel tendaient tous vos désirs. Votre noviciat est terminé et vous allez entrer dans une nouvelle phase de votre existence. Mais avant de vous engager, pesez de nouveau les graves obligations que la vie religieuse nous impose.

« Désormais votre volonté ne vous appartiendra plus : elle sera la propriété de toutes les personnes auxquelles le Seigneur a donné une partie de son autorité.

« A l'obéissance, vous joindrez la plus étroite pauvreté. Ce n'est pas assez pour une fille de Jésus d'avoir tout quitté, il faut que son détachement soit plus parfait encore que son dépouillement. Elle ne doit même pas avoir le domaine du nécessaire, dont elle a l'usage. Et cette pauvreté, qui la dépouille et la détache de tout, est son héritage et son trésor. L'âme religieuse, vraiment religieuse, recherche les moyens d'en éprouver les effets, d'en subir les rigueurs; aussi se réjouit-elle quand les circonstances lui procurent le moyen de réaliser ses désirs.

« Par le vœu de chasteté, votre corps va devenir une hostie vivante, car la virginité est une vertu qui se nourrit et vit de mortification. On ne peut la conserver dans tout son lustre que si l'on fait aux sens une guerre implacable et sanglante.

« Tels sont, mes sœurs, les engagements que vous vous proposez de contracter avec Dieu, non seulement pour quelques mois, pour quelques années, mais pour votre vie tout entière. Si vous n'étiez pas dans cette disposition, je vous dirais : « Rentrez, rentrez au plus tôt dans le monde. Vous êtes libres encore ; demain, vous ne le serez plus. Examinez bien les conséquences de l'acte que vous vous proposez d'accomplir. Si vous ne vous sentez pas capables d'un pareil sacrifice, retirez-vous, il en est encore temps. »

Les jeunes novices, préparées de longue main au sacrifice, instruites de leurs obligations et désireuses de les remplir, ne reculèrent pas devant l'austère tableau que la Révérende Mère faisait passer devant elles.

Pieuses et recueillies, dans la paix et la joie de leur âme, elles s'avancèrent vers l'autel, conduites par la bonne Mère, pour jurer à Jésus un éternel amour.

Et il en était toujours ainsi.

Émue jusqu'aux larmes, la vénérable supérieure laissait échapper de son cœur une prière ardente : « Mon Dieu, faites que ces âmes si pures en ce moment, soient toujours dignes de leur vocation et atteignent le degré de perfection auquel elles sont appelées. »

CHAPITRE V

Vie intérieure de la Vénérable Mère. — Vœux et vertus

Jusqu'à présent, nous n'avons considéré dans la Révérende Mère Marie de Saint-Charles que les caractères extérieurs de sa belle vie.

Nous avons admiré son habileté dans le maniement des affaires.

Lorsqu'elle prit en main le gouvernement de la Congrégation, le nombre des maisons locales s'élevait à sept; au moment où nous sommes rendues de cette biographie, l'institut a pris des développements considérables : les maisons locales se sont multipliées; les novices sont venues nombreuses. L'œuvre, si bien commencée par la Révérende Mère Sainte-Angèle, est complétée par la Mère Marie de Saint-Charles. D'autres supérieures générales viendront plus tard, qui perfectionneront cette œuvre, l'étendront, mais n'y ajouteront rien. La Congrégation restera ce que la Mère Marie de Saint-Charles l'aura faite.

Nous l'avons ensuite considérée dans ses rapports avec ses filles et, là encore, nous avons admiré sans restriction la sagesse, la prudence, la douce fermeté qu'elle a déployée dans cette partie si délicate de sa charge de supérieure générale.

Ce qui prouve la force de sa direction, c'est le dévouement des Filles de Jésus dans l'exercice de leurs humbles fonctions, dévouement reconnu de tous les bienfaiteurs et fondateurs de leurs établissements. Le bien accompli dans une paroisse les faisait désirer dans les paroisses voisines. C'est ainsi que Dieu récompensait le zèle simple et pur de ces modestes religieuses.

Nous avons encore vu la Mère Marie de Saint-Charles tour à tour encourager les faibles, rassurer les timides, consoler les âmes éprouvées, ramener dans la bonne voie celles qui s'en écartaient. Le moment est venu de contempler la Mère Marie de Saint-Charles dans sa vie intime. Les souvenirs des sœurs qui ont vécu près d'elle et ses notes intimes, un assez grand nombre de ses lettres, conservées religieusement par quelques-unes de ses filles, sont les sources où nous allons puiser les principaux traits de cette belle physionomie morale que fut celle de la Révérende Mère Marie de Saint-Charles.

Tout d'abord, ce qu'on admire dans la vénérable supérieure, c'est l'exacte fidélité à la pratique de ses vœux de religion et des vertus qui en découlent.

La Mère Marie de Saint-Charles fut pauvre dans toute l'acception du mot : pauvre dans le dépouillement des choses à son usage; pauvre surtout par son détachement absolu des créatures et d'elle-même.

Le vœu et la vertu de pauvreté étaient pour elle comme le mur de défense de l'esprit religieux dans une communauté. « Si le mur de la pauvreté s'écroulait chez nous, avait-elle l'habitude de dire, il entrainerait tout dans sa chute. » Aussi veillait-elle avec un soin jaloux à ce que le vœu de pauvreté fût observé dans toutes les maisons de la Congrégation, et en punissait-elle les infractions avec une grande sévérité.

Être pauvre, pour la Mère Marie de Saint-Charles, c'était accepter de bon cœur et sans murmure les effets de la pauvreté; c'était savoir se passer du superflu, et même du nécessaire, si la divine Providence permettait qu'on en vînt à cette extrémité, ce qui, pour les Filles de Jésus, se produisit souvent, surtout dans les commencements de l'institut; c'était aussi se priver volontairement d'un confort qu'on aurait pu licitement et facilement se procurer, et se contenter du moindre dans l'ameublement, le vêtement et l'alimentation.

Etre pauvre, c'était encore, pour la Révérende Mère, n'user d'aucune chose sans la permission des supérieures, et les supérieures elles-mêmes ne devaient pas se montrer trop faciles sur ce point ; mais, au contraire, elles devaient en tout donner à leurs inférieures l'exemple de la plus étroite pauvreté.

Mais le comble de la pauvreté — et celle de la Révérende Mère Marie de Saint-Charles atteignit ce point — c'est accepter la privation de toute consolation de la part des créatures et aussi de la part de Dieu.

Cette conception de la pauvreté, la Révérende Mère l'a religieusement réalisée et y a toujours porté ses sœurs.

Si la Mère Marie de Saint-Charles préféra l'humble petite maison de Bignan au couvent des Ursulines de Montfort, où ses parents eussent été si heureux de la voir entrer, c'est qu'elle avait déjà en elle cet esprit de pauvreté qu'elle devait plus tard porter si loin.

Cette pauvreté qu'elle avait embrassée sans la connaitre encore, elle la trouva chez les Filles de Jésus, et si effective et si étroite que la Congrégation se vit plus d'une fois menacée dans son existence même.

Les privations auxquelles étaient soumises les Filles de Jésus durent lui sembler bien pénibles, car à Bignan tout manquait à la fois, provisions et argent.

Cette pénurie dura longtemps, et la Mère Marie de Saint-Charles eut souvent à lutter contre des difficultés qui eussent paru à d'autres insurmontables. Cependant elle ne se découragea jamais. Elle avait mis sa confiance en Dieu et elle ne fut jamais déçue.

La santé de la vénérée Supérieure était très précaire. Pendant de longues années, elle souffrit presque continuellement de cruelles douleurs, qui allèrent en s'aggravant jusqu'à sa mort, douleurs que ses mortifications, ses fatigues et ses peines intérieures augmentaient encore. Il semble qu'en cet état la Mère Marie de Saint-Charles eût dû accepter et même demander les soulagements qu'elle faisait donner à ses filles dans leurs maladies ou leurs infirmités, mais, au contraire, elle les refusait souvent. Quelquefois, elle acceptait ce qu'on lui offrait, pour ne pas contrister les sœurs ; mais elle ne le gardait pas. Les douceurs : viande plus succulente, fruits rafraîchissants, primeurs, étaient portées à l'infirmerie, tandis que les vêtements chauds ou plus commodes ne tardaient pas non plus à changer de destinataire.

Le froid était nuisible à la Mère Marie de Saint-Charles et elle le sentait vivement. Pour l'en préserver, on lui donnait des tricots moelleux et autres choses de même nature ; mais on voyait bientôt ces objets garantir quelque bonne ancienne sœur converse. Aux questions qui lui étaient faites, la Mère Marie de Saint-Charles répondait en souriant : « Pourquoi me donner ces choses ? Vous savez bien que je ne veux pas m'en servir. »

La supérieure d'une maison locale avait offert à la Mère Marie de Saint-Charles une paire de chaussons chauds et commodes. La Révérende Mère avait accepté gracieusement, puis avait déposé la chaussure dans un placard, en attendant de lui donner une autre destination. L'occasion ne tarda pas à se présenter. Une jeune sœur, partant en obédience, vint pour prendre congé de la vénérable Mère et lui demander sa bénédiction.

Comme elle le faisait toujours en pareil cas, la bonne Mère examina la sœur pour voir si rien ne lui manquait. « Votre chaussure n'est pas convenable, dit-elle à la jeune sœur. Essayez celle-ci », et elle lui présenta la paire de chaussures qu'elle venait de recevoir. Tout allait très bien. « Gardez cette chaussure » dit la Révérende Mère.

Quelques jours plus tard, la sœur qui s'occupait du vestiaire de la Mère Marie de Saint-Charles, s'aperçut de la disparition de la chaussure. « Où sont vos chaussures neuves, ma Mère, demanda-t-elle ? » « Elles sont bien loin », répondit en souriant la Supérieure.

Cependant elle ne réussissait pas toujours aussi bien. En une circonstance analogue, elle ne retrouva plus à la place où elle l'avait déposée une paire de chaussures dont elle allait encore se dépouiller en faveur d'une de ses filles. Il est probable qu'une des sœurs officières avait caché cette chaussure afin d'empêcher la Mère Marie de Saint-Charles de s'en dessaisir.

La vénérable Supérieure était aussi très pauvre dans la nourriture, se contentant de prendre ce qui lui était servi, sans jamais témoigner ni dégoût ni satisfaction. Même dans ses maladies, elle ne manifestait pas son goût, ou si, cédant à une répugnance invincible, elle repoussait ce qui lui était offert, elle se reprochait vivement ce qu'elle appelait son caprice ou sa sensualité.

Délicate par nature, la Révérende Mère aimait l'ordre, et les vêtements tachés et malpropres lui faisaient horreur. Méditant un jour sur le renoncement à soi-même, elle se mit à chercher quelle affection déréglée pourrait l'empêcher d'entrer pleinement dans les vues de Dieu, et voici ce qu'elle put découvrir : « Il y a en moi une certaine propreté et délicatesse dans le soin de mon corps et de ma toilette qui me fait sentir que je souffrirais vraiment si l'on m'obligeait à porter des vêtemenls malpropres, tachés ou mal raccommodés. »

La Mère Marie de Saint-Charles portait parfaitement son habit religieux, mais si l'on regardait de près, on ne tardait pas à se rendre compte qu'une grande propreté était son seul luxe et que ses vêtements ne différaient, ni dans la forme ni dans la qualité de l'étoffe, de ceux de ses filles.

Ce qu'elle ne voulait pas pour elle, elle ne le permettait pas non plus à ses sœurs.

La supérieure d'une maison locale était venue à Kermaria, chaussée de sabots non conformes aux usages de l'institut. La bonne Mère l'ayant appris, fit venir la sœur et lui défendit de porter ces sabots, si contraires à l'esprit de pauvreté. La sœur donna pour excuse qu'elle n'en avait pas trouvé d'autres. « J'en suis fâchée, répondit la Mère, mais vous ne vous en servirez plus. » — « Je n'en ai pas d'autres, ajouta la sœur. » — « Vous pouvez vous en procurer à la dépense, dit assez sévèrement la Mère Marie de Saint-Charles. Ceux-ci ne seront portés ni par vous ni par aucune autre sœur. »

Sa chambre était telle que la plus sévère critique n'y aurait rien trouvé qui ne fût absolument conforme à l'esprit de la règle. Pas plus à la maison-mère que dans les maisons locales, elle ne supportait ni meubles élégants ni bibelots d'aucune sorte, toutes choses qu'elle regardait comme tout à fait contraires à l'esprit de pauvreté.

« Qu'il y ait partout ce qu'il y a chez nous, disait-elle, l'indispensable, rien de plus. » Et dans les fondations, elle refusait tout ce qui n'était pas en usage dans l'institut.

Quelquefois pourtant elle dut céder, comme il arriva dans le cas que nous allons relater; mais ce fut toujours devant l'impossibilité de faire autrement.

Une petite colonie de Filles de Jésus, conduite par la Mère Marie de Saint-Charles, était venue fonder une communauté dans le diocèse de Rennes. Tout avait été préparé pour les bien recevoir. La bonne supérieure vit d'un coup d'œil que le mobilier ne répondait pas à ses vues. Six chaises surtout excitaient son mécontentement. Elles étaient vernies et délicatement empaillées. « Ces chaises ne resteront pas ici, s'écria la Révérende Mère. On les rendra à qui les a données. »

Les rendre n'était pas chose facile, personne ne sachant qui avait fait ce cadeau. Le curé, survenant au même instant, la supérieure générale lui confia son embarras. Mais lui non plus ne savait d'où venaient les chaises. « Après tout, dit-il, je ne vois pas pourquoi vous ne garderiez pas ces chaises. Ce n'est pas vous qui les avez achetées. On vous les donne, vous ne pouvez les refuser. »

Forcée de conserver les chaises, la Mère Marie de Saint-Charles résolut de leur enlever le vernis, pensant y arriver en les lavant au moyen de brosses très dures. La mère et les filles se mirent donc à l'œuvre ; mais tous leurs efforts ne réussirent qu'à détériorer les chaises. Le remède était pire que le mal ; la Révérende Mère le vit bien, aussi à la seconde chaise fit-elle arrêter l'opération.

Racontant ce fait à l'une de ses filles, la Mère Marie de Saint-Charles ajouta : « Même une supérieure générale ne peut pas toujours suivre exactement une règle ; mais elle doit toujours en conserver l'esprit »

Des personnes, même pieuses, peuvent regarder comme des minuties ces actes de la Révérende Mère ; il n'en est pas de même de ses filles. Comprenant mieux l'esprit de l'Évangile, elles admirent leur mère et s'efforcent de suivre ses exemples. Heureuses les Filles de Jésus qui retraceront avec le plus de fidélité cet admirable modèle !

Dans ses notes intimes, la vénérée supérieure parle souvent de la visite qu'elle fait de tout ce qui est à son usage, afin de s'assurer qu'elle ne possède rien d'inutile ou de superflu et, dans ces cas, elle trouve toujours quelque chose à sacrifier, se préparant ainsi au moment qui doit nous dépouiller de tout.

Grande était sa joie quand elle rencontrait dans quelqu'une de ses filles la même générosité. Mais si des fautes contre la pauvreté se produisaient, la vénérable supérieure se montrait très sévère.

C'est la coutume dans la Congrégation de demander

une pénitence au réfectoire quand on a détérioré un objet quelconque. Et on avait remarqué que la voix de la Révérende Mère n'était plus la même, que le ton était plus bref et la pénitence plus sévère quand une sœur s'accusait d'avoir brisé quelque chose, que lorsqu'elle s'accusait d'avoir déchiré un vêtement. Comme on lui en demandait la cause, elle répondit : « C'est qu'une déchirure se répare, tandis qu'un objet brisé est perdu pour toujours. » Et elle ajouta : « Nous sommes pauvres ; de plus, nous avons fait vœu de pauvreté ; et en manquant ainsi de soin, nous occasionnons des dépenses inutiles qu'un peu plus d'attention nous ferait éviter. »

Mais quand la faute était plus grave, qu'elle blessait réellement le vœu de pauvreté, la punition était rigoureuse.

Une sœur avait reçu de ses parents une somme qu'elle avait employée à l'achat d'un tablier, et cela sans permission. La supérieure de la communauté où la faute avait été commise en avertit la Mère Marie de Saint-Charles, qui appela près d'elle la coupable, lui ordonnant en même temps d'apporter le tablier.

Quand la sœur fut en présence de la Révérende Mère, celle-ci fit réunir la communauté et, devant toutes les religieuses, brûla le tablier.

Comme on faisait remarquer à la supérieure générale que la sœur avait plutôt péché par ignorance, elle répondit : « C'est possible ; mais j'ai dû frapper un grand coup, afin d'extirper la racine même du mal. »

La suite montra que la Mère Marie de Saint-Charles avait eu raison d'en agir ainsi ; car le cas ne s'est jamais reproduit.

Pour juger jusqu'où la vénérée Supérieure a poussé l'esprit de pauvreté, nous ne pouvons pas nous arrêter à l'usage des biens extérieurs ; mais nous devons pénétrer jusqu'au plus intime de son âme et voir jusqu'où elle a poussé le détachement.

La Révérende Mère a éprouvé ce que, d'après elle, nous avons déjà appelé le « désert des créatures ». Elle a senti le vide se faire autour de son cœur, et elle a accepté cet abandon général, car elle y voyait la conduite de Dieu sur son âme.

Dans ses notes, nous l'entendons pousser ce cri d'angoisse : « Mon Dieu, que ce calice s'éloigne de moi ! » Mais avec Jésus agonisant, elle s'écrie aussitôt : « Mon Dieu, que votre volonté se fasse et non la mienne ! »

Sur la croix, Jésus s'écrie : « Mon Dieu, pourquoi m'avez-vous abandonné ? » et la vénérable Mère, quelques semaines avant sa mort, murmure en pleurant : « Pauvre sœur Marie de Saint-Charles, tu mourras dépouillée sur la croix nue. »

Ces dispositions intérieures de la Mère Marie de Saint-Charles expliquent la conduite de Dieu à son égard. Elle ne voulait que Dieu, et Dieu la voulait tout à lui. Pour arriver à ce résultat, elle devait se détacher d'elle-même et des créatures ; c'est pourquoi Dieu permet cet abandon total qui la fait tant souffrir et qu'elle accepte avec la plus grande générosité.

Mais puisons dans ses notes intimes ; seules elles peuvent nous permettre de pénétrer dans le cœur de la Révérende Mère et d'y voir le travail de dépouillement accompli par Dieu dans cette âme si détachée de tout, et si abandonnée à son bon plaisir.

A la suite d'une méditation, la Mère Marie de Saint-Charles écrit : « En considérant les appâts, richesses, honneurs, plaisirs, avec lesquels le démon prend les hommes, j'ai senti une lumière intérieure telle que je n'en ai jamais encore éprouvée. Cette lumière, qui me porte non seulement à mépriser les faux biens de la terre, mais à les avoir en horreur, me fait surtout comprendre pourquoi Notre-Seigneur recommande aux siens de porter les hommes à la pauvreté, au moins spirituelle, et au désir des opprobres et des mépris. C'est que l'homme qui ne s'exerce pas à se détacher de toutes ces choses tombera infailliblement dans les pièges du démon et s'y trouvera enchaîné.

« Ainsi éclairée, j'ai fait une revue de tout ce qui est à mon usage, afin de ne m'attacher à aucun objet, quelque petit qu'il soit, et aussi de tous mes sentiments ou désirs afin de n'en avoir aucun qui ne soit purement pour Dieu. »

La Révérende Mère écrit encore : « Puisque je connais les ruses du démon et les moyens qu'il emploie pour perdre les âmes, je dois me servir des moyens contraires pour sauver la mienne. Je m'éloignerai donc de tout ce qui sentirait l'attachement aux créatures, pour m'attacher uniquement à Dieu. Je m'affectionnerai de plus en plus à la pauvreté, aux opprobres, aux mépris, afin de me rapprocher le plus possible du dénucment et de l'humilité de Notre-Seigneur. »

Cette pauvreté spirituelle de la Révérende Mère s'étendait à tout. Naturellement, elle se serait complue dans l'approbation et l'estime des hommes ; mais, guidée par la grâce divine, elle repousse tout ce qui ne lui aurait procuré qu'une satisfaction personnelle, et si elle désire encore cette estime, ce n'est que pour la rapporter à Dieu.

Après un examen sérieux des besoins de son âme, la vénérée Mère écrit : « Ignorant si, à cause de ma charge, l'estime des créatures ne doit pas être plus avantageuse à la gloire de Dieu et au bien de la Congrégation que leur mépris, je dois, non la rejeter, mais m'en détacher absolument pour la rapporter toute à Dieu. »

Méditant un jour sur le péché, en présence du Saint-Sacrement exposé, la pensée de la Révérende Mère se porte sur l'amour de Notre-Seigneur, qui a bien voulu se faire victime d'amour pour nos péchés, et sur notre ingratitude à l'égard d'un si bon Maître.

« La vue de Notre-Seigneur, exposé sur nos autels, écrit-elle ensuite, m'a rappelé que Jésus est là dans son Sacrement d'amour comme victime pour les péchés des hommes, et la pensée d'un amour si grand pour des créatures ingrates et pécheresses me porte, plus que toute autre considération, à la haine et à la contrition de mes péchés.

« Me reportant ensuite aux humiliations qui ont été comme le pain quotidien de Jésus pendant sa vie mortelle, et qui se continuent dans sa vie eucharistique, j'ai pris la résolution de travailler à détruire entièrement, avec le secours de sa grâce, cette sensiblilité que je sens au fond du cœur sur l'oubli, l'abandon, le délaissement des âmes sur lesquelles il me semblait toujours compter. Notre-Seigneur avait bien d'autres droits à mon amour ; le lui ai-je toujours donné ? N'ai-je jamais été ingrate ? Alors pourquoi me plaindre ? »

Un peu plus tard, la Révérende Mère écrit encore : « Mon Dieu, faites-moi sentir quel mal est le péché, afin que je le déteste de plus en plus ; faites-moi aussi mieux comprendre le monde, afin de m'éloigner de son esprit et de repousser ses maximes. Accordez-moi aussi la grâce de pénétrer plus avant dans mon cœur, afin que je me dépouille des créatures et de moi-même pour m'attacher uniquement à Vous, le seul bien de mon âme. »

Mourir à soi-même est le comble du détachement et le degré le plus élevé de la pauvreté d'esprit. La Révérende Mère y tendait de toute l'énergie de sa volonté.

Voici les pensées que lui inspire un jour une méditation sur la mort.

« Dans la considération du dépouillement universel où nous met la mort, je me suis sentie fortifiée dans le désir de me dépouiller moi-même de tout ce à quoi je puis tenir, afin de n'avoir rien à quitter à mon dernier jour, puisque la mort doit me réduire en pourriture, et pour ainsi dire au néant. Je veux m'appliquer plus que jamais à mépriser les vanités du monde et tout ce qui tient à l'esprit du monde, afin que, par ces moyens, mourant chaque jour à moi-même, en quelque chose, la mort devienne pour moi le commencement de cette vie après laquelle j'ai tant soupiré, vie toute à Dieu et toute pour Dieu. »

Dans les notes écrites par la Révérende Mère, une résolution nous frappe. « Je ne négligerai jamais ni la Règle ni le devoir pour des intérêts de famille ou des amitiés humaines. » Cette résolution, elle l'a mise en pratique dans une bien douloureuse circonstance.

La vénérable Supérieure, qui regardait comme très nuisibles à l'esprit religieux les voyages et les séjours dans la famille, avait fini par interdire aux sœurs tout voyage qui n'avait pas pour but immédiat les intérêts généraux de la Congrégation. C'était une mesure un peu sévère, sur laquelle on dut revenir plus tard ; mais les permissions sollicitées pour les voyages étaient devenues si fréquentes, qu'elles avaient dégénéré en abus. C'était d'ailleurs absolument contraire à la Règle.

Mais la Mère Marie de Saint-Charles n'exigeait pas de ses filles un sacrifice qu'elle ne se serait pas imposé à elle-même. Celui que le bon Dieu lui demanda fut bien douloureux.

Au mois de décembre 1851, Madame Périgaud mourut, laissant ses enfants et son mari inconsolables de sa perte. Si la Révérende Mère n'eût écouté que son cœur, elle se serait rendue près des siens pour les consoler et pleurer avec eux ; elle aurait assisté aux derniers moments de sa mère, et ç'eût été pour tous un réconfort ; mais, par devoir, et pour ne pas s'accorder ce qu'elle refusait à ses filles, elle accepta, pour elle et pour les siens, ce pénible sacrifice.

Dépouillée comme elle l'était d'elle-même et de tout, la Révérende Mère pouvait exiger des sœurs, sous le rapport de la pauvreté et du détachement, des sacrifices qui, pour elle, étaient peu de chose, mais qui pouvaient être très pénibles à des religieuses moins renoncées qu'elle-même.

Un religieux du Saint-Esprit avait fait passer à une jeune sœur avec laquelle il avait été pour ainsi dire élevé, un beau chapelet, souvenir d'un de ses pèlerinages à Jérusalem.

Ce religieux étant mort quelque temps après, le chapelet devint encore plus cher à la jeune sœur, qui se proposa bien de le garder toujours.

Cependant, observatrice fidèle de ses vœux de pauvreté et d'obéissance, elle voulut, avant de faire absolument sien ce chapelet, obtenir de la Révérende Mère Marie de Saint-Charles l'autorisation de le garder.

A la retraite suivante, elle se présenta chez la vénérable supérieure et, après les civilités d'usage, elle lui présenta le chapelet en disant : « Ma Mère, voici un chapelet qui m'a été donné par un religieux du Saint-Esprit, et qui était pour moi comme un frère. Ce chapelet m'est d'autant plus précieux qu'il vient de Jérusalem et que le religieux qui me l'a offert est mort depuis. »

« J'allais demander la permission que j'étais venue chercher, racontait la sœur, bien des années plus tard, quand notre Mère me dit, tenant toujours le chapelet dans sa main : « Ah ! oui, il vous est précieux ?... Il est précieux en effet. » Elle le glissa dans sa poche et me parla d'autre chose.

« Je n'ai jamais revu mon chapelet. »

A la mort du recteur d'une paroisse où il y avait des Filles de Jésus, trois superbes volumes d'un ouvrage très recommandé avaient été remis à la supérieure de la communauté. Celle-ci les reçut avec reconnaissance et aussi avec joie, moins pour leur valeur que parce qu'ils étaient le dernier souvenir d'un saint prêtre, qui avait été pour elle et pour ses filles un bienfaiteur et un père.

Quelques semaines plus tard, la supérieure générale visitait cette communauté, et la supérieure locale lui présentait les trois volumes, demandant en même temps l'autorisation de s'en servir.

La Mère Marie de Saint-Charles prit un des livres, le feuilleta en silence, puis le déposant sur la table, elle dit froidement à la supérieure : « Vous m'apporterez ces livres la première fois que vous viendrez à Kermaria. »

« Ce fut pour moi un coup de foudre, disait plus tard la supérieure. Jamais je n'aurais pensé que notre Mère m'eût imposé ce sacrifice. »

Dans ces deux cas, quel avait été le but de la Révérende Mère en agissant ainsi ? Sans doute obliger la jeune sœur aussi bien que la supérieure à faire un acte de renoncement d'autant plus méritoire qu'il leur coûtait davantage.

Considérés en eux-mêmes, ces sacrifices n'étaient pas considérables ; mais constamment renouvelés, ces légers actes de détachement conduisaient les sœurs au dépouillement de tout, ce qui est le véritable esprit de pauvreté, dont la Révérende Mère leur donnait elle-même le plus bel exemple.

C'est ainsi que la vénérable supérieure, qui avait choisi la Congrégation des Filles de Jésus, sans la connaitre, uniquement parce qu'elle était humble et pauvre, s'efforçait de conserver à sa famille religieuse cet amour de la pauvreté qui l'avait charmée elle-même.

CHAPITRE VI

———

Vie intérieure de la vénérable Mère. — Vœux et vertus

La Mère Marie de Saint-Charles avait une grande horreur des moindres fautes ; nous en avons des preuves dans la profonde horreur qu'elle avait du péché, dans les vertus qu'elle pratiqua, dans sa tendre dévotion au Sacré-Cœur et à Marie Immaculée, et enfin dans les grâces précieuses et toutes spéciales dont elle fut comblée dès son enfance.

La vénérable supérieure haïssait d'instinct, non seulement le péché, mais même ce qui avait l'ombre ou l'apparence du péché. La crainte continuelle qu'elle avait de le commettre ou de le voir commettre, son attention à éviter les fautes, même les plus légères, montrent bien avec quel soin jaloux elle conserva en elle la vertu des anges.

Ouvrons son journal et voyons avec quelle vigueur elle se reprend de la moindre omission et s'accuse des plus petites négligences.

« J'ai omis ma lecture, par manque de prévoyance ; je me suis rendue tard au dîner pour achever une lettre commencée. N'est-ce pas laisser Dieu pour la créature ? »

« J'ai donné quelques réponses un peu vives et j'ai reçu des sœurs avec un air froid et préoccupé. »

« Il y a eu de la nonchalance dans ma tenue à la chapelle et j'ai fait avec précipitation, en y entrant, le signe de la croix. »

« Je gémis de m'occuper de tant de choses qui ne font que passer et d'en être si distraite. Je m'humilie devant Dieu de toutes ces misères et je m'en sers pour combattre, ou plutôt mépriser, les pensées de vanité qui me gênent parfois. »

« Prières sèches et nonchalantes, tenue peu respectueuse, même à l'église ; je me sens portée à l'irritation, à l'emportement intérieur contre ce qui me contrarie. Cependant, ô mon Dieu, je vous aime, et vous offenser, même légèrement, serait pour moi le plus grand des malheurs. »

« J'éprouve la plus vive horreur du péché et je veux l'éviter à tout prix. Mon Dieu, que la moindre faute soit mortelle pour mon cœur ! »

« J'ai essayé de bien comprendre la laideur du péché, afin d'en éprouver la plus vive horreur. O mon Dieu, mon Dieu, donnez-moi votre sainte crainte, afin que jamais, jamais je ne vous offense. »

La vue du crucifix, du Saint-Sacrement exposé lui rappelait Jésus victime pour les péchés des hommes et lui inspirait toujours les plus vifs sentiments de compassion et de componction.

Pour conserver dans son cœur la haine de tout ce qui est péché, elle aimait à se rappeler cette parole de la sainte écriture : « Celui qui a la pureté de cœur aura le Roi pour ami. »

La pensée que les hommes pouvaient offenser Dieu la faisait frémir. « La terre est couverte d'iniquités, s'écriait-elle douloureusement un jour. Ah ! qui consolera le cœur de Jésus ! » Elle aurait voulu réparer pour tous.

La mortification est un sel qui conserve l'âme dans toute sa pureté, et la Mère Marie de Saint-Charles a porté très loin l'esprit de pénitence.

Pendant tout le cours de sa vie religieuse, dès son noviciat et jusqu'à la mort, elle a crucifié sa chair par des pratiques extérieures de pénitence, qu'elle n'abandonna pas même dans ses maladies. Quand l'obéissance la contraignait à les laisser momentanément, elle ne tardait pas à les reprendre et à y ajouter de nouvelles rigueurs, « pour réparer le temps perdu », comme elle le disait agréablement.

Nous lisons dans ses notes intimes : « J'ai omis ma pénitence de mercredi, car je ne trouvais pas ma chainette. Aujourd'hui, j'ai réparé cette omission en portant ma chaine neuf heures de suite. »

« Une des plus anciennes sœurs de la congrégation nous dit : « La mortification était devenue pour notre Mère comme une seconde nature : on aurait dit que rien ne lui coûtait, et pourtant certaines mortifications devaient être bien pénibles à sa nature délicate. »

L'humilité est, avec la mortification des sens et le renoncement intérieur, un antidote contre le vice impur et nous verrons plus tard jusqu'où la Mère Marie de Saint-Charles a porté ces deux vertus.

L'humilité de la Révérende Mère était admirable. Combien de fois ne l'a-t-on pas vue se jeter à genoux devant ses inférieures et implorer leur pardon, lorsqu'elle craignait d'avoir été trop loin dans ses réprimandes ?

« Bienheureux les cœurs purs, parce qu'ils verront Dieu », lisons-nous dans le saint Évangile. « Le cœur de la Révérende Mère était donc bien pur, car elle voyait Dieu en tout. Sa pensée le suivait constamment et son esprit s'élevait vers lui sans cesse. Il remplissait son esprit et son cœur non seulement dans la prière, mais aussi dans le travail et le repos. C'est à lui qu'elle s'adressait dans ses joies comme dans ses peines, lui qu'elle voyait dans les événements et les personnes. C'est pourquoi elle acceptait tout comme venant de Dieu et le bénissait de tout ; mais c'est aussi pourquoi elle aurait mieux aimé mourir que de ternir, même légèrement, la pureté de son âme.

Un des signes caractéristiques de la grande pureté de la Révérende Mère Marie de Saint-Charles est son ardente dévotion à Marie Immaculée et à saint Joseph.

Nous verrons plus loin jusqu'où la vénérable Mère porta sa piété envers eux ; qu'il nous suffise de dire ici qu'elle contemplait en Marie le lys éclatant de blancheur dont parle la Sainte Écriture, et qu'elle aimait à placer à l'ombre de ce beau lys l'humble fleur de sa virginité.

En saint Joseph, elle admirait surtout le gardien de la plus pure des Vierges et le père nourricier de Jésus, fruit béni et récompense de la pureté immaculée de Marie, et le protecteur très pur de cette double virginité.

Enfin, ce qui nous paraît être une dernière marque extérieure de la fidélité de la Révérende Mère, ce sont les grâces spéciales dont elle fut comblée par Dieu dès son enfance, grâces qui faisaient déjà présager quelle serait la pureté de celle que Jésus choisissait pour son épouse bien-aimée à un âge si tendre ; de celle pour laquelle il préparait un Institut nouveau, faisant tout converger vers le but qu'il se proposait d'atteindre.

Il nous est bien permis de penser que si Dieu a fait pour la Mère Marie de Saint-Charles de si grandes choses, c'est qu'elle devait être toute à lui et, par conséquent, être ornée, à un haut degré, de cette belle vertu de pureté qui rend la religieuse semblable aux anges.

Cependant, les conseils qu'elle donne à ses filles, en certaines circonstances, témoignent d'une profonde connaissance du cœur humain, mais cette connaissance semble plutôt provenir d'une grâce spéciale que d'une expérience personnelle.

Elle ne semble jamais ni étonnée ni effrayée des confidences qui lui sont faites, et c'est avec le plus grand calme qu'elle pacifie l'âme troublée qui vient à elle avec simplicité et confiance.

En abordant le troisième vœu de religion, l'obéissance, nous serions tentées de nous demander comment la Mère Marie de Saint-Charles, placée si jeune à la tête de la Congrégation, a pu pratiquer cette vertu ? Elle l'a pratiquée pourtant, et à un haut degré.

Elle a toujours été soumise aux supérieurs ecclésiastiques que la Providence lui donnait pour diriger la Congrégation et la diriger elle-même dans sa charge de supérieure générale.

Nous verrons plus tard combien elle fut toujours fidèle aux décisions de l'Eglise et du Souverain Pontife ; ici nous nous contenterons de montrer ce que fut son obéissance à l'égard de l'Évêque diocésain, du Père Supérieur de la Congrégation et de son confesseur, bien qu'elle n'en eût pas toujours été comprise ; et enfin sa fidélité à observer la Règle, même dans ses moindres prescriptions.

Ce fut avec un grand esprit de foi que la vénérable Supérieure se soumit à l'autorité de son évêque.

Elle ne parlait jamais de lui qu'avec le plus grand respect, et elle accepta toujours comme venant de Dieu les décisions qu'il prenait à l'égard de la Congrégation, même quand ces décisions pouvaient contrarier ses meilleurs plans, et elle s'y conformait en tout.

C'est ce que nous avons pu remarquer dans l'affaire du Château de Pontivy, dont nous avons déjà parlé.

Cet établissement était alors le plus important de la Congrégation ; les œuvres y étaient florissantes ; aussi non seulement la Révérende Mère, mais encore toute la Congrégation, tenaient à le conserver et acceptaient pour cela de faire les plus grands sacrifices. l'Evêque en décide autrement et la Révérende Mère se soumet aussitôt.

Voici en quels termes elle fit part à ses filles de la décision du Prélat.

« Mes chères Filles,

« Depuis longtemps je devais vous faire connaitre le résultat de la consultation que je vous ai demandée au sujet du Château de Pontivy ; mais il s'est élevé des difficultés qu'il a fallu faire étudier et résoudre, et c'est ce qui m'a fait retarder ma réponse.

« La très grande majorité des voix s'est prononcée pour la conservation et la réparation de l'immeuble. J'ai transmis ce résultat à Monseigneur. Sa Grandeur n'a pas été de notre avis, tout en nous laissant libres de le suivre.

« Notre si dévoué Prélat craint qu'après avoir commencé les réparations, on ne vienne à en découvrir d'autres qui entraîneraient à d'énormes dépenses. Nous avons dû prendre de nouvelles informations. Monseigneur lui-même a pris l'avis de personnes qui connaissent l'état de la maison et qui nous portent intérêt.

« Après cette consultation, Sa Grandeur a tranché la question en faveur de la vente.

« Confiante dans l'obéissance qui nous fait voir la volonté de Dieu dans celle de Monseigneur, j'ai fait les premières démarches dans ce but.

« Je vous engage à beaucoup prier pour que cette affaire se termine à l'avantage de la Congrégation, dont nous voulons toutes le plus grand bien. »

Dieu bénit l'obéissance de la vénérable Supérieure ; car

le duc de Rohan, ayant racheté le Château, y maintint les Filles de Jésus, en qualité de locataires, ce qui leur permit de continuer les œuvres.

Ce n'était pas seulement dans les graves circonstances que la Mère Marie de Saint-Charles se soumettait ainsi aux volontés de son Evêque, c'était toujours. Toutes les affaires, même celles d'une importance secondaire, subissaient son contrôle, et la Révérende Mère ne manquait jamais de s'incliner devant cette volonté, qui était pour elle la volonté de Dieu.

Cette obéissance dut parfois lui coûter beaucoup et, en certaines circonstances, lui attirer de pénibles humiliations.

On se rappelle combien précaire était la situation de la Congrégation dans les premières années de son existence.

Elle eut à lutter contre des difficultés presque inextricables. Il fut même question de la dissoudre. On peut juger des angoisses de la Révérende Mère Marie de Saint-Charles, qui aimait la Congrégation comme sa mère, et l'on comprend alors ce cri poussé quelques années plus tard, dans une circonstance très difficile : « Non, l'enfant de tant de larmes ne saurait périr. »

Mais la Congrégation n'avait pas seulement à souffrir de la pénurie de ressources et de sujets ; elle avait des détracteurs, qui surent inspirer au premier pasteur du diocèse des préventions contre cette petite famille religieuse et sa supérieure. Dieu le permettait ainsi pour donner à la Révérende Mère une plus grande part aux humiliations de son Fils et rendre son obéissance plus méritoire.

En ces occasions si pénibles, la Révérende Mère ne se plaignait pas, ne murmurait pas ; ni son respect ni son obéissance ne subissaient la moindre éclipse. Elle restait fille soumise et dévouée, prête à tous les sacrifices.

Si la blessure faite à son cœur était trop vive, elle se réfugiait au pied du tabernacle et versait dans le cœur de Jésus le trop plein du sien.

Comme il arrive toujours, la vérité se découvrait enfin et la Mère Marie de Saint-Charles sortait de l'épreuve plus méritante devant Dieu et plus grande devant les hommes, mais plus humble et plus soumise que jamais.

CHAPITRE VII

Vie intérieure de la vénérée Mère. — Vœux et vertus
(*Suite*)

L'obéissance de la Révérende Mère ne changea pas en passant du premier Pasteur du diocèse à l'ecclésiastique choisi par lui pour diriger la Supérieure générale dans la conduite de la Congrégation.

Quand, plus tard, les infirmités obligèrent M. Coëffic à se retirer dans sa famille et que la Révérende Mère se trouva, pendant plusieurs années, chargée seule de la Congrégation, l'Evêque n'intervenant que dans de graves circonstances, et par suite rarement, ce qui lui coûta le plus, ce ne fut pas de porter le poids de l'administration, avec la seule aide de son Conseil, mais bien de n'avoir plus à obéir constamment. Aussi avec quelle joie accueillit-elle la nomination de M. Flohy comme Père Supérieur de la Congrégation.

Le nouveau Supérieur fut, pour la Mère Marie de Saint-Charles, ce qu'elle avait espéré. Dès le premier moment, il sut apprécier l'intelligence, la sagesse, la vertu de la Supérieure générale, et lui donna sa confiance. De son côté, la Révérende Mère se montra, dès l'abord, la plus obéissante des sœurs. Elle ne faisait rien sans le consulter et elle suivait ses conseils avec la plus scrupuleuse exactitude.

Désormais, plus de dissentiment entre les deux supérieurs ; mais, au contraire, une parfaite unité de vues dans l'administration des affaires et dans la direction à donner aux sœurs.

A partir du moment où M. Flohy devint supérieur ecclésiastique de la Congrégation, nous trouvons dans les lettres de la Mère Marie de Saint-Charles des expressions telles que celles-ci : « J'ai vu notre Père Supérieur les jours derniers et, de concert, nous avons fixé les élections au mercredi 18 juillet. »

« Après m'être entendue avec notre Père Supérieur, nous avons conservé notre bon Père saint Joseph comme patron de la Congrégation pendant l'année qui vient de commencer. »

Pour bien comprendre ceci, il est nécessaire de savoir que, dans les commencements de la Congrégation, tous les ans, on choisissait un saint qui devait en être le protecteur pendant l'année. Mais les Filles de Jésus se trouvèrent si bien du patronage de saint Joseph, qu'elles finirent par en faire leur perpétuel protecteur.

Nous voyons qu'en 1855, époque où M. Flohy devint supérieur des Filles de Jésus, le choix s'imposait encore.

Mais revenons aux lettres de la Mère Marie de Saint-Charles.

« Quelques sœurs ayant témoigné un doute au sujet des déléguées aux élections générales, qu'elles croyaient ne pouvoir être choisies que par les sœurs qui avaient deux ans de profession, j'ai consulté le Père Supérieur, afin de vous éclairer et pour qu'il ne se glisse aucune irrégularité dans cette délégation qui, mal faite, rendrait ainsi les élections défectueuses. »

Dans les lettres particulières adressées à quelques-unes de ses filles, le nom du Père Supérieur revient bien souvent.

Les cinq années qui s'écoulèrent entre la nomination de M. Flohy comme Père Supérieur des Filles de Jésus et sa démission, peuvent être considérées comme les plus douces et les plus tranquilles du généralat de la Révérende Mère Marie de Saint-Charles : l'union régnait entre les divers membres de la Congrégation, le recrutement des novices se faisait bien ; les maisons locales se multipliaient ; les rapports au dehors, surtout avec le clergé, étaient facilités par l'autorité, peut-être par le prestige, que donnait au Père Supérieur sur les ecclésiastiques du diocèse sa charge de Vicaire général.

La Congrégation prospérait donc, et la Révérende Mère était heureuse, au delà de toute expression, de pouvoir enfin obéir sans crainte de porter préjudice à sa famille religieuse.

La mort de Monseigneur de La Motte de Broons et de

Vauvert, survenue en 1860, changea encore une fois la situation, sans cependant changer les dispositions de la Révérende Mère à l'égard de l'obéissance due au supérieur ecclésiastique, quel qu'il pût être.

Depuis quelque temps, M. Flohy sentait ses forces diminuer. Se trouvant incapable de remplir la double charge de Père Supérieur et de Vicaire général, il résigna la première de ses fonctions.

Ce fut une grande épreuve pour la vénérée Mère, à laquelle incombait de nouveau une lourde tâche, car le Supérieur nommé, M. Bellec, ne pouvait être pour la Révérende Mère ce qu'avait été M. Flohy, et pourtant les rapports de la Mère Marie de Saint-Charles avec le nouveau Supérieur ne subirent aucun changement. Ils restèrent ce qu'ils avaient été avec le Père Flohy, toujours empreints de respect et de soumission filiale.

Dans chacune de ses lettres, dans ses circulaires, dans les entretiens qu'elle avait avec ses filles, elle parle du Père Supérieur de manière à leur inspirer les sentiments de vénération qu'elle éprouve elle-même. « Notre Père Supérieur, le Conseil et moi avons décidé que... » Voilà comment la Mère Marie de Saint-Charles annonce à ses filles qu'une décision a été prise.

C'est pour leur inspirer les sentiments les plus profonds de respect et de reconnaissance, qu'annonçant à ses filles la cérémonie de la pose de la première pierre du sanctuaire à élever, à Kermaria, en l'honneur du grand patriarche saint Joseph, elle leur fait part en même temps du don de deux mille francs fait à la chapelle par M. Bellec, leur bon Père Supérieur.

C'est ainsi que, sans faire acception des personnes, la Mère Marie de Saint-Charles se montre fille d'obéissance à l'égard de ses supérieurs ecclésiastiques, respectant en eux l'autorité divine.

Fidèle observatrice de son vœu d'obéissance envers son Evêque et le Père Supérieur de la Congrégation, elle le fut aussi à l'égard de ses confesseurs, suivant aveuglément les avis qu'ils lui donnaient touchant sa conscience. Elle se laissait conduire comme un enfant et ne parlait jamais du guide de son âme qu'avec le plus grand et le plus profond respect. Nous verrons plus tard, dans ses notes de retraites, jusqu'à quel point elle leur était soumise, et avec quel soin elle recueillait les conseils qu'ils lui donnaient.

Mais où la Mère Marie de Saint-Charles se montra surtout fille d'obéissance, c'est dans la pratique des Règles.

Nous avons vu, dans la direction donnée à ses filles, le grand esprit de régularité de la Révérende Mère ; nous en parlerons encore ici, autant pour ajouter aux précieux exemples donnés par elle à toutes les sœurs de la Congrégation, que pour donner une preuve de plus de son esprit d'obéissance.

La vénérable Supérieure fut, en toutes circonstances, d'une parfaite régularité. Toute les sœurs qui l'ont connue sont unanimes sur ce point : « Notre Mère fut toujours une exacte observatrice de la Règle, lit-on dans les nombreux témoignages que ses filles nous ont laissés. »

D'un autre côté, les reproches qu'elle se fait pour chaque exercice que la nécessité, le plus souvent, l'oblige à omettre, ou plutôt à remettre à plus tard, ne font que rendre plus sûr encore le jugement porté plus haut : une fois de plus, l'exception confirme la règle.

A moins qu'elle ne fût retenue par un devoir important ou par la maladie, la Mère Marie de Saint-Charles assistait à tous les exercices de règle. Elle était aussi fidèle observatrice du silence et de la modestie. Son maintien religieux et la dignité de ses manières étaient pour toutes ses filles une leçon muette, mais très efficace.

Voici ce que dit à ce sujet une des plus anciennes religieuses de la Congrégation, parlant de son noviciat.

« En voyant notre Mère si calme, si posée, et même un peu lente dans son allure, toujours égale à elle-même et sans empressement, on l'aurait crue d'une nature paisible. Il n'en était rien pourtant et il lui fallait se faire une grande violence pour dominer sa vivacité native, et nous conduire avec tant de bonté et de douceur.

« Quand nous la rencontrions quelque part, elle nous regardait en souriant. Tout en nous rendant notre salut, elle nous faisait signe de la main, si nous avions l'air un peu empressée. Ce signe, nous le connaissions bien ; nous savions ce qu'il voulait nous dire : « Modérez votre allure, mes enfants ; allez moins vite. »

« Elle n'aurait pas supporté nous voir courir ; aussi, ne nous oublions-nous jamais sur ce point. »

La même sœur nous dit encore : « Quand j'étais au noviciat, notre Mère venait souvent nous faire des conférences. Nous parlant un jour de la modestie, elle nous dit d'avoir toujours une tenue digne d'une religieuse ; pour cela, de n'être jamais évaporée, de ne pas avoir la tête en l'air, en regardant de tous les côtés ; de ne pas courir, de ne pas frapper du talon en marchant. « Tous ces actes, ajoutait notre Mère, sont absolument contraires à la modestie, et jamais une religieuse, pas même une novice, ne doit se les permettre. D'ailleurs, ils sont aussi contraires au silence qu'à la modestie. »

« Après nous avoir montré les fautes contre la modestie, elle nous en enseignait les vraies règles. Marcher d'un pas modéré, toujours égal ; avoir la tête droite, les yeux baissés, mais regardant à trois ou quatre pas devant soi, afin de pouvoir saluer les personnes qu'on rencontre, voilà, ajoutait encore notre Mère, ce qui fait connaitre la bonne religieuse. »

« Cependant, Mère Marie de Saint-Charles ne regardait pas comme une faute contre la modestie un sourire donné en passant à une sœur, même dans un lieu régulier : « Cette marque d'affection, nous disait-elle dans la même conférence, qui ne blesse en rien la modestie, fait plaisir et entretient la charité. »

Oui, elle était bien modeste et bien silencieuse, la vénérable Mère. Quand, descendant l'avant-chœur pour se rendre à sa place à la chapelle, elle glissait, sans bruit, comme une ombre, plus d'une sœur se rappelait les conseils de la bonne Mère au sujet de la modestie, et renouvelait les bonnes résolutions qu'elle avait prises au moment où elle les avait entendus.

Nous avons déjà vu, dans sa direction aux supérieures locales, le cas qu'elle faisait de la règle du silence et la sévérité avec laquelle elle en réprimait les infractions ; il suffit de montrer ici comment elle l'a elle-même observée pendant tout sa vie.

En dehors des récréations, elle parlait à voix presque basse et elle ne perdait jamais le recueillement, sans lequel, il est vrai, l'esprit religieux n'existe pas.

Au point de vue de la régularité, la vigilance de la Révérende Mère sur elle-même était extrême ; elle ne laissait rien échapper et ne se pardonnait rien. Si elle avait manqué un exercice, si elle avait parlé pendant le temps du silence, elle examinait soigneusement quelles étaient les causes de ces infractions à la règle, et si elle remarquait qu'il s'y était glissé la moindre négligence ou quelque chose qui ressemblât à de la passion, elle se le reprochait amèrement et même s'en punissait. Sur ce point encore, nous pouvons tirer de ses notes intimes de grandes et profondes leçons ; nous verrons surtout avec quelle sévérité les âmes vraiment religieuses se jugent elles-mêmes.

« J'ai omis de me rendre à l'examen pour causer avec une sœur. Je suis arrivée en retard au réfectoire pour la même raison. »

« J'ai omis de me lever avec la Communauté. Je me croyais souffrante, mais c'était aussi manque de courage. »

« J'ai fait mon examen après les vêpres, pour un écrit que j'aurais pu, à la rigueur, remettre à plus tard. »

« J'ai omis trois fois le lever avec la Communauté, une fois la visite au Saint-Sacrement, et deux fois la lecture de règle, et cela parce que je n'avais pas bien économisé mon temps. »

« Aujourd'hui encore, j'ai fait mes prières avec négligence et j'ai passé assez légèrement sur mon examen, et pourtant je suis dans une grande disposition de calme et d'abandon à Dieu, avec un grand désir de faire toujours sa sainte et adorable volonté. »

« Comme j'ai été occupée avec des sœurs d'une maison locale, et aussi avec des étrangers, j'ai dû omettre, ou plutôt remettre à plus tard, l'examen et les vêpres. »

« J'ai soif de repos, et de tous côtés il ne m'arrive que des ennuis et des tracas, et ainsi je ne puis avoir un moment de paix. Mon Dieu, je ne devrais me plaindre que d'une chose : celle d'avoir encore une fois manqué l'heure de mes exercices quand, avec un peu d'efforts, j'aurais peut-être pu faire autrement. »

« J'ai omis la lecture et l'office pour voir une sœur des maisons locales. Ne pouvant faire autrement, j'ai remplacé l'office par le chapelet. »

« O mon Jésus, vous savez combien cela me coûte de ne pouvoir faire mes exercices avec la Communauté. Aussi j'espère que vous me pardonnez ces irrégularités involontaires. »

On se demandera peut-être pourquoi la Mère Marie de Saint-Charles inscrit sur son journal des manquements à la règle qu'elle savait n'être pas des fautes ?

A une question semblable, la Révérende Mère aurait vraisemblablement répondu : C'est que je crains ma faiblesse. Aujourd'hui, j'ai omis l'un de mes exercices de règle par nécessité ; demain, je pourrai le faire par négligence ; c'est pour me mettre en garde contre ce danger que je marque toutes mes irrégularités volontaires ou involontaires. Puis, si dans ces manquements à la règle, il n'y a pas de mal, il y au moins l'ombre du mal, et l'âme religieuse doit craindre même cela.

Mais revenons aux notes intimes de la Révérende Mère.

« Il y a aujourd'hui, à Kermaria, plusieurs sœurs des maisons locales. J'ai dû leur consacrer le temps de plusieurs exercices. Je ne me reproche pas ces omissions, où il n'entre pas la moindre négligence. Mais ce que je me reproche, et avec raison, c'est ma froideur à leur égard. J'ai été d'une indifférence à les glacer, quoique je prenne bien souvent la résolution d'être plus charitable, plus dévouée à leur service à toutes, puisque je suis ici pour elles et non pour moi. »

« Aujourd'hui, j'ai fait tous mes exercices, mais avec quelle sécheresse ! Et cependant, j'ai un vif désir d'aimer le bon Dieu. »

On parcourrait ainsi la suite des années, on trouverait toujours la Révérende Mère examinant ses moindres mouvements, afin de découvrir ce qu'il pourrait y avoir de répréhensible dans sa conduite.

Ces exercices, omis par nécessité ou par charité,

n'arrêteraient même pas la pensée de beaucoup de religieuses, mais la Révérende Mère fait tout passer au crible, extrêmement fin, de sa conscience. Elle craint que quelque chose de naturel ne se glisse dans ses meilleurs actes.

Mais si la Mère Marie de Saint-Charles a une conscience très délicate, elle ne l'a pas scrupuleuse. Son intelligence est trop lucide pour cela. Comme elle a l'esprit droit et le cœur humble, elle s'abandonne paisiblement à Dieu, même après une faute.

Au jour anniversaire de ses cinquante ans, la Mère Marie de Saint-Charles écrit : « Plus que jamais j'observerai la loi, c'est-à-dire la Règle. »

Le jour de la Purification, en l'année 1871, la Révérende Mère écrit les lumières reçues dans sa méditation du matin. Dans les résolutions, nous remarquons surtout celle-ci : « Observance de la règle et des recommandations de mon Directeur jusqu'à un iota. »

Pendant une retraite, la vénérée Mère termine une méditation par cette résolution : « Je ne négligerai jamais la règle ni le devoir pour des intérêts de famille ou pour une amitié humaine. »

Il y avait dans la règle primitive quelque chose d'anormal, qui en rendait l'application très difficile, chaque sœur pouvant l'interpréter à sa guise. La Révérende Mère comprit bientôt que, pour établir la régularité dans la Congrégation, il fallait aux règles l'unité d'interprétation. Mais pour l'établir, il était nécessaire de s'entendre, et c'est ce que la digne Supérieure veut faire en adressant à toutes ses filles la circulaire suivante :

« La Congrégation commence à s'étendre et à s'accroître ; il est important que tous ses membres contribuent, selon leur pouvoir, à l'établir sur des bases solides. La principale de ces bases, à mon avis, c'est la Règle uniformément interprétée.

« Ayant eu souvent occasion d'entendre dire parmi vous, et de le constater moi-même, que nos Constitutions, dans plusieurs points, n'étaient ni comprises ni observées d'une manière uniforme, j'ai vu là un grand danger pour notre Institut, car on peut profiter de cette diversité d'interprétation pour abonder chacune dans son sens, et cela au grand détriment de la charité mutuelle, et même au risque d'introduire des abus aussi graves pour le présent que pour l'avenir.

« Notre Père Supérieur, le Conseil et moi, en dehors de tout intérêt propre et de toute personnalité, ayant uniquement en vue la bonne édification que nous voulons laisser aux âmes appelées, par la divine Providence, à vivre dans notre société, nous avons eu la pensée d'inviter toutes les supérieures à lire attentivement, sous les yeux de Dieu, et, autant que possible, à noter au fur et à mesure ce qu'elles trouveraient, en conscience, digne d'être examiné.

« La pratique de nombreuses années, au milieu des difficultés que présentent vos divers emplois, vous ayant mises à même de voir les choses de plus près, votre expérience à chacune peut nous servir beaucoup. Nous vous prions donc de nous communiquer votre travail. Nous voulons nous aider de vos observations pour établir, plus que jamais, l'exacte observation des règles, tant pour le maintien du corps entier que pour le salut et la perfection de chacun de ses membres, et assurer, autant qu'il dépend de nous, l'avenir de notre si chère Congrégation. »

Un peu plus tard, la Mère Marie de Saint-Charles établissait dans toutes les maisons de l'Institut la communauté de linge, point de règle qui n'avait pas encore été mis en vigueur, à cause des difficultés que cette mesure paraissait devoir entrainer.

Voici en quels termes la Révérende Mère annonce à ses filles ce changement, qu'elle prévoit leur être pénible :

« Je viens vous proposer un sacrifice que Dieu semble demander de vous et de moi, relativement à un point de règle que j'aurais dû, plus tôt, mettre en vigueur : la communauté de linge. Les difficultés résultant des trousseaux se multiplient avec la Congrégation, tant au détriment de l'esprit de pauvreté que de celui de l'ordre. J'ai dû les soumettre à Monseigneur, lui dire comment j'ai agi et le prier de décider ce que je devais faire. Sa Grandeur m'a fait répondre par M. Flohy, vicaire général, avant son départ pour Rome, qu'elle approuvait fort cette mesure. Depuis cette époque, bien des circonstances m'ont empêchée de la promulguer. J'ai eu le temps d'en méditer devant Dieu les avantages et les inconvénients, oar je sens qu'il y en .aura, surtout dans les commencements, mais les avantages, sous le rapport de la vie religieuse, m'ont paru si grands que j'éprouverais un grand scrupule de descendre de ma charge avant de l'avoir mise à exécution.

« Remplie de la pensée de procurer le bien spirituel des âmes, je prie mes chères filles, les supérieures, de prendre leurs mesures pour établir cette communauté de linge, sans autres exceptions que celles prévues par la Règle. »

Après s'être étendue sur les moyens d'appliquer la mesure, la Révérende Mère termine ainsi :

« Prions et soyons bien unies en Dieu, car l'union fait la force et le bonheur d'une communauté. Prions encore, mes chères filles, pour que l'amour de la Règle pénètre de plus en plus dans nos cœurs. La Règle, c'est notre loi ; c'est notre première supérieure, à laquelle nous devons obéir à la lettre,« sans glose », comme le disait saint François d'Assise. »

Cette manière de la Mère Marie de Saint-Charles de regarder la Règle comme la première supérieure et de lui obéir en tout, est le trait caractéristique de son esprit d'obéissance. Il nous prouve que, bien qu'elle fût Supérieure générale, la vénérable Mère eut toujours occasion de pratiquer, avec la fidélité la plus exacte, le troisième de ses vœux de religion.

CHAPITRE VIII

Vertus de la vénérable Mère :
Esprit de foi, abandon à la Providence.

Dans les Constitutions des Filles de Jésus, nous lisons : « La foi des sœurs sera vive. Elle se manifestera par leur respect pour la divine parole, par leur adhésion prompte et affectueuse aux décisions de l'Eglise, du Souverain Pontife, des prélats et pasteurs, principalement de ceux auxquels elles seront immédiatement soumises. Elles auront une tendre dévotion envers la Sainte Vierge Marie, la Mère de grâces et de miséricorde, envers les saints anges et particulièrement leurs anges gardiens, envers leurs saints patrons, tous les saints, nommément saint Joseph, patron et protecteur de la Congrégation. La foi les oblige aussi à honorer singulièrement les reliques des saints, et à prier souvent et avec ferveur pour les âmes du purgatoire, surtout pour leurs parents et pour leurs sœurs. »

La foi de la Mère Marie de Saint-Charles avait tous ces caractères ; il nous sera facile de le constater dans toute la suite de cet humble ouvrage. Nous savons déjà avec quel respect et quelle soumission elle recevait les avis de ses confesseurs ; elle écoutait avec le même respect et la même attention les instructions qu'elle avait le bonheur d'entendre. Simple ou éloquente, la parole du prédicateur était pour elle la parole de Dieu, toujours digne de notre plus profonde vénération. C'étaient ces sentiments qu'elle inspirait à ses filles et qu'elle aimait à trouver en elles.

La Révérende Mère n'acceptait facilement, ni pour elle ni pour les sœurs, ce qui, en matière de religion, sentait la nouveauté. Mais quand l'Eglise avait promulgué un dogme ou formulé une défense, elle adhérait aussitôt et pleinement à ses décisions.

De la foi intense de la Mère Marie de Saint-Charles naissait naturellement un grand esprit de foi. Peu d'âmes, même des plus pieuses, l'ont porté plus loin. Elle voyait

Dieu en toutes choses, dans la lumière comme dans l'obscurité de l'âme, dans la joie comme dans la peine, dans le succès comme dans les revers ; voilà pourquoi elle acceptait avec la même sérénité ce qui pouvait lui être agréable ou pénible.

Cet esprit de foi lui inspirait une grande confiance dans la prière. Quand une affaire épineuse se présentait, la Révérende Mère la remettait entre les mains de Dieu, priait, faisait prier, et en attendait l'issue avec confiance et abandon. Mais laissons-la parler elle-même :

« Je suis bien préoccupée des missions pénibles que j'ai à remplir et des dispositions de ma sœur N.... Je prie ; c'est dans la prière et l'esprit de foi que je trouve force et paix. »

« Nous avons à accomplir un grand devoir aujourd'hui au Conseil ; aussi suis-je, plus que jamais, portée à la prière. J'ai reçu des lettres pénibles, d'où sont résultées de terribles angoisses de cœur, que la prière seule a le pouvoir de calmer. »

« Parfois je sens ma nature se raidir, et même se révolter, contre ce qui me contrarie dans mes sœurs ; mais la vue de mes misères personnelles me ramène à des idées plus humbles. Alors je me jette dans des pensées de foi, pour me défendre de toute passion à leur égard. »

En 1879, il fut question de reviser les Constitutions, ce qui occasionna à la Mère Marie de Saint-Charles et à son Conseil un surcroît de travail considérable. Cette fatigue qui, chez la vénérée Supérieure, venait s'ajouter à de grandes peines intérieures, exigeait d'elle une énergie peu commune ; car il lui fallait lutter contre l'accablement qui l'envahissait et continuer son travail.

Cette énergie, elle la puisa dans son esprit de foi et dans sa confiance en Dieu.

Voici ce que nous lisons à ce sujet dans ses notes intimes :

« Nous avons continué en Conseil la lecture des Règles. Distraite par les difficultés à éclaircir, principalement pendant mes exercices de piété, je m'efforce de voir ces difficultés en Dieu, de prier et de tenir ma volonté tout unie à celle de mon Divin Maître. »

Ses souffrances physiques et ses douleurs morales augmentant, la Mère Marie de Saint-Charles ne trouve de consolation qu'en se jetant dans le sein de Dieu.

« Tous les matins, au réveil, écrit-elle dans son journal, je me trouve lâche et pesante, ennuyée de la vie. Tout m'y paraît si triste. Mon âme cherche à se jeter en Dieu ; mais il ne se fait pas sentir. Je suis si sèche, si aride ! N'importe, je sais qu'il est là et cela me suffit. »

Plus loin, nous lisons : « Dans mon aridité, je me retire dans mon intérieur ; je m'humilie, je m'excite au travail ; j'accepte mes peines et je les offre à Dieu, unies à celles de Notre-Seigneur, acceptant en tout sa sainte volonté. J'éprouve de grandes sensibilités, peut-être sans motifs. Malgré cela, je suis toujours attirée à prendre le parti de Dieu contre moi-même et à justifier sa conduite à mon égard. »

La lourde responsabilité et le poids écrasant qui, depuis tant d'années, pesaient sur les épaules fatiguées de la Mère Marie de Saint-Charles se faisaient sentir chaque jour davantage, et sa santé s'altérait de plus en plus. En proie aux souffrances les plus cuisantes du corps et de l'âme, elle aurait succombé sous le fardeau, si elle ne s'était abandonnée en tout à la divine Providence. Son esprit de foi lui montrait la main de Dieu dans les événements ; aussi, même dans les moments les plus critiques, elle attendait tout de Dieu. Elle était sûre qu'à son heure il interviendrait et que rien, sauf le péché, qu'elle avait en horreur, ne pouvait réellement lui nuire. Si parfois la nature aux abois lui inspirait des troubles, dans la partie supérieure de l'âme, la Révérende Mère conservait la paix.

Cette paix répandait sur son extérieur une sérénité qui en trompa plusieurs sur la vie crucifiée de la vénérée Supérieure. L'accueil gracieux qu'elle faisait aux sœurs des maisons locales cachait souvent des souffrances intimes que ses visiteuses ne pouvaient deviner ni même soupçonner. On savait que la bonne Mère avait de grandes peines, de grandes fatigues, un poids bien lourd à porter ; mais on pensait qu'elle prenait les choses assez superficiellement et qu'elle trouvait dans les distractions un remède efficace à ses peines. Ah! si l'on avait pénétré jusqu'au fond !

Une des filles de la Mère Marie de Saint-Charles nous fait ainsi part de ses impressions.

« J'ai passé quelques mois à Kermaria à cause d'une indisposition dont j'avais peine à me remettre. Notre Mère m'occupait aux écritures. Tous les matins, j'allais prendre ses ordres au sujet du travail que je devais faire dans la journée. Un matin, je la trouvai assise à son bureau et pleurant. En m'apercevant, elle essaya de cacher ses larmes sous un sourire ; mais ce fut en vain : « Ma Mère, vous pleurez, lui dis-je ? Vous avez encore de la peine ? » Au lieu de me répondre, elle se leva et me dit : « Vous qui chantez bien, chantez-moi telle chose ». C'était un cantique à la sainte Vierge. Je chantai, bien que je n'en eusse aucune envie, ayant encore sur le cœur les larmes de notre bonne Mère. Elle m'écouta en silence, les mains jointes, dans l'attitude de la prière, puis elle se mit à chanter avec moi. Quand le cantique fut terminé, notre Mère me dit : « C'est fini maintenant ; mettons-nous au travail. Surtout ne dites à personne que vous m'avez vue pleurer ». Chère et bonne Mère, on la voyait souvent pleurer, elle avait tant de peines !

« A la chapelle, elle arrosait souvent son prie-Dieu de ses larmes ; mais là, elle trouvait toujours le grand consolateur, qui lui donnait force et courage. Ordinairement, elle sortait de la chapelle consolée et réconfortée.

« Souvent elle essaya de calmer ses souffrances en se distrayant. Elle voulut une fois me faire adopter sa recette de distractions dans les peines, elle ne réussit pas : je n'avais ni son caractère enjoué ni sa vertu. »

Les notes intimes de la Révérende Mère montrent bien que cet enjouement, cette gaieté si expansive qu'elle apportait dans ses rapports avec ses filles n'était qu'à la surface, et qu'au fond la croix restait la même.

Non, sa consolation ne reposait pas sur les distractions, mais sur la prière et la résignation la plus complète au bon vouloir de Dieu.

« J'ai mis quelque négligence à secouer ma torpeur et

le sommeil pendant la prière. Je suis souvent fatiguée de mon corps et de mes misères ; mais ma volonté reste attachée au bon Dieu et, plus que jamais, je me sens attirée au dépouillement intérieur et extérieur. »

Quelques jours plus tard, la Révérende Mère écrit encore dans son journal : « Je suis portée à l'ennui, à l'impatience dans les dérangements ; mais j'ai plus de facilité à recouvrer la paix.

« Par esprit de foi, je me supporte moi-même avec toutes mes misères. Je m'efforce de me retremper fréquemment dans la charité ; sans cela, je ne pourrais me maintenir dans le calme et la paix, qui me sont pourtant si nécessaires. »

Plus loin, nous lisons encore : « Mes occupations, les maladies et mille autres ennuis ne me laissent aucun moment. Je suis souvent affaissée ; j'ai peine à prier vocalement. Je suis toute plongée dans une contemplation obscure de ce qui se passe dans le monde, où tout est corruption et péché. Cette vue, qui est pour moi une souffrance, m'inspire le besoin de m'attacher plus fortement à Dieu. »

« Appelée auprès des sœurs malades, pendant la méditation, j'ai continué là cet exercice. En face de la mort, il est facile de méditer. Aussi, malgré la sécheresse répandue sur mon esprit et dans mon cœur, j'ai pu contempler le vide des choses de la terre et la nécessité pour moi de me former à la gêne et à la souffrance, pendant que je me porte encore assez bien, afin de me préparer par là à tirer meilleur parti de mes dernières douleurs. »

« Il me semble bien difficile de me rendre compte de mes exercices de piété, puisque je suis comme une bête de somme devant Dieu. Et pourtant, au milieu de ces obscurités, une clarté se montre. Je sais que je veux faire la volonté divine et la voir en toutes choses. A la lueur de cette clarté, je vais toujours en avant, sans jamais regarder en arrière. »

Mais continuons à puiser dans ces notes intimes qui, aux pages où nous sommes rendus, rappellent si bien ces paroles du grand apôtre : « C'est dans les infirmités que la force se perfectionne. »

C'est, en effet, au milieu des obscurités, des sécheresses et des dégoûts que le cœur de la Révérende Mère s'élève de plus en plus haut dans l'amour de Dieu.

« Je suis sèche et somnolente pendant la méditation. Quelle souffrance que cet état, alors que je voudrais tant vous aimer, ô mon Dieu ! C'est cette souffrance que je vous offre, Seigneur, à défaut de la ferveur qui semble éteinte en moi. »

« Je suis lasse de la vie, anéantie par les difficultés journalières ; mais, intérieurement, je me relève par des pensées de foi. »

« Au milieu de toutes mes peines intérieures, j'éprouve toujours une grande paix à la cîme de l'âme. Je n'ai qu'un désir : me soumettre à Dieu et embrasser sa sainte volonté de toute l'ardeur de la mienne.

« Une grande grâce que le bon Dieu m'accorde, c'est de pouvoir veiller sur les divers mouvements intérieurs et de reconnaître ceux qui ne viendraient pas purement de lui. Je sens le besoin de me tenir près de Dieu, car j'ai le sentiment de ma grande faiblesse. « De moi-même, Seigneur, je ne puis que vous offenser. »

A mesure que la vénérée Mère avançait dans la vie, son détachement des créatures et d'elle-même devenait de plus en plus visible ; son esprit de foi et son abandon à la divine Providence plus profonds, en même temps que ses souffrances physiques et morales augmentaient au point d'exciter la compassion.

Environ deux ans avant sa mort, à la veille de la fête de la Purification, la Révérende Mère Marie de Saint-Charles écrit dans son journal : « Retraite du mois. Nombreuses visites des sœurs des maisons locales m'apportant chacune ses difficultés. J'ai fait mes exercices en particulier dès que je l'ai pu. Mon cœur était sous le pressoir. La pensée du glaive qui, dans le mystère de la fête de demain, perça le cœur de Marie m'a encouragée et soutenue. Je me suis servie des contradictions pour me préparer à cette fête qui m'a toujours été chère. Je sens d'ailleurs au fond de l'âme une grande paix, avec un ardent désir de me servir de tout pour m'avancer vers Dieu. »

Le jour même de la fête, la Révérende Mère ajoute à la note précédente ces mots : « Encore des visites, encore des peines. Une nouvelle surtout m'a été au cœur. Je ne sais pas ce qui domine en moi, de la douleur ou de la paix. La nature s'est soulevée un moment, mais la paix a couvert ses cris et la prière m'a obtenu une sorte de joie intérieure, que j'ai sentie même au milieu d'une cruelle douleur. »

« Comme je suis peu courageuse, s'écrie un jour la Mère Marie de Saint-Charles. En considérant les saintes cruautés que les vrais amis de Dieu, les saints, ont exercées sur eux-mêmes, j'ai honte de ma lâcheté. »

« Mais cette humiliation que j'éprouve à la pensée de mon peu de renoncement ne suffit pas pour me faire sortir de cette torpeur dont je souffre ; je dois y joindre des efforts plus généreux. Oui, avec la grâce divine, je veux combattre le moi et faire à sa place triompher Notre-Seigneur. »

On est ému de pitié, quand on pense qu'à l'époque où la Révérende Mère écrivait ces lignes, elle touchait aux dernières années d'une vie qui n'était plus pour elle qu'un long martyre.

À cette période de son existence, la Mère Marie de Saint-Charles était poursuivie de la pensée de la mort, et cette pensée tantôt la consolait, tantôt excitait en elle une sorte de crainte, qu'elle acceptait avec abandon et esprit de foi.

Voici ce qu'elle écrit, à ce sujet, dans ses notes intimes : « Je me trouve dans une disposition de paix et d'abandon à Dieu qui me console de tout. Je me sens attirée à cet abandon d'une manière douce et forte à la fois. Il me semble que je travaille à m'y rendre fidèle, même au milieu de mes fautes. Quel bonheur si je tirais parti de mes faiblesses pour m'avancer dans la perfection ! C'est ce que je désire, ô mon Dieu, car le temps s'écoule rapidement. Bientôt ce sera pour moi l'éternité. »

« Cette pensée, qui me suit partout, m'aide à vaincre

mes répugnances dans les sacrifices qui se présentent chaque jour. »

« Aujourd'hui encore, j'ai une vue profonde de mes fins dernières. Je suis portée à penser et à agir comme si je devais mourir bientôt. Cette pensée est comme une lumière qui se porte sur toutes mes actions pour les éclairer et me dire sans cesse que je dois les faire uniquement pour Dieu. Plus que jamais, je sens le besoin d'agir en tout avec un grand esprit de foi. »

« Tout ce qui se passe autour de moi jette mon âme dans une sorte de contemplation confuse, obscure, du vide et du néant des choses de ce monde. Tout passe si vite ! Je suis tellement imprégnée de cette pensée que je suis parfois obligée de faire des efforts pour m'en retirer et paraître prendre intérêt à ce qui se dit ou se fait autour de moi. Je vois une multitude de peines permises par Dieu pour notre sanctification et dont nous perdons le mérite, parce que nous n'avons pas assez d'esprit de foi. Alors je sens un nouveau et plus ardent désir de me servir de celles qui pourront m'arriver pour atteindre à la perfection que Dieu demande de moi. »

Plus loin nous lisons : « Aujourd'hui surtout, je sens une grande fatigue. Pourquoi chercher en ce monde un repos qui ne s'y trouve pas ? Et pourtant j'y aspire de toute mon âme. Je suis si accablée de voir et d'entendre tant de tristesses, tant de peines de toutes sortes.

« Je m'encourage par la pensée que toutes ces souffrances, qui ne peuvent durer longtemps désormais, rendent ma vie telle que je sois prête au départ à l'heure où Dieu fera entendre son appel.

« O Jésus, dans la vie et dans la mort, je m'abandonne à vous ! »

« Aujourd'hui, je suis vraiment lâche. J'ai peine à me porter et à me supporter. Je tâche de me faire, de mes misères de toutes sortes, des sujets de mérite pour l'éternité. »

Dans une de ses indispositions qui se succédaient à des intervalles peu éloignés, la Révérende Mère écrit : « Mon affaissement est universel. Je sens la gravité de mon mal ; je sais que la mort peut s'ensuivre. Mais je m'offre au bon plaisir de Dieu pour vivre ou pour mourir ; aussi j'éprouve une grande paix intérieure. Au point de vue de la foi, la mort est un gain. »

Dans une circonstance analogue, la Mère Marie de Saint-Charles écrit encore : « Me voici de nouveau indisposée. Ces indispositions si fréquentes me font toujours penser à la mort et m'y préparer, car ma dernière maladie peut bien ne pas être longue. Je veux ce que la divine Providence a marqué pour moi. « Oui, ma volonté est toujours tournée de votre côté, ô mon Dieu ! »

« Je suis presque toujours aride ou sans pensées dans mes exercices de piété ; mais ma volonté est toujours la même. J'éprouve en même temps une vive peine et, au fond de l'âme, un vrai contentement. Je cherche à n'avoir d'autres désirs que ceux de Dieu, d'autre volonté que la sienne, dût ma nature en pâtir. Je prie toujours en ce sens, même dans mes sécheresses. Je sens tellement ma faiblesse et mon impuissance à tout bien, que je dis au bon Dieu de me garder dans ces résolutions, par sa sainte grâce ; car, sans son assistance, je sais que je ne puis rien. »

Son esprit de foi, la Mère Marie de Saint-Charles s'efforçait de l'inspirer à ses filles.

Dans les plus grandes comme dans les moindres circonstances, dans les épreuves les plus pénibles comme dans les plus légères difficultés, par ses paroles comme par ses exemples, la Révérende Mère leur enseignait la patience, la soumission à Dieu et à sa sainte volonté, l'abandon en la divine Providence, et enfin l'esprit de foi qui voit Dieu en tout et ne cherche que lui.

Cette sollicitude de la Mère pour obtenir de ses filles qu'elles sanctifient leurs épreuves, s'applique d'ailleurs à toutes sortes de croix.

Nous avons vu ailleurs la Mère Marie de Saint-Charles venir consoler ses filles affligées. Ici, elle revient sur le même sujet et elle appuie surtout sur le prix de la croix. « Toute souffrance, disait-elle souvent, est une parcelle de la vraie croix, nous devons donc n'en rien laisser perdre. Bien loin de nous en plaindre, nous devrions nous en réjouir. Ah ! si nous avions l'esprit de foi, que de trésors nous amasserions ! »

A une sœur qui venait de perdre sa mère, la vénérable supérieure écrit : « J'ai pris une grande part à la perte que vous avez faite de votre bonne mère. Nous avons beaucoup prié pour elle. Voilà la vie : peines, chagrins, afflictions de tous genres. Mais l'âme qui vit de la foi, au lieu de se laisser abattre par la douleur, s'en réjouit en Dieu, car elle sait que la croix est la voie tracée par la divine Providence pour arriver à la patrie. »

« Dans toutes vos peines, de quelque part qu'elles viennent, je vous engage à avoir toujours un œil tourné vers le Calvaire et l'autre tourné vers le ciel, car c'est là que vous puiserez la force et le courage d'en faire l'usage que la volonté divine attend de vous. »

A la même religieuse, qui avait une sœur malade dans la communauté dont elle était supérieure, la Mère Marie de Saint-Charles fait entendre ces fortes paroles : « Je prie pour vous, afin que vous tiriez le meilleur parti, pour le ciel, de l'épreuve qui vous frappe en ce moment. Il y a tant besoin d'expiation à l'heure présente ! Loin de nous plaindre de nos croix, nous devons leur faire bon accueil, nous y attacher amoureusement auprès de Jésus et en union avec lui, pour obtenir de la divine miséricorde le salut du monde, et en particulier celui de notre malheureuse patrie. »

Malade elle-même, et bien près de sa fin, elle écrit à la supérieure d'une de ses communautés d'Ille-et-Vilaine qui était souffrante : « Soignez-vous et portez-vous mieux pour combattre le bon combat. Pour cela, confiance et courage, il en faut au temps où nous sommes. Demandons à Dieu de nous rendre fortes et généreuses.

Une jeune sœur prévoyant qu'elle quitterait bientôt la maison-mère pour se rendre en obédience, se lamentait à la pensée qu'elle ne pourrait pas réussir dans son emploi. Elle fit part de sa peine à la Révérende Mère, qui lui répondit quelques jours plus tard : « Mettez votre confiance en Dieu, ma fille, si Notre-Seigneur vous envoie commencer votre mission, c'est qu'il vous juge capable de la remplir. D'ailleurs, fille de peu de foi, n'est-il pas là pour vous soutenir ?

« Ne vous arrêtez pas volontairement aux pensées

chimériques que votre imagination pourrait vous présenter
à ce sujet. La grâce nous est donnée en proportion de la
difficulté de nos emplois. Soyez simple avec Dieu et
remettez-vous entre ses mains ; soyez aussi simple avec
vos supérieurs et laissez-les disposer de vous. Si vous
agissez ainsi, la grâce vous sera donnée surabondamment. »

L'obédience entrevue par la jeune religieuse lui fut
imposée moins de deux mois plus tard. Elle est bien
édifiante la lettre que la Mère Marie de Saint-Charles lui
écrivit à cette occasion.

« Le moment est venu de quitter le noviciat pour aller
commencer la mission pour laquelle Dieu vous a appelée
à la vie religieuse. Vous partirez jeudi soir pour le Château,
où vous remplacerez sœur N... à la première classe
communale.

« De l'acceptation pure et simple de cette obédience
dépendent, pour vous et pour l'emploi important que vous
aurez à remplir, des grâces nombreuses, que vous n'ob-
tiendriez pas si vous étiez moins généreuse à vous soumettre à la volonté de vos supérieurs, qui est la volonté
de Dieu. Ranimez votre foi et faites taire toutes les
répugnances de la nature.

« Je ne vous dirai pas comme Notre-Seigneur à ses
apôtres : « Allez enseigner toutes les nations ; » mais je
vous dirai : « Allez, ma fille, prendre soin de cette petite
portion de la vigne que notre divin maître vous confie. »
Édifiez toutes les personnes qui vous entourent par votre
zèle à vous acquitter de votre tâche et par la bonne odeur
de toutes les vertus, surtout par votre générosité dans les
sacrifices, par votre obéissance à vos supérieures et enfin
par votre exacte régularité. »

Les leçons de l'expérience coûtent cher : la jeune sœur
dut bientôt s'en apercevoir. Au milieu de ses difficultés,
elle eut recours à la Mère Marie de Saint-Charles, qui lui
répondit aussitôt :

« Le souvenir de ce que vous avez quitté vous poursuit
et vous êtes à Kermaria plus qu'à Pontivy. Les difficultés
que vous avez rencontrées dans votre classe, dès les
premiers jours, ne sont pas propres à vous montrer les
choses sous un aspect favorable. Ces difficultés s'apaise-

ront avec le temps, à mesure que vous acquerrez de l'expérience. Pour le reste, voici ce que je puis vous dire : travaillez constamment à l'œuvre de Dieu et à votre perfection, sans vous laisser abattre par les ennuis, les dégoûts, les répugnances ou les révoltes de la nature. Essayez de faire comme l'avare qui se sert de tout pour s'enrichir. Nous aussi, tâchons de nous enrichir, mais de mérites pour le ciel, en faisant des bonnes œuvres, et surtout en renonçant chaque jour à nous-mêmes, par pur esprit de foi. »

Une sœur, très attachée à la maison qu'elle avait fondée et où elle jouissait d'une considération, d'ailleurs bien méritée, fut appelée à un nouveau poste : c'était pour elle un grand sacrifice. La Révérende Mère, qui comprenait sa souffrance, lui adressa une lettre où se manifestaient en même temps l'exquise bonté et la force d'âme de la vénérable supérieure.

« Je prie *Mater Amabilis* de dilater votre pauvre cœur par la pensée si douce que vous faites la volonté de Dieu et que, sous le patronage de cette aimable Mère, vous fondez une nouvelle maison à son divin Fils.

« Je vais beaucoup prier pour que Notre-Seigneur vous accorde la grâce de vous montrer telle que je vous désire en cette circonstance, c'est-à-dire remplie de foi et d'abandon à la volonté de Dieu, de suavité pour faire le plus de bien possible dans la communauté où l'obéissance vous appelle, de courage pour soutenir, selon Dieu, ceux que vous quittez et qui vous sont chers, et aussi pour vous montrer bien charitable à l'égard des personnes qui ont pu vous témoigner plus que de l'indifférence.

« En un mot, ma chère fille, parce que je vous aime en l'amour de Jésus, notre divin Maître, je voudrais vous voir vous signaler à son service, afin de plaire à son cœur. Vous le ferez, n'est-ce pas ?

« Vous êtes faible sans doute ; je le sais bien ; mais avec un peu d'esprit de foi, on est capable de tout. »

En 1870, quelques sœurs s'effrayaient de la tournure que prenaient les événements et proposaient à la Révérende Mère certaines mesures, qu'elles croyaient opportunes, mais qui, en réalité, ne l'étaient pas. Voici ce que la Mère Marie de Saint-Charles écrivit à l'une d'elles à cette occasion.

« En réponse à votre dernière lettre je vous dirai : Restez tranquille à votre poste et mettez votre confiance en Dieu. Sous sa conduite et celle de la sainte obéissance qui est, vous le savez bien, l'expression de la volonté de Dieu, peut-il vous arriver un vrai mal ? »

Une autre des filles de la Mère Marie de Saint-Charles avait été révoquée de ses fonctions d'institutrice sans cause réelle. Sentant combien cette religieuse devait souffrir de l'injuste sentence qui la frappait, la bonne Mère écrit la lettre suivante.

« Le bon Dieu nous aime puisqu'il nous éprouve. Courage, ma fille, venez ici après avoir mis tout en ordre dans votre classe. Vous serez la bienvenue à Kermaria.

« Je vous conseille, ma chère enfant, de ne pas prendre de chagrin pour votre injuste révocation ; mais de garder le calme et la paix, et même une sainte joie de vous voir traitée comme le divin Maître. »

Quelques jours plus tard, la Révérende Mère lui adresse de nouveau quelques lignes.

« Je profite de l'occasion qui se présente pour vous redire encore : Courage, confiance, abandon, esprit de foi. Vous êtes seule au combat, mais nous vous soutenons par nos prières et nos sacrifices. Que le bon Dieu vous console et répande sur vous ses meilleures bénédictions ! »

A une supérieure qui se trouvait aussi dans des circonstances difficiles, la Mère Marie de Saint-Charles écrivit plusieurs lettres qui reflètent le calme de son âme au milieu des vicissitudes dont la Maison-Mère était frappée aussi bien que les maisons locales.

« Courage, confiance, esprit de foi, abandon, prière au milieu de vos difficultés. Vous avez fait de votre côté tout ce que vous avez pu pour les aplanir ; vous continuerez au besoin ; mais pour la réussite, vous la remettrez entre les mains de Dieu. C'est bien à l'heure présente que nous devons travailler à devenir des âmes de foi, de prière et d'union à la divine Majesté. »

Une nouvelle croix venant s'ajouter à toutes les peines

qui accablaient déjà cette supérieure, la Mère Marie de Saint-Charles essaye encore de la consoler par des pensées de foi.

Ma chère Fille,

« Tout d'abord je dois m'excuser du retard que j'ai mis à vous écrire. Ne croyez pas à de l'indifférence de ma part. Au contraire, j'ai pris une grande part à toutes vos peines.

« Aux ennuis qui vous accablent déjà, Dieu a ajouté une nouvelle croix ; une épidémie sévit parmi vos enfants et vous craignez la fermeture de votre école. Espérons qu'on n'en viendra pas à cette extrémité ; du moins prions avec ferveur pour que cette nouvelle épreuve vous soit épargnée.

« Après mon long silence, oserai-je vous demander de m'écrire le plus tôt possible ? J'ai hâte d'avoir de vos nouvelles et aussi de savoir comment vont vos malades. Vous êtes dans une si grande inquiétude !

« Et pourtant, ma chère fille, devons-nous regarder la croix comme un malheur ? Non, car c'est la voie la plus droite et, par conséquent, la plus courte pour arriver au ciel. Parvenues dans ce beau séjour, que nous serons heureuses d'avoir souffert ici-bas avec Notre-Seigneur et pour lui !

« Ranimons donc dans nos cœurs l'esprit de foi ; prenons courage dans nos épreuves ; le temps passe si vite !

« La lecture va sonner. Bonsoir à toutes. Aimez bien le bon Dieu et répandez son amour, avec son nom, tout autour de vous. »

Enfin le coup prévu arriva : l'école communale de C... fut fermée et les sœurs durent chercher un asile, en attendant que le local qu'on préparait pour une école libre fût prêt à les recevoir.

En cette occurrence, la Révérende Mère écrivit à ses filles pour les consoler et les encourager. Après plusieurs lignes consacrées aux affaires, la Mère Marie de Saint-Charles continue en ces termes : « Disons toujours, et de tout cœur, en tout et partout : « *Fiat. Amen.* Dieu soit béni ! » Soyez sans inquiétudes, comme des enfants confiantes entre les mains du meilleur des pères. Sa divine Providence ne vous laissera jamais manquer de rien.

« Puisque vos enfants vous sont enlevées et que vous avez du temps libre, appliquez-vous à remplir vos exercices de piété avec plus de ferveur encore que d'habitude. Réglez votre temps, le partageant entre la prière, l'étude et le travail manuel. Que votre vie soit toujours intérieure, car le bon Dieu veut que vous profitiez de vos croix présentes pour avancer dans son amour.

« S'il vous manque quelque chose, faites-le moi savoir : nous vous enverrons d'ici ce qui vous sera nécessaire. »

Les sœurs n'eurent pas à recourir à la Maison-Mère. Très estimées et très aimées, les secours ne leur manquèrent jamais. Mais leur repos forcé leur était à charge et la supérieure s'inquiétait sur l'avenir de son œuvre ; aussi la Révérende Mère eut-elle à revenir souvent sur le même sujet et à lui recommander le calme, l'abandon, l'esprit de foi.

« J'ai vu toutes vos peines et j'y prends une bien grande part. Je prie et fais prier pour vous. J'espère que vos épreuves tourneront à votre bien, et même à la prospérité de vos œuvres quand l'heure de Dieu sera venue.

« En attendant soyez calme, abandonnez-vous en toutes choses. Ne vous étonnez, ne vous déconcertez de rien. Les hommes s'agitent en vain. Dieu sait, quand il lui plait, montrer qu'il est le maître. »

Quelques jours plus tard, la Révérende Mère écrit à la même religieuse, qui s'inquiétait de la santé de la Mère Marie de Saint-Charles, qu'elle savait très précaire. « Un mot seulement, ma chère fille, pour vous dire merci de l'intérêt que vous prenez toutes à ma santé. Continuez à bien prier pour moi.

« Encore une fois je vous souhaite patience et courage pour porter votre croix actuelle selon les desseins de Dieu. La divine Providence a bien soin de vous, ne l'accusez pas.

« Meilleure santé à vous, ma fille, toujours courage et sainte joie. Aimez Dieu et soyez généreuse à son service.

« Mon respect et ma reconnaissance à tous vos bienfaiteurs. »

Ayant laissé une de ses lettres sans réponse, la Supérieure générale vient encore s'en excuser.

« Si je ne vous ai pas répondu, c'est que je suis, comme vous, très préoccupée, et je pourrais même dire très peinée des difficultés qui pleuvent tous les jours, et de tous les côtés, sur la Maison-Mère. Dans les tristesses des jours mauvais que nous traversons, chacune vient y décharger son fardeau, chercher lumière à ses doutes et force dans ses épreuves. Hélas ! il ne nous est pas toujours donné de calmer les inquiétudes et de rétablir la paix : les obstacles qui s'y opposent ne dépendent pas de nous.

« Voici, ma chère fille, ce que je vous recommande, comme à toutes les sœurs qui sont dans le même cas. D'abord, ranimez-vous dans l'esprit de foi, car vous obtiendrez en proportion de son intensité ; ensuite, priez avec une grande confiance ; sachez intéresser saint Joseph à toutes vos affaires, en faisant avec une grande ferveur l'exercice de ses douleurs et de ses allégresses. Puis, après avoir fait votre possible, demeurez dans le calme et l'abandon.

« Soyez prudente, de la prudence même de Notre-Seigneur envers ceux qui vous exercent. L'Évangile dit de lui : « Il se taisait ». C'est aussi le conseil que je vous donne. « Ne parlez pas de ceux qui vous font souffrir. »

C'est ainsi que la Mère Marie de Saint-Charles, même au milieu des plus grandes souffrances physiques et morales, souffrances que sa nature vive et primesautière lui faisait profondément sentir, conservait la paix intérieure et faisait tous ses efforts pour la conserver dans ses filles.

Cette paix divine, que le monde ne donne pas, qu'il ne connait pas ; paix qui, chez la Révérende Mère générale résistait aux plus grandes épreuves, était sans doute la récompense de l'intensité de sa foi.

Si la foi de la Révérende Mère était vive, on peut dire que son espérance était sans bornes.

Si le Seigneur m'a comblée de tant de grâces ; si depuis mon enfance jusqu'à présent, il m'a conduite comme par la main, aimait à dire la Mère Marie de Saint-Charles, ce n'est pas pour m'abandonner au dernier jour.

Cette espérance était une des grandes forces de la vénérable Supérieure. C'est elle qui la soutenait dans les difficultés de toutes sortes qui ont traversé son existence si laborieuse.

L'un des principaux motifs de son espérance, c'était le choix que Dieu avait fait d'elle pour seconder et perpétuer la charité de Dieu dans les âmes. Confiante en la bonté divine, elle aurait espéré contre toute espérance. Aussi s'abandonna-t-elle toujours, et en toutes circonstances, entre les mains de Dieu.

On peut dire que la vie entière de la Mère Marie de Saint-Charles fut un acte continuel d'abandon.

Quelle que soit l'épreuve, elle se jette entre les bras de Dieu. La Congrégation est-elle menacée dans son existence? Bien que la Révérende Mère frémisse à cette pensée, elle confie ses inquiétudes au cœur de Jésus et, avec sainte Thérèse, elle dit : « Dieu sait tout, il peut tout, et il m'aime ».

L'année 1870 est terrible pour la France entière. La Congrégation reçoit le contrecoup de la guerre ; plus tard, c'est un autre danger : des lois contre les Congrégations se promulguent ; la Mère Marie de Saint-Charles attend avec confiance des jours meilleurs. Qu'a-t-elle à craindre ? Le pilote est à la barre. Bien que battue par la tempête, la petite barque qu'il conduit est en assurance entre ses mains.

Des fondations sur lesquelles on était en droit de compter lui échappent ; c'est qu'elles n'entraient pas dans les desseins de Dieu sur la Congrégation.

La Mère Marie de Saint-Charles voyait la volonté de Dieu dans les événements qui se succédaient comme dans les paroles de ses supérieurs ecclésiastiques et de ses directeurs, sachant bien que tout tournerait enfin à la gloire de Dieu et au bien de la Congrégation.

Croire que cet abandon, ce renoncement à sa volonté propre ne lui coûtait aucun effort, ce serait méconnaitre la nature humaine en général, et, en particulier, la nature délicate et sensible de la Révérende Mère. La vérité est que la vénérable Supérieure souffrait quelquefois cruellement de certaines contradictions qui s'opposaient à ses **meilleurs desseins.**

Mais cette souffrance n'altérait en rien sa soumission et son abandon à la volonté divine. Elle acceptait ses épreuves comme voulues par la Providence, qu'elle bénissait en tout.

Dans ses notes de retraite, nous lisons les lignes suivantes qui nous prouvent que, si les souffrances de la Révérende Mère furent grandes, son abandon à Dieu alla plus loin encore.

Après une méditation sur la fuite en Egypte, la Mère Marie de Saint-Charles écrit les réflexions suivantes : « En considérant nos saints voyageurs dans ce pénible voyage, j'ai été appelée à examiner le désert des créatures dans lequel je marche depuis quelques années, afin de voir si la faute ne m'en serait pas tout entière imputable. J'ai passé un long temps à cette recherche sans avoir rien découvert. Alors cette pensée m'est venue : Pourquoi chercher à sonder les desseins de Dieu ? Ne peut-on pas tirer le bien du mal, comme il le fait dans ce mystère, qui semble si peu conforme à la raison humaine. La vie de la Sainte Famille qui, sur la terre étrangère, souffre, travaille et prie ; les souffrances intimes de Jésus attirent non seulement de grandes bénédictions sur l'Egypte infidèle, mais encore en feront, plus tard, une pépinière de saints. Cette pensée me relève, en me montrant que la situation dont j'ai le tort de me plaindre quelquefois, tout au moins de m'attrister, peut m'être faite par Dieu pour me purifier et m'arracher à moi-même, et à cette tendance qui me fait rechercher l'estime et l'affection des créatures, tendance qui eût pu m'arrêter dans le chemin de la perfection.

« Merci, ô mon Dieu, de détacher mon cœur de tout, pour qu'il ne s'attache qu'à vous. »

A la fin de cette retraite, la Révérende Mère, reconnaissante des faveurs reçues, s'écrie encore avec ferveur : « Merci, ô mon Dieu, des grâces obtenues dans cette retraite. Je m'étais remise à vous ; vous m'avez fait sentir une nouvelle fois qu'il fait bon s'abandonner à votre conduite ».

L'égalité d'humeur de la Révérende Mère, l'amabilité de son caractère, l'accueil toujours affectueux qu'elle faisait à ses filles, bien qu'elle s'accusât souvent du contraire, ne permettaient pas de soupçonner les peines intérieures, les désolations auxquelles elle était souvent en proie.

On savait qu'elle avait de lourdes croix, qu'à certains moments le poids du gouvernement de la Congrégation devenait insoutenable, mais que Dieu eût une part directe dans son crucifiement, c'est ce qu'on se serait difficilement imaginé. A l'entendre prier avec tant d'ardeur, à la voir si recueillie à la chapelle, on aurait cru que, du moins en ces moments, elle jouissait d'une paix complète et qu'elle trouvait en Dieu la consolation qui souvent lui manquait de la part des créatures.

Il n'y a qu'à lire les pages intimes qu'elle a laissées pour voir que, dans ses exercices de piété, elle goûtait plus d'amertume que de douceur. Si, de temps en temps, la grâce la soulevait, le plus souvent elle était forcée de gémir sur ce qu'elle appelait ses misères, c'est-à-dire son impuissance à prier, sa lourdeur, son affaissement devant Dieu, sa froideur parfois invincible. Alors, sa seule ressource était de s'abandonner, d'accepter sa croix et d'espérer quand même.

Ecoutons en même temps ses cris d'angoisse et ses actes de résignation et d'abandon.

« Je suis sèche, froide, sans goût pour quoi que ce soit. Je souffre de mon impuissance à aimer et à me réjouir en Dieu. Une seule chose me soutient : je désire, je veux l'accomplissement de la divine volonté de Dieu en moi et en toutes choses, et au milieu de ma sécheresse je produis souvent des actes d'abandon. Pourtant, que le poids de ma misère est lourd ! La nature se sent parfois tout accablée. »

Un peu plus loin nous lisons : « Je suis impuissante à tout ; mon esprit est écrasé sous un poids énorme. Mon cœur est d'une sécheresse si grande que rien ne me touche. Je prie sans savoir ce que je dis, ce que je demande, ce que je désire. Je m'efforce d'accepter mon état, d'en être contente, de le supporter avec amour. Cependant, j'ai si peu de courage que je m'en plains parfois ; mais c'est toujours à vous, Seigneur. »

Un jour que la Mère Marie de Saint-Charles souffrait plus encore que de coutume de peines intérieures, elle laissa échapper ces paroles : « Je suis profondément ennuyée !... Ennuyée de quoi ?... De tout, mais surtout de moi-même !... Ah ! que la vie serait triste, si l'on n'avait pas l'espérance. Mais on a l'espoir en Dieu et on accepte tout. »

Un autre jour, la Révérende Mère écrit : « Je fais tous mes exercices, je ne voudrais pas, par ma faute, en manquer un seul. Mais c'est une sécheresse et une foi dépouillée de toute sensibilité. J'ai eu de grandes peines à soutenir ; mais mon abandon à Dieu m'a empêchée de les sentir aussi vivement. »

« Toujours des difficultés, et dans mon cœur ou plutôt dans mon esprit, car j'espère que mon cœur ne ratifie pas ces mouvements, il y a eu une sorte de révolte contre la volonté de Dieu.

« Je me suis repentie de ce mouvement violent, mais momentané, et j'ai protesté au bon Dieu que je veux, malgré tout, son bon plaisir. »

« Accablement et sécheresse, tel est mon bilan de tous les jours, mais aujourd'hui je suis d'une sécheresse que rien n'égale. Je suis débordée par le travail, fatiguée par des difficultés de toutes sortes. Vraiment, je suis comme une bête de somme devant Dieu. Pendant la prière, je suis surtout portée à me taire et à me reposer en silence sur le cœur de Jésus ; mais je suis tellement froide et indifférente que je crains la paresse. Je veux pourtant contenter Dieu et faire son bon plaisir. »

« Je me sens si impuissante à tout, écrit encore la Révérende Mère dans son journal, seul confident de toutes ses pensées, que je suis obligée de prier continuellement pour obtenir la grâce d'être fidèle à Dieu, même dans les moindres choses. « O mon Jésus, pourquoi vous aimer et être si misérable ? »

Quelques lignes plus bas, nous lisons : « J'essaye de me former au renoncement et à l'humilité. Je sens que j'ai un extrême besoin de ces vertus ; mais comme ma force est inférieure à ces désirs, je prie pour obtenir le courage d'y arriver. Avec votre grâce, ô mon Dieu, je l'espère. »

« Que je crains cette torpeur qui m'envahit et me laisse absolument impuissante ! Je veux pourtant contenter Dieu et faire son bon plaisir. »

Faire le bon plaisir de Dieu au milieu des peines intérieures et extérieures, au milieu des difficultés de toutes natures, espérer en sa douce miséricorde, même au milieu des plus épaisses ténèbres, voilà la caractéristique de la piété et de la vie intérieure de la Révérende Mère Marie de Saint-Charles. Elle y revient sans cesse.

Vers la fin de sa vie, ses peines augmentent ; mais sans rien lui enlever de sa confiance en Dieu. C'est touchant d'entendre la vénérable Mère gémir doucement sur sa faiblesse et son impuissance ; s'accuser de négligence quand elle fait des efforts surhumains pour agir ; se plaindre de sa tiédeur quand elle a en horreur les moindres fautes et qu'elle n'a dans sa pensée que Dieu et son bon plaisir.

« Je suis absorbée dans la peine et les préoccupations de tout genre. Je suis débordée de travail, et une nonchalance et une paresse que je ne puis maîtriser m'accablent. Je ne puis me rendre compte de mes méditations. Mon grand exercice est d'embrasser la volonté de Dieu et lui protester que je la veux malgré tout ; et malgré tout aussi, Seigneur, j'espère en votre miséricordieuse bonté ! »

« Je me sens lourde et pesante, écrit plus tard la Révérende Mère ; j'ai peine à prier de bouche. Malgré cet engourdissement de toutes mes puissances, je sens, et je sais que mon cœur et ma volonté se confient entièrement à Dieu. »

A l'époque d'une retraite, la Mère Marie de Saint-Charles écrit : « En repassant les misères des autres, je m'accuse intérieurement des miennes et je sens le besoin que j'ai de la vertu d'humilité pour devenir charitable, comme le bon Dieu m'en fait sentir l'attrait ces temps-ci. Il faut que mes filles viennent à moi, malgré leurs imperfections, avec la même confiance que je vais à Dieu, moi qui suis la plus misérable ! »

« Jours de travaux, de départs et d'arrivées. Je me sens

fatiguée dès le matin, fatiguée dès le réveil. J'ai peine à ouvrir la bouche pour prier. Cœur sacré de Jésus, j'ai confiance en vous ! Oui, j'espère en vous, malgré cette torpeur qui m'effraierait si j'avais moins d'espérance ! »

« Réception de lettres et de visites pleines de difficultés qui préoccupent mon esprit et brisent mon cœur. Mais tout cela, vous le voulez, ô mon Dieu, et je le veux avec vous, car j'espère en votre amour. »

En une circonstance où les douleurs physiques s'unissent aux souffrances morales pour l'accabler, la Révérende Mère s'écrie : « Il y a en moi une sorte de stupidité qui m'humilie. Je ne trouve rien à dire ni à Dieu ni à mes sœurs. Je suis comme liée dans mon intérieur. Je ne sens ni peine ni plaisir. Mon Dieu, j'accepte cet état si pénible pour l'amour de vous ! Seigneur, je m'abandonne à vous ! »

A l'époque des élections, la Révérende Mère se remettait absolument entre les mains de Dieu, soit pour l'élection, soit pour la déposition. Voici ce qu'elle écrit à ce sujet : « Je suis, par rapport aux élections, d'une parfaite indifférence. On se croit sûr de ma réélection, je n'ai aucun désir à ce sujet. Si je suis démise, ce sera pour moi le repos. Seigneur, vous savez que je ne refuse pas le travail ! »

La chose étant accomplie et la Révérende Mère Marie de Saint-Charles élue Supérieure générale pour la douzième fois, elle écrit dans son journal : « Hier, j'ai subi ma douzième élection. En face de moi, je ne vois que des croix, dont la mort seule me délivrera. Je veux tout ce que le bon Dieu a fait et j'embrasse tout du fond de ma volonté. »

Dans l'état de souffrance où se trouvait la Mère Marie de Saint-Charles, le travail devait lui être très pénible ; aussi écrit-elle : « Les dérangements sont incessants et je dois lutter avec énergie contre l'affaissement moral qui m'accablerait, si je n'y prenais garde. Malgré tout, le calme existe dans mon âme et je sens un désir constant de m'avancer vers Dieu en me servant de mes misères dans ce but. »

Plus loin, nous nous arrêtons devant ce cri d'angoisse, immédiatement suivi d'un acte de suprême volonté.

« Je ne trouve plus que des tristesses sur la terre et je ne désire pas assez ardemment le ciel. Pourtant, il me semble qu'au milieu de la sécheresse et de l'impuissance, ma volonté se fortifie dans le désir du dépouillement et d'une mort plus profonde à moi-même. »

« J'ai une vue obscure de la vanité de tout ce qui passe, écrit-elle encore à cette époque ; j'éprouve aussi un grand dégoût de la vie, sans pourtant avoir ce grand désir de mourir que j'ai senti autrefois. Je suis pourtant portée à me servir de toutes mes peines pour mourir spirituellement à tout ce qui n'est pas Dieu. »

Au milieu de ses souffrances, la Mère Marie de Saint-Charles goûtait parfois quelques consolations ; alors elle se réjouissait en Dieu, lui attribuant tout ce qu'elle ressentait de douceurs spirituelles, se préparant d'avance aux désolations futures.Mais, même au milieu des peines intérieures, elle sentait parfois un certain contentement qui les adoucissait ; alors la Révérende Mère pouvait écrire : « Souvent j'emploie le moment de l'examen à reposer mon esprit et mon cœur, dans les fatigues et les difficultés, pour les remettre dans la douceur et la paix. Le fond de mon âme reste toujours le même, il me semble ; c'est-à-dire dans un certain contentement qui me rend heureuse au milieu même des peines les plus cuisantes. »

« Je jouis, écrit-elle encore, au fond de mon cœur d'un contentement que je ne puis exprimer, car il n'est pas sensible, bien que réel. Je sens toujours mon impuissance à tout bien, sans Dieu. Mais avec lui, je peux tout, et de lui j'espère tout. »

« Jour de joie et de profond recueillement, qui a fortifié mon âme pour de nouvelles épreuves. Que Dieu soit béni de tout ! Dans la consolation comme dans la désolation, je ne cherche et je ne veux que le bon plaisir de mon divin Maître. »

Cueillons encore une dernière pensée sur l'abandon. Aussi bien, chacune des notes de la vénérable Mère n'est-elle pas, pour ses filles, une perle d'un grand prix, qu'on ne peut laisser perdre.

« Je suis fatiguée, mais contente, car je vis renfermée dans le devoir du moment. Je n'ai pas beaucoup de pensées, mais j'ai le goût de Dieu, le désir de lui plaire, la connaissance intime de sa pensée, et tout cela me rend heureuse. Aussi, quelles que soient les peines qui m'arrivent, je suis en paix. »

Oui, elle était en paix, la bonne et Révérende Mère, car elle ne cherchait en tout que la sainte volonté de Dieu et elle espérait tout de sa bonté. C'est pourquoi, au moins dans la partie supérieure de son âme, elle recevait d'un même cœur les joies spirituelles ou les peines intérieures.

CHAPITRE IX

Vertus de la vénérable Mère : sa charité, sa bonté.

Dans les Constitutions des Filles de Jésus, au point de la charité, il est dit : « Les sœurs seront enflammées de l'amour de Dieu, ne respireront que sa gloire et brûleront du désir le plus ardent de la procurer. » Telle a été la charité de la Révérende Mère Marie de Saint-Charles. Elle a aimé Dieu d'un amour ardent ; elle l'a aimé au point de s'oublier entièrement pour lui. Elle avait constamment Dieu dans son esprit et dans son cœur. Ses pensées, ses paroles, ses actions n'avaient qu'un but : Dieu et sa sainte volonté. On peut dire qu'elle ne vivait que pour lui.

C'est Dieu qu'elle aimait si tendrement dans ses sœurs, Dieu qu'elle voyait dans les enfants, les pauvres et les malades confiés à leurs soins.

C'est pour rendre à Dieu l'honneur et la gloire qui lui sont dus qu'elle ne reculait devant aucune souffrance, aucun sacrifice. C'est encore dans son amour pour Dieu qu'elle puisait cette crainte des moindres imperfections dont nous avons déjà parlé. Aussi, quand Dieu lui refusait, dans la prière, les douceurs spirituelles, c'était bien moins sa propre désolation qui l'affligeait que la pensée de déplaire à Dieu ou de ne pas l'honorer assez. Il lui fallait, pour calmer cette souffrance de l'amour, avoir recours aux pensées de foi et d'espérance qui lui étaient habituelles. Son abandon à Dieu la consolait de tout.

La Règle des Filles de Jésus exige qu'à cet ardent amour pour Dieu, les sœurs joignent le plus grand désir de procurer sa gloire, en le faisant aimer par tous les moyens en leur pouvoir. La Mère Marie de Saint-Charles avait ce zèle. Si elle exigeait de ses filles la pratique de toutes les vertus religieuses, elle leur demandait aussi un dévouement sans bornes dans les œuvres de leur vocation, se faisant elle-même l'âme de ces œuvres et les soutenant par ses prières et ses sacrifices.

Cette charité de la Révérende Mère se manifestait au dehors par une ardente piété et un grand amour du prochain.

Il est dit quelque part dans les saints livres : « Comment celui qui n'aime pas son frère, qu'il voit, peut-il aimer Dieu, qu'il ne voit pas ? » La Mère Marie de Saint-Charles aima bien le bon Dieu, car elle aima beaucoup son prochain.

Elle eut pour tous ceux qui l'approchèrent une bonne parole, un bon conseil, une consolation, un secours. Pauvre elle-même, elle eût plutôt manqué du nécessaire que de renvoyer les mains vides un malheureux qui aurait imploré sa charité. Mais c'est surtout sur ses filles que la bonne Mère déversait les trésors de charité dont son cœur était rempli.

La charité de la Mère Marie de Saint-Charles, toute faite de condescendance, d'indulgence et d'oubli de soi-même, était moins une vertu qu'un ensemble de vertus admirables.

La bonté, cette fleur de la charité, rayonnait sur tous les traits de la vénérée Supérieure et répandait autour d'elle une douce paix.

« Bienheureux les pacifiques, dit Notre-Seigneur dans son sermon sur la Montagne, car ils seront appelés les enfants de Dieu. » Bienheureuse doit être la bonne Mère, car elle a porté l'amour de la paix aussi loin qu'il peut aller.

« Aimons-nous les unes les autres, disait-elle à ses filles ; faisons partout régner la paix ; car la paix dans une communauté religieuse, c'est le ciel sur la terre. »

« Tout souffrir et ne rien faire souffrir » était sa devise favorite et, on peut le dire, sa règle de conduite dans ses rapports avec le prochain.

Cette maxime, la Mère Marie de Saint-Charles la donnait comme mot d'ordre à celles de ses filles qu'elle croyait assez généreuses pour la mettre en pratique.

Une jeune religieuse se plaignait un jour à elle de la

sévérité dont on usait à son égard dans la maison locale où elle était placée depuis plusieurs années.

La bonne Mère la consola de son mieux. Elle lui parla avec tant d'onction du bonheur de souffrir pour le bon Dieu, que la jeune sœur se sentit forte et mieux disposée à porter, avec mérite, l'épreuve des contradictions qui lui faisaient tant de peine.

C'est que la Révérende Mère avait bien des fois constaté que le seul moyen de faire régner la paix dans une communauté, c'est de porter le fardeau les unes des autres, c'est-à-dire de se supporter mutuellement. « Supportons généreusement les travers et même les défauts du prochain, disait-elle souvent à ses filles, car nous ne savons pas combien nous-mêmes lui donnons à supporter. »

Dans ses entretiens avec ses filles, dans sa correspondance, dans ses visites aux maisons locales, elle revenait souvent sur ce point, qui lui tenait tant au cœur.

« Aimez-vous les unes les autres, leur disait-elle ; supportez vos propres misères et celles des personnes qui vous entourent. »

« Soyez entre toutes vos sœurs un trait d'union, disait-elle un jour à une sœur qui lui faisait part de ses dispositions intérieures, et cela pour l'amour de notre bon Maître. Pour avoir la paix, il faut se renoncer toujours. »

Elle le savait par expérience, la vénérable Mère, elle qui était si souvent en butte aux contradictions de toute nature.

« Laissons passer ce qui passe, disait-elle encore, et retenons la grâce et la paix. »

« La paix, disait-elle en une circonstance, toutes nous la désirons ; mais nous ne la conserverons pas longtemps avec le prochain, si nous ne suivons pas le conseil de l'*Imitation* : « Faire plutôt la volonté des autres que la nôtre. » Les récriminations, les petits mécontentements, les impatiences nuisent à la paix et blessent la charité. Renouvelons-nous dans l'esprit de la charité les unes à l'égard des autres, en oubliant facilement nos torts mutuels, car, selon le grand Apôtre, c'est le seul moyen de conserver la paix. »

Enfin, cette paix qu'elle désire tant pour sa Congrégation, elle la rappelle dans chacune de ses lettres, puisque toutes commencent par ces saintes et douces paroles : « La paix de Notre-Seigneur. »

Chez la Mère Marie de Saint-Charles, ces paroles ne sont pas une vaine formule, c'est le plus grand désir de son cœur. Elle la veut à l'intérieur et à l'extérieur, cette paix divine ; elle la veut dans l'esprit et dans le cœur de ses filles, comme dans leurs rapports mutuels.

La paix, voilà le lien qui devait unir entre elles les Filles de Jésus. Pour la bonne Mère, la paix et la charité étaient une seule et même chose.

Avec le support mutuel, la Révérende Mère recommandait à ses filles l'estime du prochain, le respect de la réputation d'autrui, qu'il s'agisse des sœurs ou des étrangers, des enfants et des malades confiés à leur sollicitude ou des personnes employées au service de leurs établissements. Elle-même porta la charité extrêmement loin sous ce rapport.

Comme nous l'avons déjà vu, une des grandes croix de la Mère Marie de Saint-Charles fut la croix des contradictions.

Elle eut à la porter pendant toute sa vie, sans soulagement, sans consolations. Dieu le voulait ainsi ; la Révérende Mère accepta généreusement l'épreuve, non sans souffrir beaucoup, mais sans se plaindre jamais à personne. Si quelquefois l'excès de la douleur lui arrache un cri de détresse, il ne lui échappe pas un mot de blâme contre qui que ce soit.

Qu'on ne laisse pas transpirer au dehors les peines intimes qu'on éprouve, cela se conçoit. Il y a dans la souffrance une pudeur instinctive qui met en garde contre toute indiscrétion à ce sujet ; mais qu'on n'en garde dans le cœur aucune amertume, c'est presque de l'héroïsme. La bonne Mère Marie de Saint-Charles a été généreuse à ce point.

Jusqu'à sa mort, la vénérable Supérieure a tenu, jour par jour, un compte rendu succinct de ce qui se passait dans son âme : les consolations qu'elle avait reçues, les efforts qu'elle avait faits pour se vaincre, les impressions produites sur elle par les événements du jour, mais surtout ses faiblesses et ses fautes.

A chaque retraite, elle prenait des notes intimes où elle était à elle-même sa propre confidente, car il ne lui vint jamais à la pensée que ces notes tomberaient un jour sous les yeux de ses filles. Son intention était de les faire disparaître avant de mourir. Elle se leva du lit où elle agonisait presque, pour les brûler ; mais Dieu permit, pour la consolation et l'édification de ses filles, qu'un certain nombre de ces écrits échappèrent à la destruction.

Dans ces notes, écrites pour elle seule, et par conséquent vraiment intimes, la Mère Marie de Saint-Charles aurait pu, sans indiscrétion, laisser courir sa plume et dire tout ce qui oppressait son cœur, si douloureusement froissé quelquefois. Elle dit tout, en effet, mais dans ce tout on ne trouve pas une parole amère contre les personnes ou les choses qui la font souffrir, pas un nom, pas un mot qui puisse faire soupçonner qui sont ces personnes ou quel genre de souffrance elle endure.

Pendant toute la durée de son généralat, la Révérende Mère eut à se débattre contre des difficultés suscitées à la Congrégation, soit par des administrations tracassières et hostiles, soit par des bienfaiteurs exigeants, soit même par des personnes dont le devoir eût été de protéger les religieuses.

Dans ces circonstances pénibles, la grande crainte de la Mère Marie de Saint-Charles était que, dans ses entretiens à ce sujet, il ne se glissât quelques paroles peu charitables. « Moins vous parlerez de vos difficultés, disait-elle parfois, mieux cela vaudra, la charité est si vite blessée. »

« A quoi bon murmurer contre ce que nous ne pouvons empêcher, disait-elle encore ? Cela n'aboutit qu'à blesser la belle vertu de charité et à nous faire perdre le mérite que nous aurions acquis en portant patiemment nos peines. De quelque part que nous viennent nos croix, c'est Dieu qui nous les impose. »

La bonté de la Révérende Mère Marie de Saint-Charles s'étendait à toutes ses filles, sans exception, même à celles qui, par leurs imprudences, lui avaient attiré de graves difficultés. Au lieu de les accabler, la vénérable supérieure, comme le bon Samaritain de l'Évangile, accourait à leur secours, les relevait, les consolait, ranimait leur confiance en elles-mêmes, en leur montrant le moyen de réparer le mal dont leur imprudence avait été la cause, et elle recommandait instamment aux sœurs de la maison où la faute avait été commise, de ne parler de cette affaire ni entre elles ni avec les sœurs d'une autre maison, encore moins avec les personnes du dehors, afin de conserver aux coupables la considération dont elles avaient joui jusque là.

Quand une faute grave était connue et qu'elle pouvait servir de thème à des conversations plus ou moins charitables, la Révérende Mère intervenait pour arrêter toute indiscrétion à ce sujet. Elle défendait absolument qu'on en parlât et elle s'efforçait de diminuer la responsabilité de la coupable en excusant l'intention.

Elle s'étendait donc très loin l'indulgente bonté de la Mère Marie de Saint-Charles. Elle-même craignait parfois d'excéder sur ce point. C'est ce qui explique les paroles suivantes, adressées aux supérieures locales réunies pour recevoir ses avis à la fin d'une retraite : « Mes chères filles, si je vais en purgatoire, ce ne sera pas pour avoir été trop sévère ; mais bien pour avoir été trop indulgente à votre égard. »

En lisant quelques-unes des lettres de la Révérende Mère, les personnes qui ne l'ont pas connue seraient portées à la trouver sévère ; mais tout autre est l'impression qu'on ressent en entendant parler les sœurs qui ont vécu le plus longtemps sous la houlette de la bonne Mère Marie de Saint-Charles ; pour celles ci, et pour les personnes qui ont eu avec elle des rapports suivis, la digne supérieure était la bonté et la charité même.

Dans le premier chapitre tenu après son élection au généralat, la Mère Emmanuel-Marie rend à la bonté de la Mère Marie de Saint-Charles un éclatant témoignage. Parlant en même temps de la sagesse de la Révérende Mère Marie-Athanase, à laquelle elle succédait comme

Supérieure générale, la Mère Emmanuel-Marie dit :
« Puisque la divine Providence m'a choisie, moi, la
faiblesse même, pour remplacer deux mères qui ont été
des modèles de vertu et de régularité, je ne saurais mieux
inaugurer ces réunions qu'en rappelant les instructions
qu'elles nous ont faites, les conseils qu'elles nous ont
donnés et les vertus qu'elles nous ont recommandées.
Plus que personne, j'ai été à même de connaître leurs
pensées, leurs désirs, leurs projets pour notre Congrégration. Notre Mère Marie de Saint-Charles, avec son
cœur plein de piété, de tendresse et de charité, nous
répétant sans cesse : « Aimez-vous les unes les autres, »
nous exhortant constamment à la paix, à l'indulgence et
à la condescendance ; notre Mère Marie-Athanase, avec
sa riche nature et son esprit éclairé, nous portant à nous
élever à Dieu par la pratique du renoncement, du support
mutuel, par l'observation de la Règle, ont réuni les qualités
demandées dans nos Constitutions. »

Dans une autre circonstance, la Révérende Mère
Emmanuel-Marie dit encore : « Notre Mère Marie de Saint-
Charles s'est distinguée par la bonté et la tendresse du
cœur, et notre Mère Marie-Athanase, par une sage fermeté
de caractère. »

Oui, elle avait une grande tendresse de cœur, la Révérende Mère, et peut-être même eût-elle excédé en ce point,
si Dieu, qui la voulait toute à lui, ne lui eût fait sentir tout
le vide des affections humaines, même les plus pures.
Souvent, elle se sentit absolument seule, sans aucun appui
sensible. Alors elle se réfugiait en Dieu, et c'est justement
ce que voulait le divin Maître.

Toutes les sœurs s'accordent à reconnaître la grande
bonté de la Révérende Mère Marie de Saint-Charles.

Comme nous avons pu le voir plus haut, la Mère
Emmanuel-Marie parle de la bonté, de la charité, de la
patience de la vénérable Supérieure. Des sœurs qui l'ont
intimement connue disent que la Révérende Mère a dû,
pour faire siens ce calme, cette paix, cette douceur que
nous admirons en elle, lutter contre sa nature rebelle, et
que sa bonté était l'effet, non du tempérament, mais de
l'effort et de la vertu.

Voici ce que nous lisons dans les notes d'une sœur qui a beaucoup connu la Mère Marie de Saint-Charles :

« Notre Mère était d'un caractère vif et ferme, d'un tempérament bilieux, et elle devait se faire une grande violence pour nous conduire avec tant de bonté et de douceur. En la voyant toujours si sereine, même devant les grandes contradictions, on aurait pensé qu'elle était d'une nature calme et paisible, même un peu lente, tant son allure était toujours égale et mesurée. Il n'en était rien pourtant : cette douceur, cette modestie, cette égalité d'humeur, qu'on aimait tant à trouver en elle, coûtaient à notre Mère bien des luttes et bien des sacrifices. »

Nous trouvons dans les notes intimes de la Révérende Mère, comme la preuve de ce qui vient d'être dit. On y entend, pour ainsi dire, ses gémissements sur son irritabilité, les reproches qu'elle s'adresse quand, constamment dérangée au milieu d'occupations absorbantes, elle ressent quelque mouvement intérieur d'impatience.

CHAPITRE X

Piété de la Révérende Mère

SES CARACTÈRES : Elle est profonde, solide, pratique, liturgique

On pourrait se demander quelquefois où la vénérée Mère Marie de Saint-Charles allait puiser cette force qui la faisait réagir contre toutes les faiblesses de la nature et cette tendresse qui la faisait compatir aux défaillances de ses filles, tout en essayant de les relever, force et tendresse qui la faisaient, pour ainsi dire, porter les fardeaux des autres. Le secret en est dans sa grande piété, son esprit intérieur et sa vie saintement religieuse.

La piété de la Révérende Mère était profonde, solide, pratique. Elle s'exhalait d'abord dans une prière fervente et continuelle. Comme aux jours de son enfance, la Mère Marie de Saint-Charles aimait à réciter le chapelet ; aussi ne la rencontrait-on jamais dans le cloître ou les allées du jardin, sans qu'elle roulât entre ses doigts les grains de son long rosaire.

Elle aimait à être à la chapelle devant le Tabernacle, où le Saint-Sacrement était exposé ; là, son âme se répandait devant Dieu, qu'elle aimait par-dessus tout.

Comme nous l'avons constaté par les gémissements de la Révérende Mère sur sa froideur, sa somnolence, ses distractions, son affaissement général, sa ferveur n'était pas toujours sensible ; mais, consolée ou désolée, la Mère Marie de Saint-Charles faisait ses délices de demeurer longtemps, le plus longtemps possible, aux pieds de Jésus caché dans le sacrement de son amour.

La sainte communion excitait tous ses désirs. Elle s'approchait de la Sainte Table avec le plus grand respect. En ces heureux moments, la Révérende Mère oubliait tout pour se perdre en Dieu. Dans ses fréquentes maladies, sa grande souffrance était de ne pas recevoir Jésus aussi souvent qu'elle aurait désiré ; aussi n'attendait-elle pas qu'elle eût repris ses forces pour se rendre à la chapelle, et souvent ce n'était qu'au prix d'une grande fatigue qu'elle pouvait y demeurer ; mais le bonheur de communier la consolait de tout.

La grande prière de l'Eglise, cette sublime voix de la terre qui s'unit aux chœurs angéliques pour adorer, louer, glorifier la majesté divine, le saint office, ne. pouvait manquer d'exciter au plus haut point la dévotion de la pieuse Mère. Elle psalmodiait avec une touchante ferveur. On sentait qu'en même temps que ses lèvres prononçaient les divines paroles, son cœur s'unissait à Dieu dans un véritable élan d'amour. Aussi, quand, accablée de fatigue ou de souffrance, elle était gagnée par une invincible somnolence, elle se reprochait amèrement cet instant arraché à Dieu, comme elle le disait. Mais, quand la nécessité la retenait loin de la chapelle à l'heure de l'office, elle se hâtait de reprendre l'exercice manqué.

C'est surtout dans les mystères sacrés de notre sainte religion que la Mère Marie de Saint-Charles puisait son aliment ; aussi, dans les avis qu'elle donne aux sœurs et dans ses différents exercices religieux, suit-elle pas à pas l'année liturgique.

A mesure que ces mystères se déroulent, la Révérende Mère entre dans l'esprit du temps ou de la fête. Pendant l'Avent, elle s'anéantit avec le Verbe incarné, caché dans le sein de sa mère ; à ses filles, elle prêche le détachement, l'humilité de Celui qui s'est abaissé jusqu'à l'anéantissement.

A Noël, c'est à la Crèche qu'elle va puiser ses plus douces inspirations ; alors, à ses filles elle enseigne encore l'humilité, mais aussi la pauvreté et la simplicité qu'on ne trouve nulle part aussi bien qu'au berceau du Divin Enfant.

Pendant le carême, elle se mortifie plus encore que d'habitude ; même quand la souffrance la retient sur son lit de douleurs, elle n'abandonne aucune de ses mortifications habituelles. L'obéissance seule peut l'obliger à les remettre à plus tard, et c'est pour la vénérée Mère la plus pénible des pénitences.

La semaine sainte la trouve priant et pleurant au pied de la croix avec Marie, la mère des douleurs. Mais vienne la grande fête du triomphe du Christ, son âme s'ouvre aux joies pascales, quelles que soient d'ailleurs les difficultés et les peines qui l'accablent en ce moment. Elle s'identifie si bien avec Jésus ressuscité qu'elle n'a plus conscience de ce qu'elle souffre. Et il en est ainsi de toute l'année liturgique. Chaque année, les mêmes mystères réveillent dans son âme les mêmes sentiments, mais de plus en plus vifs. Sa piété devient de plus en plus intense, à mesure qu'elle-même se détache de plus en plus de la terre.

Cet esprit liturgique est ce qui nous frappe au premier abord, quand nous lisons les quelques écrits que la Révérende Mère nous a laissés.

Quand, à la veille d'une fête, les sœurs se réunissaient pour recevoir les avis de la vénérable supérieure, celle-ci puisait dans sa dévotion au mystère du jour une véritable éloquence.

Mais recueillons ses propres paroles; aussi bien, est-ce pour toutes les Filles de Jésus un trésor précieux.

Voici les conseils, qu'à différentes reprises, au temps de l'avent, elle donne à ses filles. Ce sont des résumés écrits des conférences qu'elle avait faites ou des chapitres des coulpes qu'elle avait tenues.

« Nous devons toujours recommencer à servir Dieu sans jamais nous lasser. Pendant l'avent surtout, attachons-nous à la pratique de l'humilité et du silence, pour honorer ces deux vertus qui sont celles du Verbe incarné dans le sein de sa mère. »

« A l'imitation de Jésus et de Marie, dans ce saint temps de l'avent, gardons le silence, pratiquons le recueillement, désirons ardemment le règne de Dieu sur toute la terre, surtout dans les âmes qui lui sont consacrées.

« Mais ne nous contentons pas du désir; mortifions-nous et prions continuellement dans ce but. »

Ainsi prière, recueillement, pénitence et humilité, voilà ce que la Révérende Mère recommande à ses filles pendant l'avent.

Mais voici la fête de Noël, la Mère Marie de Saint-Charles y a déjà disposé ses filles.

« Préparons-nous à la belle fête de Noël par le silence, le recueillement et la prière. Adorons fréquemment le Messie sur le point d'apparaitre ; remercions-le de l'amour qu'il nous témoigne dans ces mystères, et offrons-nous à lui dans toute la plénitude de notre cœur. Travaillons en la compagnie de Marie et de Joseph et prions-les de nous obtenir la grâce d'être bien attentives à tous les mystères d'amour qui ont lieu pour nous en ces jours bénis, et aussi la grâce, plus grande encore, d'en profiter **autant** qu'il nous est possible. »

« En cette belle fête de la Nativité de Notre-Seigneur, prions Marie de déposer nos cœurs près de Jésus-Enfant ; implorons d'elle l'esprit de simplicité et de silence qui mérite aux bergers d'être appelés les premiers à la crêche. Appliquons-nous à entrer dans un grand esprit de reconnaissance en méditant les merveilles que Dieu opère pour notre salut. »

Plus loin, nous lisons : « Soyons assidues à faire la cour à Jésus-Enfant, surtout pendant cette sainte octave, et faisons avec la plus grande ferveur la neuvaine dont l'intention est de demander pour la congrégation et chacun de ses membres l'esprit de pauvreté et le détachement dont Jésus nous donne l'exemple dans la crêche, »

Pendant le carême, la Mère Marie de Saint-Charles enseigne à ses filles, moins les pénitences corporelles qu'elle ne se ménage pas à elle-même, que la mortification intérieure, la pratique des vertus les plus opposées à leurs penchants naturels.

« Faisons-nous un devoir de nous retremper dans les vertus de silence et de recueillement, et cela avec d'autant plus de ferveur que les mystères douloureux que nous méditons nous en font une obligation plus grande qu'en aucun autre temps de l'année, et que la faiblesse de notre nature nous rend si difficile la pratique de ces deux vertus. »

« D'ici Pâques, suivons Jésus dans le désert, dans sa Passion, et jusqu'au Calvaire, afin que l'excès de son amour porte nos cœurs à se donner pleinement à lui. »

Pendant la Passion, il semble que l'amour de la Mère

Marie de Saint-Charles s'avive de sa compassion et, dans ses entretiens avec ses filles, elle ne leur parle plus que des souffrances de Jésus et de sa sainte mère. Elle les engage à partager leurs souffrances, surtout par la pratique rigoureuse des règles, principalement de celles qui crucifient le plus la nature. Mais quelle simplicité dans sa manière de dire de si grandes choses !

« Apprenons de Jésus souffrant, l'amour des règles, l'estime que nous devons faire de nos croix journalières. Tenons compagnie à Jésus pendant ces saints jours. »

« Renouvelons-nous dans l'esprit de charité pendant cette grande semaine si remplie de mystères d'amour. Charité envers Dieu, en nous excitant à une vive contrition de nos péchés, en satisfaisant volontairement et amoureusement à sa justice, en embrassant plus généreusement nos croix quotidiennes, de quelque part qu'elles nous viennent et quelle que soit la forme sous laquelle elles se présentent. Charité envers le prochain, en portant plus généreusement les fardeaux les unes des autres, nous appliquant à rechercher dans nos sœurs des qualités et des vertus que nous pourrions imiter, plutôt qu'à relever en elles des défauts que nous serions tentées de faire connaître sans qu'il y ait aucune nécessité, faute bien plus grave que celles que nous aurions pu remarquer dans nos sœurs. Charité envers la sainte Église, en redoublant nos prières pour elle et son chef vénéré, en cette grande semaine où elle est sortie du cœur de Jésus. »

Dans une réunion qu'elle préside au noviciat pendant la semaine sainte, la Révérende Mère résume ses avis par ces paroles : « Mes chères filles, entrez dans l'esprit de l'Église en ne vous occupant que de la passion et de la mort de Notre-Seigneur et en fuyant les moindres fautes volontaires. »

Aux sœurs professes, la Mère Marie de Saint-Charles dit : « Associons-nous à Jésus souffrant et accablé d'humiliations pendant cette grande et sainte semaine, le suivant dans les mystères qu'il va accomplir pour notre salut et pour nous faciliter, par son exemple, le travail de perfection qu'il demande de chacune de nous. Méditons ses douleurs, compatissons-y avec amour ; pleurons nos péchés personnels et ceux de nos frères, les pauvres pécheurs. Consolons Jésus de son délaissement, par notre silence, notre recueillement, les fréquentes aspirations de notre cœur vers lui ; consolons-le aussi de l'indifférence des hommes par un amour toujours plus généreux, toujours plus constant. »

Quand arrive Pâques, la Mère Marie de Saint-Charles chante l'*alleluia* avec entrain et veut que toutes ses filles s'associent à sa joie. Les croix, les souffrances sont encore là ; mais c'est de la croix que Jésus est monté au ciel et c'est par la croix que nous l'y rejoindrons. Même en ce monde, il faut mourir pour ressusciter. Aussi, malgré la souffrance, la Révérende Mère redit avec bonheur l'*alleluia* de Pâques.

Écoutons-la, une veille de Pâques, entretenir ses filles des sentiments qui doivent les animer en cette belle fête.

« Entrons dans les sentiments d'une sainte joie à la vue de la gloire de Jésus ressuscité et de la consolation qu'en reçoit Marie, sa très sainte mère, qui est aussi devenue la nôtre par le don qu'il nous en a fait sur le Calvaire. C'est par la souffrance et la croix que Jésus est entré dans sa gloire ; c'est par les souffrances et les croix de chaque jour, souffertes en union avec Jésus, portées avec l'esprit de Jésus, que nous avancerons dans la perfection et que nous arriverons au seul vrai bonheur que l'âme puisse goûter ici-bas. Pour l'âme juste, la croix renferme tous les biens. »

Il y aurait peut-être à craindre que les joies pascales, succédant sans transition aux tristesses de la semaine sainte, n'amènent une réaction trop forte et ne fassent perdre aux sœurs quelque chose de leur recueillement et de la modestie religieuse qui leur est si nécessaire et si recommandée ; la Révérende Mère les met en garde contre cet écueil.

« L'*alleluia* a retenti ; demain nous chanterons avec l'Église : « Voici le jour que le Seigneur a fait », et notre joie sera complète. Mais, tout en nous réjouissant, sachons éviter la dissipation de l'esprit et du cœur. En dehors des récréations et des promenades, gardons le silence, prions, prenons des notes spirituelles ; enfin, occupons-nous utilement et tenons-nous toujours unies à Dieu. Dans toutes ces choses, mettons de la bonne volonté et de l'esprit de foi. Le ciel sera la récompense de nos sacrifices et de nos efforts. »

Une année, la fête de Pâques tombe le 31 mars, dernier jour du mois de saint Joseph ; c'est une double raison pour la Révérende Mère de recommander à ses filles le recueillement et la ferveur.

« Demain est un jour de sainte joie, mais non de dissipation ; c'est pourquoi nous serons fidèles à parler bas en dehors des récréations ; nous nous montrerons religieuses en tout, afin d'édifier les sœurs des maisons locales qui pourraient venir nous visiter. — Le jour de demain clôt le mois de saint Joseph, c'est une nouvelle raison de passer ce saint jour dans une grande ferveur. — Prions avec instance ce bon père de nous obtenir, pour fruit des exercices que nous avons suivis, la grâce de vivre d'une vie intérieure intense et d'être à Dieu plus que jamais. »

La Révérende Mère revient souvent sur le recueillement qui doit accompagner les joies pascales.

« Réjouissons-nous pendant ces saints jours, dit-elle, mais de la joie du Seigneur, sans dissipation, sans légèreté. En dehors des récréations et des promenades, je vous recommande singulièrement d'utiliser le temps, soit à faire oraison, soit à prendre des notes, soit encore à faire de pieuses lectures, afin que ces belles fêtes soient bien sanctifiées par nous. Je vous engage à vous unir à la joie de la très sainte Vierge quand elle vit son Fils ressuscité paraitre devant elle, et pour cela de réciter le plus souvent possible, en essayant d'en bien goûter les paroles, le *Regina cœli*, et de demander à Dieu, par cette joie de notre Mère du ciel, toutes les grâces que vous désirez obtenir en ce beau jour. »

Quand approchait la fête de la Pentecôte, la Mère Marie de Saint-Charles avivait encore dans son cœur son amour déjà bien vif envers la troisième personne de la Sainte Trinité. A chaque instant son âme s'élevait vers le Saint-Esprit par une fervente prière, des oraisons jaculatoires pleines de feu et la récitation fréquente de l'hymne *Veni Creator* et de la prose *Veni, Sancte Spiritus.*

Avec quelle onction elle répétait ces paroles : « Venez, Esprit-Saint, remplissez les cœurs de vos fidèles et embrasez-les du feu sacré de votre amour ! Venez, Esprit-Saint, lancez sur nous du haut du ciel un rayon de votre lumière ! O lumière heureuse et chérie, remplissez de vos clartés, jusqu'au plus intime, le cœur de vos fidèles ! Avec quelle componction elle disait et redisait ces deux strophes du *Veni Sancte Spiritus :* « Lavez nos souillures, arrosez nos sécheresses, guérissez nos blessures ! » — « Pliez en nous ce qui se raidit, échauffez nos froideurs, redressez nos pas qui s'égarent ! »

Et ces strophes si belles dans leur simplicité, elle aimait à les commenter avec ses filles, afin de leur inspirer le feu d'amour qui la brûlait elle-même pour le Saint-Esprit.

Quelques jours avant la fête, elle faisait découper des colombes aux ailes étendues. Sur ces ailes étaient écrits un des dons et un des fruits dont le Saint-Esprit est le dispensateur et qu'il répand à profusion sur les fidèles en ces saints jours.

Le jour même de la Pentecôte, les sœurs se réunissaient à la salle de la communauté. La Mère Marie de Saint-Charles arrivait bientôt, portant en main une corbeille dans laquelle étaient les colombes. A neuf heures, on récitait pieusement le *Veni Creator,* des invocations au Saint-Esprit, puis, au chant d'un cantique, chaque sœur venait à son tour puiser dans la corbeille.

A quelques sœurs, cette petite cérémonie pouvait sembler puérile ; elle l'eût été, en effet, si la Révérende Mère y eût apporté moins de foi ; mais, pour elle comme pour la plupart de ses filles, c'était un véritable acte de piété, un pieux hommage rendu à l'Esprit-Saint.

L'avis suivant donné par la Mère Marie de Saint-Charles à ses filles, à la veille d'une de ces fêtes, montre bien tout le sérieux que la vénérable Supérieure attachait à cette pratique.

« Soyez bien fidèles à demander chaque jour au Saint-Esprit le don et le fruit, objet du tirage de la Pentecôte, et exercez-vous à la pratique que ce don et ce fruit demandent de vous, en vue d'honorer et d'imiter Marie quand, au jour de la Pentecôte, le Saint-Esprit descendit visiblement sur elle et sur les disciples réunis au Cénacle. »

Dans le cours de l'année, plusieurs mois et des fêtes sont particulièrement consacrés à honorer Notre-Seigneur, la Sainte Vierge, les Anges et les Saints. Fidèles à ses principes, la vénérée Mère sanctifiait ces mois et ces jours bénis par une piété plus tendre encore envers ce qui faisait l'objet de ces dévotions.

Le mois de mars et la fête de saint Joseph semblaient aviver encore sa piété envers le grand patriarche ; le mois de Marie remettait sous ses yeux, dans de ferventes méditations, les vertus et les privilèges de la très sainte Vierge et excitait encore son amour pour la divine Mère de Jésus. Le mois de juin, avec ses fêtes du Saint-Sacrement et du Sacré-Cœur, allumait en son cœur un vrai foyer d'amour. Le mois de juillet lui rappelait une dévotion qui lui était particulièrement chère : la dévotion au Précieux Sang de Notre-Seigneur.

Pendant le mois d'octobre, elle honorait d'une manière spéciale les Saints Anges, s'il est possible d'ajouter quelque chose à une dévotion qui est de tous les instants. Enfin, pendant le mois de novembre, ses prières et ses sacrifices en faveur des âmes du purgatoire se multipliaient encore.

CHAPITRE XI

Dévotions spéciales
de la Révérende Mère Marie de Saint-Charles

Les dévotions les plus chères à la Révérende Mère Marie de Saint-Charles étaient celles que la sainte Eglise, non seulement approuve, mais propose à notre vénération.

Au premier rang, la vénérable Supérieure plaçait la dévotion à Jésus-Hostie.

Nous avons déjà vu avec quelle piété elle recevait le sacrement de l'Eucharistie et quelle était la ferveur de ses actions de grâces. Ses visites au Saint-Sacrement étaient des élans d'amour; et quand, aux jours d'exposition, elle se tenait devant Jésus présent dans la sainte Hostie, on eût cru voir un ange adorateur. Avec quelle sainte joie voyait-elle s'ouvrir l'octave du très Saint-Sacrement ! Avec quelle piété elle célébrait cette grande solennité ! Avec quel soin elle s'y préparait et y préparait ses filles !

« Nous approchons de la grande semaine du Saint-Sacrement, leur disait-elle ; efforçons-nous, par notre silence, notre recueillement et notre modestie, d'honorer Notre-Seigneur exposé sur nos autels. Qu'une foi vive et un ardent amour nous animent et nous entrainent à ses pieds ! Qu'une prière ardente sorte de nos cœurs bien plus que de nos lèvres, pendant les heures que nous passerons près de notre divin Maître.

« A la procession, soyons modestes et profondément recueillies, afin que le bon Dieu bénisse notre Congrégation et qu'il établisse son règne dans tous nos cœurs. »

Le règne de Jésus dans les âmes, et surtout dans les âmes de ses filles, était le but auquel devaient aboutir toutes les autres dévotions.

Une autre année, à l'occasion de la même fête, la véné-

rable Supérieure avait encore réuni ses filles pour les
exciter à l'amour de la sainte Eucharistie : « Préparons-
nous, leur dit-elle, à célébrer la fête du Saint-Sacrement
avec beaucoup de foi, d'humilité et de ferveur. L'insigne
bonheur d'avoir Jésus au milieu de nous pendant cette
semaine bénie, nous fait un devoir de nous tenir dans un
profond recueillement ; donc, en dehors des récréations,
silence, silence, surtout aux abords de la chapelle ; pas un
mot dit à haute voix, évitez tout bruit, je vous le demande
avec instance. Vous ne voudriez pas déplaire à Jésus en
vous montrant négligentes sur ce point. »

La bonne Mère Marie de Saint-Charles demandait des
sœurs qui travaillaient à l'érection des reposoirs un grand
esprit de foi et de charité. Elle leur recommandait de
s'aider mutuellement, d'éviter la dissipation, l'empressement et toute vue humaine pour ne penser qu'à l'honneur
que nous désirons rendre à Jésus dans son triomphe
eucharistique.

La Révérende Mère Marie de Saint-Charles avait à
l'égard du Cœur de Jésus une dévotion aussi profonde
que tendre. Sa nature si sensible et si délicate la faisait
non seulement comprendre, mais encore goûter toute la
suavité de l'amour renfermé dans ce divin Cœur. Pour
elle, ce Cœur, c'était Jésus-Hostie que, tous les jours, elle
recevait avec une piété si intense ; c'était Jésus naissant
dans la crèche à Bethléem, Jésus parcourant les routes
poudreuses de la Judée, de la Galilée pour attirer à son
divin Cœur les âmes qu'il devait racheter de son sang précieux, le Jésus de la Samaritaine et de la Chananéenne.
C'était Jésus au Calvaire, le cœur percé par le fer de la
lance, afin d'abriter dans cette ouverture béante les âmes
virginales qui ne vivent que de son amour et les pauvres
pécheurs qui ne le connaissent pas.

Seules les notes intimes, où nous avons puisé si souvent
et où nous continuerons à puiser, peuvent nous donner
une faible idée de ce qu'était cet amour. C'est dans ces
lignes, écrites sous l'impression du moment, et aussi de
la grâce, qu'on sent le souffle d'un amour pur et détaché
de tout elle-même.

« Les soucis et les contrariétés m'accablent, écrit la

Révérende Mère ; mais je m'efforce de les jeter dans le Cœur de Jésus, avant de les laisser pénétrer dans le mien qui, sans cela, serait impuissant à les porter. Ce Cœur divin est ici-bas ma consolation et mon adorable secours. »

Après avoir médité sur les différentes phases de la Passion, la Mère Marie de Saint-Charles écrit : « En contemplant les souffrances de Jésus dans sa Passion, j'éprouve de grands désirs de souffrir moi-même. Le regard douloureux de Jésus est, pour moi, un reproche et un encouragement, une lumière et un attrait qui me font accepter avec reconnaissance et amour toutes les humiliations, tous les mépris, toutes les croix, même les plus lourdes, en union avec ce que son divin Cœur a souffert pour moi. »

« Le reniement de Pierre et la trahison de Judas, dit-elle dans une de ces méditations, m'ont fait éprouver une douleur sensible. Ce devait être si pénible au Cœur de Jésus ! Mais est-ce seulement sur la faiblesse de saint Pierre et la malice de Judas que je dois pleurer ? Oh ! non, je dois aussi pleurer sur moi. Combien de fois n'ai-je pas blessé ce divin Cœur par mon indifférence coupable, ma froideur, quand j'aurais dû être embrasée d'amour, à cause des grâces si nombreuses et si peu méritées que j'en ai reçues ! »

« O Jésus qui, d'un regard, avez converti Pierre, convertissez-moi aussi, afin que mon pauvre cœur se fonde de repentir et d'amour. »

Méditant un jour sur la visite de Marie à sa cousine Elisabeth, la Mère Marie de Saint-Charles écrit : « La grâce que je désire obtenir par ce mystère, c'est la connaissance intime de la charité du Cœur de Jésus, afin qu'à son contact mon cœur s'enflamme du désir de l'imiter. O Marie, ô ma Mère, que mon cœur soit comme le vôtre, un foyer de charité qui aille se perdre dans le Cœur de Jésus. »

Une méditation sur ses propres péchés arrache à la Révérende Mère ce cri de repentir et d'amour : « O Jésus, ô l'époux de mon âme ! que dois-je faire à la vue de tous les péchés dont je me suis rendue coupable, sinon m'humilier ; mais aussi vous témoigner ma reconnaissance en vous suivant fidèlement partout où vous voudrez me conduire, quelque répugnance qu'y trouve la nature ! »

Si l'amour du Cœur de Jésus était profond dans l'âme de la Révérende Mère, il était aussi pratique. Pour elle, le Sacré-Cœur était le modèle que toute fille de Jésus devait reproduire. C'était une dévotion d'imitation. C'est pourquoi la Révérende Mère aimait à lire l'ouvrage, alors nouveau, de l'*Imitation du Sacré-Cœur*. Elle y trouvait, disait-elle, une manne cachée et très douce.

. Se trouvant un jour dans une maison locale à l'heure de la lecture, les sœurs la prièrent de leur faire une conférence. La Mère Marie de Saint-Charles acquiesça à leur désir : « Je veux bien vous parler, leur dit-elle ; mais donnez-moi d'abord un livre : l'*Imitation du Sacré-Cœur*, si vous l'avez. J'aime beaucoup ce livre, en même temps simple et profond. Tout le monde peut le comprendre. Lisez-le souvent ; c'est la vie de Jésus et nous devons l'imiter. »

Plus tard, dans une réunion de supérieures, elle recommanda à ses filles d'en avoir un dans chaque maison, ajoutant qu'elle était persuadée qu'en le lisant avec attention et respect, on en retirerait un grand profit.

C'était toujours avec la plus tendre piété que se célébraient à Kermaria le mois et la fête du Sacré-Cœur.

A la veille du premier juin 1871, la Révérende Mère dit à ses filles : « Demandons à la Sainte Vierge la grâce de faire le mois du Sacré-Cœur avec tout le zèle et l'amour dont nous sommes capables. Appliquons-nous, par nos prières et nos sacrifices, à réparer les outrages faits à ce cœur si tendre, dans ces derniers temps surtout. Dans ce but, gardons le silence et pratiquons la charité, dans nos paroles surtout. »

Quelques années plus tard, la vénérable Supérieure dit encore : « Appliquons-nous à l'esprit de sacrifice pour honorer le Cœur de Jésus. Réjouissons ce divin Cœur par notre recueillement et la volonté sincère de ne rien refuser à son amour. »

« Accoutumons-nous à nous entretenir avec le divin Cœur pendant notre travail. Parlons-lui de tout ce qui touche à sa gloire : le salut des âmes, la sainte Eglise, le

Souverain Pontife, la France, la Congrégation ; parlons-lui de nous-mêmes, de nos défauts, de nos fautes, de notre désir de pratiquer la vertu. Offrons-nous à lui pour accomplir sa sainte volonté, hors de laquelle nous lui protestons ne rien vouloir. Enfin, pendant tout ce mois, retirons-nous dans ce Cœur sacré pour nous y livrer à l'étude de ses vertus. »

C'est par Marie que la Mère Marie de Saint-Charles veut conduire ses filles à Jésus.

« En terminant le mois de Marie, leur dit-elle, dans un de ces entretiens où elle laisse parler tout son cœur, excitons-nous à la contrition et au ferme propos. Prions la très sainte Vierge de nous pardonner notre peu de ferveur et d'amour, et surtout notre peu de courage à l'imiter.

« Demandons-lui de nous donner entrée dans le Cœur de Jésus, de nous apprendre à le connaitre, à l'aimer et à le servir avec le zèle et le dévouement le plus complet· Redoublons de bonne volonté dans la pratique des vertus pendant le mois du Sacré-Cœur, afin de dédommager notre divin Maître de l'ingratitude d'un si grand nombre de ses enfants. Disposons-nous à commencer le mois du Sacré-Cœur avec générosité et courage. Les dispositions du Cœur de Jésus à notre égard se montrent surtout dans l'amour et le sacrifice. A notre tour, témoignons-lui notre amour par nos petits renoncements. Aimons nos sœurs, aidons-les ; évitons les petites médisances, les railleries, les critiques. Recevons bien les petites croix qui se présentent journellement, sans regarder d'où elles nous viennent. Voilà de petits moyens par lesquels nous plairons à Jésus. »

Ces petits moyens de plaire au Cœur de Jésus qu'elle propose si simplement à ses filles nous montrent à quel degré de vertu s'est élevée la Révérende Mère ; car ce qu'elle demande des sœurs, elle le pratique avec ferveur, et c'est l'abrégé de la perfection chrétienne Tout s'y trouve : l'amour de Dieu, l'amour du prochain, la soumission à la volonté divine dans l'acceptation pure et simple des croix journalières. Et quelles croix !... Toutes les sœurs qui ont vu de plus près la Mère Marie de Saint-Charles assurent qu'elle a bien et beaucoup souffert.

Pendant tout le mois de juin, la vénérable Supérieure trouve dans son cœur ardent de nouvelles exhortations à adresser à ses filles.

« Profitons des grâces qui nous sont offertes pour arriver à la connaissance et à l'amour du Cœur de Jésus. Prions beaucoup, demandons par dessus tout cette connaissance et cet amour ; faisons amende honorable pour nous et pour toute la Congrégation ; supplions-le de prendre nos cœurs, de les unir très intimement au sien pour sa gloire et le salut des âmes. Qu'il entre en nous, ce Cœur sacré, en maitre et en roi ! »

Au mois de juin 1871, la France est encore envahie. Pour la Révérende Mère, la guerre est un fléau que la malice des hommes a attiré sur le monde. C'est aux religieuses, aux filles de Jésus à réparer ces offenses. Le font-elles ? Voilà ce que la Mère Marie de Saint-Charles leur demande dans une réunion tenue par elle le 28 juin de cette année néfaste.

« Mes chères filles, je vous engage à clore ce mois de juin avec une ferveur plus grande que jamais. Nous avons besoin de prier ! Demandons avec instance la connaissance intime du divin Cœur de Jésus et la grâce de correspondre à son amour. Excitons dans nos cœurs une grande contrition de nos péchés et de ceux de tous les hommes. C'est parce que nous ne pleurons pas assez sur l'offense de Dieu, que nous n'en sommes pas assez touchées, que le ciel est sourd à nos prières.

« Pour fruit de l'exercice du mois de juin et pour témoigner à notre divin Sauveur tout notre amour, renouvelons-nous dans l'estime et la pratique du silence, dans l'esprit de mortification sans lequel nous ne deviendrons jamais intérieures. »

Cette dévotion ardente au Sacré Cœur ne diminua jamais chez elle, jusqu'à son dernier soupir. Elle approchait de sa fin. Voici ce qu'elle dit, à l'ouverture du dernier mois du Sacré Cœur qu'elle allait passer sur la terre.

Recueillons cette dernière exhortation, toute simple et pratique qu'elle est, avec le même respect et la même attention que ses filles, si elles avaient pu prévoir que ces lèvres, qui leur avaient dit de si douces choses sur l'amour du Cœur de Jésus, allaient se fermer pour jamais.

« Ayez soin des petites choses ; soyez ponctuelles à vous taire au premier signal. Faites avec soin l'examen de la méditation ; préparez-vous en silence à la lecture, rendez-vous diligemment partout où la cloche vous appelle, et tout cela en vue de plaire au Cœur de Jésus et de le consoler de l'indifférence des hommes. »

La fête du Sacré-Cœur, à Kermaria, était toujours précédée d'une neuvaine que la Révérende Mère voulait très fervente.

Voici ce qu'elle dit à ses filles à ce sujet : « Faisons la neuvaine préparatoire à la fête du Sacré-Cœur avec beaucoup de ferveur, afin de célébrer avec fruit cette solennité qui doit surtout être chère aux Filles de Jésus. Demandons avec instance l'intime connaissance de ce divin Cœur et la grâce de répondre à son amour. »

La veille de la consécration du monde entier au Sacré-Cœur, la Révérende Mère fit à ses filles cette recommandation : « Demain, en nous consacrant avec le monde entier au divin Cœur de Jésus, donnons-nous à lui sans réserve ; pénétrons-nous bien des sentiments du Souverain Pontife et prions aux mêmes fins que lui ; préparons-nous à gagner l'indulgence plénière qui va nous être accordée, par une grande ferveur et une union plus intime avec le divin Maître. »

Ce n'est pas seulement dans ses entretiens, mais aussi dans ses lettres et ses circulaires, que la Révérende Mère essaye d'inspirer aux sœurs la confiance et l'amour du Cœur de Jésus.

Des élections devant avoir lieu, la Mère Marie de Saint-Charles, dans la circulaire qu'elle adresse à ses filles à cette occasion, les engage à recourir au Cœur de Jésus : « Nous sommes dans un mois spécialement consacré au divin Cœur de Jésus. Je vous conseille donc de vous jeter avec confiance dans ce Cœur adorable ; consultez-le avec foi, ferveur et simplicité sur les votes que vous avez à donner. Il est la source de tout don, il ne manquera pas de vous éclairer et de vous conseiller en une circonstance aussi grave et de laquelle dépend le bien de la Congrégation. »

Neuf ans plus tard, à la même occasion, la Révérende

Mère écrit : « Il me semble inutile, mes chères filles, de vous recommander la prière ; toutes, vous en comprenez l'importance ou plutôt la nécessité, dans une circonstance aussi solennelle pour la Congrégation. Vous prierez donc et vous joindrez le sacrifice à la prière. Vous demanderez par Marie et Joseph, au Cœur adorable de Jésus, et en vertu de son précieux sang, répandu pour nous, qu'il vous envoie son Esprit-Saint, afin qu'il vous éclaire et vous dirige dans l'accomplissement de la volonté de Dieu. »

Ce que la Révérende Mère demande surtout des sœurs, en ces circonstances importantes, c'est une grande pureté d'intention.

« Que l'amour du Cœur de Jésus et sa vie d'immolation et de sacrifice nous servent d'exemple et de règle dans toute notre conduite. Qu'avons-nous à faire dans la religion, sinon aimer Jésus et le suivre où il voudra nous conduire ? Prions, renonçons à nous-mêmes et laissons-nous diriger par le Saint-Esprit. »

Écrivant à une sœur pour lui demander quelque chose qu'elle savait devoir lui coûter, la Révérende Mère ajoute à sa lettre ces mots : « Donnons cette satisfaction à Jésus, afin qu'il nous accorde l'esprit de sacrifice, si doux à son Cœur. Point de découragement pour nos misères ; c'est une grande grâce que nous les reconnaissions. Le bon Dieu veut que vous vous serviez des vôtres pour acquérir une humilité plus profonde et une plus grande confiance en sa bonté. Demandez avec instance au Sacré-Cœur de Jésus, que je vous engage à honorer et à faire honorer pendant son mois, ces vertus qui lui sont si agréables. »

S'adressant à la même sœur, à l'époque du premier de l'an, la Mère Marie de Saint-Charles lui dit : « L'année a commencé sous les auspices du Cœur de Jésus, c'est une raison pour nous de redoubler de ferveur et d'amour d'imitation pour ce Cœur sacré, d'en faire, plus que par le passé, le lieu de notre refuge ordinaire et d'y chercher tout notre appui. »

Un peu plus tard, la Révérende Mère écrit encore : « Continuez vos demandes au Cœur de Jésus pour la réforme de votre propre cœur. Cette réforme, Dieu ne vous la demande pas dans un jour, mais il veut que vous y travailliez constamment et que vous vous aidiez dans ce travail autant de vos fautes que de vos vertus. Voilà de quoi vous encourager dans vos faiblesses et vos misères, pourvu que vous ne les aimiez pas, que vous ayez bonne volonté et que vous continuiez à prier.

« Adieu, ma chère fille, dans le Cœur agonisant de Jésus. Je le prie d'être votre force dans vos croix et de vous accorder une grande soumission dans tous les sacrifices qu'il exige de vous. »

« Adieu, écrit-elle dix ans plus tard à la même sœur, adieu dans le Cœur de Jésus. Je vous vois en ce moment souffrante et fatiguée. Je prie le divin Cœur d'être votre délassement, votre repos, votre médecin. »

La vénérable Supérieure avait une dévotion spéciale à tout ce qui se rattachait à la personne sacrée de Notre-Seigneur ; aussi, après les dévotions au Saint-Sacrement et au Sacré-Cœur, elle honorait d'un culte spécial le précieux sang et la Sainte Famille.

Ce n'était pas seulement pendant le mois de juillet, mais dans toutes les occasions difficiles que la Mère Marie de Saint-Charles recommandait à ses filles l'offrande du précieux sang au Père Eternel ou à Jésus lui-même.

« Renouvelons fréquemment l'offrande du sang précieux de Jésus au Père Eternel en faveur des âmes du Purgatoire, pendant ce mois consacré à honorer ce sang divin. »

« Renouvelons-nous dans la résolution de pratiquer la bonté dans nos paroles, bonté dans nos pensées, bonté dans nos actions ; mais pour arriver à pratiquer la bonté, il faut être humble. C'est donc cette grâce de l'humilité que nous devons demander à Jésus, et cela par l'offrande du précieux sang de Jésus au Père Eternel, offrande que nous répéterons aussi souvent que possible pendant ce mois consacré à honorer ce sang divin. Offrons-le aussi très souvent pour le triomphe de l'Eglise, pour la délivrance de Pie IX, pour la France, pour la Congrégation et enfin à toutes les intentions que le Saint-Esprit vous suggérera. »

« Ne nous effrayons pas de nos misères, dit encore au sujet de l'humilité la vénérable Mère ; mais humilions-nousen, relevons-nous et proposons-nous chaque jour de devenir plus humble. Pour obtenir cette grâce si précieuse, faisons le plus souvent possible l'offrande du précieux sang au Père Eternel ou à Notre-Seigneur. C'est une pratique que Jésus lui-même enseigna à sainte Madeleine de Pazzi et qui lui est très agréable. Depuis, cette sainte épouse du Christ ne cessait d'offrir à Jésus son propre sang. »

Les noms bénis de Jésus, Marie, Joseph, la Révérende Mère aimait à les réunir sous une même dénomination : la Sainte Famille.

Avec quel amour elle pénétrait, par la pensée ou la méditation, dans l'humble intérieur de la Sainte Famille ! Avec quelle édification et désir d'imitation elle étudiait la vie qu'y menait cette trinité terrestre ! Cet amour de la Sainte Famille qui faisait ses délices, la Mère Marie de Saint-Charles aimait à l'inspirer à ses filles. Aussi, dans ses exhortations ou ses lettres, le nom de la Sainte Famille se retrouvait-il souvent.

« Je désire que vous fassiez en communauté une neuvaine à la Sainte Famille, écrit-elle à une supérieure. J'unirai mes intentions à celle qui me porte à vous adresser cette demande. Joignez-y vos prières et toutes vos bonnes œuvres. »

« Vous êtes dans une maison dédiée à la Sainte Famille, écrit-elle à une autre supérieure, par conséquent, vous et vos filles vous avez une obligation plus étroite de l'imiter. J'ai la confiance que vous allez commencer, toutes les trois et de grand cœur, à vivre dans votre petite communauté la vraie vie de Nazareth. »

C'est bien souvent que la Révérende Mère donne à ses filles la Sainte Famille comme l'idéal de leur vie religieuse. Dans une circonstance difficile, la vénérée Supérieure leur écrit : « Confiante dans l'obéissance qui nous intime la volonté de Dieu, je vous engage à beaucoup prier afin que l'affaire que nous avons maintenant en vue soit toute à la gloire de ce divin Maître. Prions Marie, notre Mère bien-aimée, d'avoir soin de notre famille religieuse, d'en faire une vive image de la Sainte Famille de Nazareth en revêtant chacune de nous des vertus dont Jésus, Marie,

Joseph nous donnent l'exemple. Mais, pour obtenir cette grâce, nous devons nous efforcer de devenir humbles, très humbles ; éloignons-nous de nous-mêmes autant que nous le pourrons, en acceptant plus généreusement les mortifications qui nous affligent, nous servant de tout ce qui nous arrive pour nous avancer vers Dieu et nous attacher plus étroitement à lui. »

CHAPITRE XII

Sa dévotion à la Sainte Vierge

Après les principales dévotions dont nous venons de parler, la très Sainte Vierge avait la plus grande place dans le cœur de la Révérende Mère : « L'amour de notre Mère envers Marie, dit une de ses filles, se manifestait surtout dans son Immaculée-Conception. Ce dogme béni n'avait pas encore été promulgué que notre Mère avait choisi Marie Immaculée pour Mère et patronne de l'Institut dont elle était la Supérieure. »

L'acte de consécration, que prononcent les sœurs à chacune des fêtes de la Sainte Vierge, place sous la protection du Cœur Immaculé de Marie toutes les âmes que Dieu appelle à le servir dans la Congrégation des Filles de Jésus. Cette consécration, sauf quelque variante dans les expressions, c'est la Mère Marie de Saint-Charles qui l'a composée, et l'on peut dire qu'elle y a mis tout son cœur. Quand, plus tard, par suite de l'extension que prenait la Congrégation, le berceau de la petite famille religieuse devint insuffisant, il fallut songer à s'établir ailleurs, c'est le nom de Kermaria (village de Marie) que la pieuse Supérieure donna à la nouvelle Maison-Mère, consacrant ainsi la souveraineté de Marie sur tout l'Institut.

On se rappelle avec quelle ferveur la Révérende Mère récitait le chapelet, lorsque, toute petite encore, elle visitait le vieux château de la Hunaudière. Cette pieuse habitude, elle la conserva toujours.

« Quand, le long des cloîtres du couvent ou dans les allées du jardin, nous dit encore l'une de ses filles, nous la rencontrions glissant entre ses doigts les grains de son rosaire, son visage reflétait une telle piété que nous en étions tout émues. Dans ses voyages, elle ne cessait de prier et édifiait par sa ferveur toutes les personnes qui étaient près d'elle. »

La Mère Marie de Saint-Charles aimait à prier Marie aux lieux mêmes où elle était le plus honorée. Avec quel bonheur elle s'agenouilla aux pieds de Notre-Dame de Lourdes ! La pensée que la Vierge était descendue là, qu'elle avait posé le pied sur ce rocher qu'elle-même baisait avec amour, ravissait la vénérable Supérieure.

Le sanctuaire de Notre-Dame de la Salette l'aurait bien attirée aussi. Mais son accès était trop difficile et le pèlerinage trop dispendieux pour que la Mère Marie de Saint-Charles pût même songer à l'accomplir. Mais si elle ne pouvait elle-même se rendre à la Salette, elle y faisait prier à ses intentions. Une affaire épineuse s'étant présentée, la vénérable Mère, comme elle l'avait fait encore pour le sanctuaire de Montmartre, fît célébrer une neuvaine de messes au lieu béni où la Vierge en pleurs apparut à deux petits bergers.

« Hier, écrit la Révérende Mère à une de ses filles, on a dû commencer à mes intentions une neuvaine de messes sur la sainte montagne de la Salette. Engagez vos sœurs à s'unir à vous dans une prière ardente pendant cette neuvaine. »

Une circonstance bien pénible la conduisit aux pieds de Notre-Dame des Victoires. Nous avons déjà parlé de ce douloureux voyage qu'elle entreprit pour accompagner à Paris une sœur qui devait subir une très grave opération. Une grande espérance reposait au cœur de la Révérende Mère : elle s'agenouillerait aux pieds de Notre-Dame des Victoires et cette opération si terrible réussirait. On sait ce qui arriva.

Dans une lettre circulaire, la vénérée Supérieure parle de ce voyage en ces termes : « Vous avez presque toutes su que j'ai fait le voyage de Paris avec sœur N... On lui a fait, dans la bouche, une opération délicate et douloureuse. Ce voyage m'a procuré l'insigne bonheur de visiter le sanctuaire de Notre-Dame des Victoires, où l'on a tant de fois sollicité le Cœur Immaculé de Marie en faveur de la Congrégation.

« Je ne puis vous rendre ce que j'ai éprouvé dans ce lieu béni ; mais ce que je puis bien vous assurer, c'est que je n'ai oublié aucune de vous, non plus qu'à Saint-Joseph des Champs que nous sommes allées vénérer à Laval. »

Mais si la Révérende Mère s'agenouillait avec bonheur dans ces grands centres de la dévotion à Marie, elle le faisait avec la même ardeur, le même amour dans la plus humble chapelle où la sainte Vierge recevait un culte local, sous un vocable quelconque.

Si, dans les paroisses dont elle visitait les communautés, il y avait une chapelle dédiée à Marie, quelque loin qu'elle fût, elle faisait son possible pour se ménager quelques heures de loisir, afin de pouvoir s'y rendre.

La Sainte Vierge témoigna par des grâces extraordinaires le plaisir qu'elle prenait dans la tendre dévotion de la Mère Marie de Saint-Charles.

Un fait authentique, choisi entre beaucoup d'autres, va nous montrer la puissance de la vénérable Supérieure sur le cœur de la très sainte Vierge.

A quelques kilomètres de Guidel, sur l'anse du Pouldu, dans un site ravissant, s'élève une gracieuse chapelle gothique dédiée à la Mère des Douleurs.

Le vocable de Notre-Dame de Pitié donné à cette chapelle attirait la Révérende Mère, qui ne manquait pas de s'y rendre quand les affaires qui l'amenaient à Guidel lui laissaient un peu de liberté. C'est là que se passa le fait extraordinaire que nous allons relater.

« Un jour, écrit une des filles de la Révérende Mère, notre Mère Marie de Saint-Charles, avant de partir pour Guidel vint prendre congé de ses chères malades. Il y avait alors à l'infirmerie une sœur qui, depuis de longs mois, était clouée sur un lit de douleurs. Sa faiblesse était si grande qu'on osait à peine la toucher pour arranger, de temps en temps, sa pauvre couche. Tout faisait prévoir une fin prochaine. Notre Mère se penchant vers elle lui dit : « Prenez courage, mon enfant, et ayez confiance. Je vais prier pour vous Notre-Dame de Pitié et elle vous guérira. Courage et confiance, répéta en la quittant notre bonne Mère qui, selon les apparences, ne devait plus revoir sa fille.

« Deux jours plus tard, le pèlerinage s'aocomplissait. Une messe, à laquelle assistaient notre Mère et presque toutes les sœurs de Guidel, était dite à l'autel de Notre-Dame de Pitié pour la pauvre malade.

« Mais pendant qu'au bord de l'Océan notre Mère et ses filles invoquaient avec ferveur Notre-Dame de Pitié, une scène bien extraordinaire se passait à l'infirmerie de Kermaria. La sœur malade éprouvait dans tout son organisme une singulière sensation. C'était comme un fourmillement dans tout son corps.

« Cette impression passée, il se fit un grand calme. Il fallut quelque temps à la malade pour se rendre compte de ce qui se passait en elle. Enfin elle remarqua qu'elle n'éprouvait plus aucune souffrance et elle pensa qu'elle était guérie.

« C'était aussi l'heure de la messe à Kermaria, et la sœur en question était, en ce moment, seule dans sa salle. Après un instant d'hésitation, elle résolut d'essayer ses forces. Elle qui se mouvait à peine, put descendre de son lit, et venir se jeter, toute tremblante d'émotion, presque d'effroi, au pied d'une statue de la Sainte Vierge, pour la remercier de la grande grâce qui lui avait été accordée.

« Elle se remit au lit en attendant que la sœur infirmière revint de la chapelle.

« Quelque temps après, la sœur entrait dans la salle. Aussitôt qu'elle l'aperçut, la malade demanda ses vêtements. L'infirmière crut à un moment de délire et ne porta aucune attention à ce qui lui était dit. Cependant, comme la malade continuait à vouloir s'habiller, la sœur finit par accéder à ses désirs et posa ses vêtements sur son lit. Mais c'était pour la calmer, ou plutôt pour lui montrer l'inutilité de ses efforts ; aussi la laissa-t-elle seule et elle alla elle-même à ses occupations, persuadée que la malade ne pourrait se soulever sur son lit. Quel fut l'étonnement de l'infirmière quand, vingt minutes plus tard, revenant à sa malade, elle la trouva debout et habillée.

« Celle-ci se rendit au noviciat, où il y avait une belle statue de la Sainte Vierge, pour consacrer à Marie la santé qu'elle venait de lui rendre.

« Toute la communauté était dans une admiration mêlée d'un certain émoi : on ne frôle pas ainsi le surnaturel sans en être profondément impressionné.

« Quelques sœurs ne croyaient pas à une intervention divine. « C'est la fièvre, disaient-elles, qui lui donne cette force factice. Vous verrez que demain elle sera plus malade que jamais. » Il n'en fut rien pourtant. La sœur dormit toute la nuit d'un sommeil profond, se leva à six heures, assista à la messe et y communia. Huit jours après, elle était en obédience. »

Au moment où cette merveilleuse guérison se produisait, la Mère Marie de Saint-Charles se trouvait dans d'étranges perplexités ; ce secours extraordinaire du ciel, cette protection visible de la Sainte Vierge sur sa Congrégation fut pour elle une bien grande consolation, et, plus que jamais, la vénérée Supérieure s'abandonna à la conduite de la divine Providence.

D'après ce qui précède, on doit penser que la Révérende Mère accomplissait avec une grande ferveur les exercices du mois de Marie, et avec quelle ardeur elle exhortait ses filles à une dévotion de plus en plus grande envers la Sainte Vierge.

« Pendant ce mois consacré à Marie, renouvelons-nous dans la ferveur, préparons-nous à la mort par une sainte vie, une vie de prière, de travail ; c'est la vie de Marie, notre bonne Mère. »

« Appliquons-nous surtout à l'obéissance pendant ce mois béni, en vue d'honorer la Sainte Vierge. L'obéissance est fille de l'humilité, et l'humilité est la vertu de Marie. »

« Formons pour le mois qui s'ouvre la résolution de nous appliquer à vivre sous le regard maternel de Marie, à mieux garder le silence en vue d'honorer cette bonne Mère ; à souffrir plus courageusement les diverses contrariétés qui pourraient nous arriver, afin de lui plaire davantage et nous unir à elle par Jésus. »

« Ayons une grande dévotion envers la très sainte Vierge, un zèle ardent pour l'honorer, la prier, et surtout imiter ses vertus : son silence, son recueillement, son amour pour Dieu et sa patience à supporter les peines de la vie. »

« Faisons le mois de Marie avec une ferveur toute nouvelle. Prions, prions beaucoup pour que la semence jetée dans nos âmes y produise des fruits de salut et de perfection. »

« Mes chères Filles, pendant le mois consacré à Marie, je ne saurais assez vous recommander la dévotion envers cette sainte Mère, un grand zèle pour l'honorer et la faire honorer et aussi pour imiter ses vertus, en particulier son silence, son recueillement, son amour pour Dieu et sa patience à supporter les peines de la vie. »

« Mes chères filles, appliquons-nous à suivre notre bonne Mère dans la pratique des vertus dont elle nous donne l'exemple ; c'est le meilleur moyen de lui plaire et de mériter sa protection. Dans cette vue, mettons tout notre esprit et tout notre cœur dans notre oraison du matin. Une vie fervente et recueillie est la meilleure préparation à cet exercice. Soyons exactes à nos examens et nous arriverons insensiblement à marcher sur les traces de Marie. »

« Ranimons-nous dans la confiance et l'amour filial envers Marie, travaillons à reproduire en nous ses vertus de recueillement, de modestie et d'union à Dieu. »

C'est par ces paroles ou par d'autres semblables que la Révérende Mère excitait ses filles à honorer la sainte Vierge pendant son mois ; nous la verrons bientôt redoubler de zèle quand il s'agira de se préparer à quelqu'une de ses fêtes.

Mais dès ce moment, comme nous avons pu le remarquer pour la dévotion de la Mère Marie de Saint-Charles au Sacré-Cœur, et comme nous le verrons plus tard quand nous parlerons de son amour filial envers saint Joseph, sa piété, et celle qu'elle voulait trouver dans ses filles, c'était surtout une piété d'imitation ; toute autre lui semblait illusoire. « C'est moins en adressant des prières à Marie qu'en imitant ses vertus que nous lui plairons, disait la Révérende Mère à une jeune sœur. La marque de notre amour pour Marie est la ressemblance que nous avons avec elle. »

Les fêtes de la Sainte Vierge reviennent souvent dans le cycle de l'année chrétienne et la Révérende Mère les célébrait toutes avec une grande piété. Elle exhortait aussi ses filles à redoubler de ferveur en ces jours bénis, afin d'attirer sur la Congrégation la protection de la Mère de Dieu.

La première des fêtes de la Sainte Vierge que présente l'année liturgique est aussi la plus solennelle des fêtes spéciales de la Congrégation. Les Filles de Jésus honoraient et invoquaient Marie sous le titre d'Immaculée dès l'origine de leur Institut, par conséquent longtemps avant que l'Eglise ne fit de ce mystère un article de foi.

En 1855, M. Flohy, devenu Père Supérieur de la Congrégation des Filles de Jésus, avait choisi Marie Immaculée comme première patronne de sa nouvelle famille religieuse, et la Mère Marie de Saint-Charles, dans toute la joie de son cœur, s'était empressée d'annoncer la bonne nouvelle à toute la Congrégation.

Bien que la piété de la Révérende Mère à l'égard de la très sainte Vierge fût très tendre, il y avait pourtant une grande fermeté dans les exhortations qu'elle faisait à ses filles aux approches de la grande solennité du 8 décembre. On peut en juger par ce qui suit : « Nous approchons de la grande fête de l'Immaculée-Conception. Préparons-nous-y en nous appliquant plus sérieusement à l'oraison ; prenons-y des résolutions particulières, propres à déraciner nos mauvaises habitudes, et conformons notre vie à celle de Notre-Seigneur Jésus-Christ et de sa sainte et immaculée Mère. Rien ne peut lui être plus agréable que l'imitation de ses vertus et de sa vie intérieure. Le jour même de sa fête, n'oublions pas d'intéresser Marie à tout ce qui concerne la Congrégation ; elle en est la première patronne ; demandons-lui souvent dans la journée, pour nous, l'amour de nos saintes règles avec le don d'oraison sans lequel il n'y a pas de vie intérieure. »

Dans l'Institut, la fête de l'Immaculée-Conception, comme d'ailleurs toutes les principales fêtes de la Sainte Vierge, est précédée d'une neuvaine de prières. La Révérende Mère voulait cette neuvaine très fervente, et demandait qu'on joignît des actes aux prières.

« Nous devons nous préparer avec une grande ferveur à la fête de l'Immaculée-Conception. Ayons surtout une grande vigilance sur nous-mêmes. Veillons sur nos sens, mortifions nos yeux, nos oreilles, notre langue, par une attention plus soutenue à prévenir ou à désavouer les distractions dans nos prières, à éviter, autant que possible, les moindres fautes volontaires, afin d'imiter de plus près Marie notre divine Mère, et de nous rendre plus dignes de son amour et de sa protection.

« Nous devons aussi, pendant cette neuvaine et au jour de la fête, prier Marie de faire germer dans la Congrégation et dans chacune de nous, les belles fleurs de la pureté et de l'humilité, gardiennes et compagnes inséparables de la chasteté. »

Dans une réunion tenue la veille de la Purification, la Mère Marie de Saint-Charles attire l'attention de ses filles sur ce mystère : « Préparons-nous à la fête de demain en nous offrant de tout notre cœur à Dieu, en union avec Notre-Seigneur et sa très sainte Mère, pour accomplir en tout sa divine volonté. »

Ailleurs elle dit encore : « Préparons-nous à la fête de la Purification par un silence plus austère, une attention plus grande à faire nos actions sous le regard de Dieu. Demandons à Jésus et à Marie de faire les sacrifices qu'ils attendent de nous pour régner pleinement dans nos cœurs. »

Une des plus belles fêtes de la Sainte Vierge est celle du 25 mars, l'Annonciation, qu'on pourrait appeler la fête de l'Incarnation. La Révérende Mère la célébrait toujours avec une grande ferveur.

A la veille d'une de ces fêtes de l'Annonciation, la vénérable Supérieure rappelle à ses filles les vertus qu'elles doivent pratiquer pour obtenir la protection de la très sainte Vierge, en ce jour où le Verbe Incarné vient faire sa demeure dans son sein virginal. Ce qu'elle les engage surtout à demander, c'est l'esprit de foi et la fidélité dans les petites choses.

La fête de la Compassion de Marie précède ou suit de près celle de l'Annonciation. La Mère Marie de Saint-Charles aimait trop la Sainte Vierge pour ne pas être pénétrée de compassion pour ses douleurs ; aussi s'étend-elle longuement sur cette fête dans ses entretiens avec ses filles aux approches de la semaine sainte.

« En cette fête de la Compassion de Marie, prions avec ferveur, unissons nos douleurs aux siennes, souffrons dans les mêmes vues. La Sainte Vierge a offert ses souffrances pour la gloire de Dieu et le salut des âmes ; prions aussi cette bonne Mère pour l'Eglise, le Souverain Pontife, la conversion de la France, puisque c'est le seul moyen d'obtenir l'éloignement des maux terribles dont nous sommes menacés. »

La Mère Marie de Saint-Charles fait ici allusion à l'apparition de la Sainte Vierge en pleurs sur la montagne de la Salette ; c'est pourquoi elle ajoute : « Prions aussi pour la Congrégation. Marie n'a-t-elle pas dit : « Beaucoup de couvents ne sont plus les maisons de Dieu. » Méditons ces paroles de notre Sainte Mère. Si l'on ne voit pas parmi nous ce relâchement qui fait gémir les gens de bien, nous sommes peut-être aussi éloignées de ces saintes religieuses qui ont embaumé le monde par l'odeur de leurs vertus et de leurs bons exemples. Encourageons-nous dans le dégagement de nous-mêmes par la pensée que nous ne pourrons faire aucun bien tant que nous vivrons occupées de nous-mêmes. Exerçons-nous dans la pratique d'une humilité vraie et sincère, d'une obéissance dirigée en tout par l'esprit de foi, d'une charité qui ne voit que Jésus dans ce que nous faisons pour le prochain. Alors nous tarirons les larmes de notre Mère, car nous détruirons en nous la cause de nos péchés et nous nous établirons dans les vertus qui feront de nos communautés de vraies maisons de Dieu, d'où couleront sur les âmes des flots de grâces et de bénédictions. »

Mais en cette circonstance, la Révérende Mère ne manquait pas d'attirer l'attention de ses filles sur le deuil de l'Eglise et de les engager à pratiquer les austères vertus de recueillement et de silence, sans lesquelles on ne peut être bonne religieuse.

Le 2 juillet, fête de la Visitation, la Mère Marie de Saint-Charles recommandait aux sœurs de prier avec ferveur afin d'obtenir de la Sainte Vierge la charité fraternelle, si bien pratiquée par elle dans ce mystère.

Le 16, elle leur demandait de se renouveler dans la dévotion au saint scapulaire, de remercier la Sainte

Vierge d'avoir ainsi voulu revêtir ses enfants de sa livrée et de la prier de leur obtenir, à elles en particulier, la grâce de ne jamais s'en dépouiller.

En parcourant les notes de la Révérende Mère, on s'étonne de n'y pas trouver une seule parole sur la belle fête de l'Assomption. Cela vient probablement de ce que cette solennité, tombant toujours à l'époque des retraites, la Mère Marie de Saint-Charles, occupée de la direction des sœurs retraitantes, laissait au prédicateur de la retraite le soin d'entretenir ses filles.

Mais quand arrivait le 8 septembre, la vénérable Mère, rendue à elle-même, reprenait toute sa ferveur. Elle se réjouissait avec Joachim et Anne du don précieux que le Seigneur leur avait fait et, avec eux encore, elle admirait la douce Vierge endormie dans son berceau. Toute la journée, sa pensée se reportait sur cette enfant et elle remerciait Dieu d'avoir donné Marie à la terre.

Les dimanches du mois de septembre et d'octobre étaient alors tous consacrés à Marie. Chacun d'eux rappelait un mystère ou une vertu de la Sainte Vierge. C'était la maternité, la pureté de Marie, et surtout la grande solennité du Rosaire. La vénérée Mère les célébrait toutes avec une tendre dévotion ; mais la fête du Patronage de Marie semblait avoir ses préférences.

Ayant réuni ses filles à la veille de cette fête, elle leur dit : « Retrempons-nous dans l'esprit de foi, la douleur de nos fautes et le désir sincère, avec le secours de la grâce, d'être toujours fidèles à Dieu.

« Unissons-nous aux neuf chœurs des Anges pour honorer Marie dans la fête de son Patronage. A cet effet, appliquons-nous à veiller sur notre esprit pour éviter les pensées inutiles, sur nos sens afin de les mortifier, sur notre cœur afin d'en purifier de plus en plus les affections ; car tout en nous, en ce beau jour, doit être soumis au règne de Dieu.

« Le jour du Patronage, mon désir est que tous les membres de la Communauté passent alternativement une heure devant le Saint-Sacrement pour demander à Jésus, par l'entremise de sa très sainte Mère, le triomphe de l'Eglise, les grâces nécessaires au Souverain Pontife et aux hommes généreux qui combattent pour sa cause. Demandons aussi, pour la Congrégation et chacun de ses membres, la faveur de procurer la gloire de Dieu et sa propre sanctification. »

Le jour de la présentation de Marie au Temple excitait au plus haut point la piété de la bonne Mère : « Préparons-nous, disait-elle un jour à ses filles, par la prière, l'amour et le sacrifice à la fête du 21 novembre. Renouvelons-nous dans le désir de nous donner à Dieu sans réserve ; pour cela soyons bien régulières et recevons patiemment et amoureusement les peines de la vie quelles qu'elles soient. »

Quelques mois seulement avant sa mort, la Révérende Mère entretenait encore ses filles sur la fête de la Présentation.

« Demain, fête de la Présentation de la Sainte Vierge, nous nous offrirons à Jésus par les mains de Marie ; nous lui remettrons notre mémoire, afin qu'elle en efface tout autre souvenir que celui de Jésus et de Marie ; notre entendement, pour qu'elle en bannisse toute autre connaissance ; notre volonté, afin qu'elle en arrache tout autre vouloir ; enfin tous nos sens, pour qu'elle les purifie et que nous croissions sans cesse dans les vertus qui nous rendront agréables au bon Dieu et aux personnes qui nous entourent. »

Ce n'était pas seulement les sœurs de la Maison-Mère que la pieuse Mère excitait à l'amour et à l'imitation de la Sainte Vierge. Le nom béni de Marie se lit dans toutes ses lettres intimes adressées aux sœurs des maisons locales. Presque toutes commencent par un souhait de protection de Jésus et de Marie. « Que Marie vous dirige et vous protège ! » — « Que la protection de Marie vous accompagne partout ! » — Quelquefois le nom de Jésus s'unit à celui de Marie : « Que Jésus et Marie règnent à jamais en vous ! » — « Que l'amour de Notre-Seigneur et celui de sa sainte Mère règnent à jamais dans votre cœur ! » — Je vous souhaite la grâce et la paix de Notre-Seigneur avec l'amour et la protection de sa sainte Mère. »

Ces lettres, qui commencent presque toujours par un appel à la protection de Marie, se terminent aussi par une pensée dominante, toujours la même : « Nous devons aller à Jésus par Marie, lui adresser de nombreuses prières ; mais surtout imiter ses vertus et implorer sa protection. »

Mais la Révérende Mère ne se contente pas d'appeler la protection de Jésus et Marie sur ses filles, elle engage aussi ces dernières à avoir recours à Notre-Seigneur et à sa divine Mère dans tous leurs besoins et à se confier à eux en toutes choses.

Une sœur, bien jeune encore, est appelée à diriger une maison locale très importante. Voici comment la sage Supérieure lui apprend cette nouvelle.

« Gloire, amour à Jésus et Marie ! »

Ma chère Fille,

« Que la divine Providence est admirable dans ses voies ! Toute faible, tout enfant, toute misérable que vous êtes, la Sainte Vierge vous veut à P... pour y tenir sa place au milieu de vos sœurs. Ce n'est pas votre œuvre, mais l'œuvre de Dieu que vous avez à remplir. Marie, notre bonne Mère, au nom de laquelle vous agirez, vous assistera en toutes circonstances. Qu'avez-vous à craindre sous sa tutelle ? De vous-même vous ne pouvez rien, mais avec Jésus et Marie vous pouvez tout.

« Je veux vous voir arriver ici calme et résignée. Obéissance entière, confiance en la divine Providence, amour à Marie. C'est bien plus sur elle que sur vous que je compte pour remplir la mission qui vous est confiée. Après avoir lu cette lettre, allez vous jeter aux pieds de Notre-Dame du Bon Secours ; mettez votre nouvelle charge sous sa protection et sommez-la, sans crainte, de vous obtenir toutes les grâces dont vous aurez besoin pour vous sanctifier et aider à se sanctifier les sœurs qui sont confiées à votre sollicitude maternelle. Suppliez-la encore d'accomplir mes vues, si elles doivent procurer la gloire de Dieu et la sienne. Encore une fois, que votre confiance en Marie soit pleine et entière.

« Adieu, ma fille ; que la paix de Notre-Seigneur et la protection de Marie vous accompagnent partout ! »

En même temps que la **Mère Marie de Saint-Charles**

recommandait à ses filles d'avoir recours à Marie, elle leur demandait aussi le secours de leurs prières et de celles de leurs élèves quand quelque peine, quelque difficulté ou même quelque affaire importante à traiter se présentait.

« Jeudi prochain, écrit-elle à la supérieure d'une maison locale, commencez avec vos sœurs et vos enfants une neuvaine à Notre-Dame du Bon Secours. Pendant cette semaine vous réciterez les litanies de la Sainte Vierge ; au commencement et à la fin vous ferez une consécration à Marie. Je désire que l'autel soit paré, les bougies allumées, afin de mieux honorer notre Mère et d'inspirer aux enfants une plus grande ferveur. Je serais heureuse que toutes vous fassiez la sainte communion aux intentions pour lesquelles se fait la neuvaine. »

Entrainée par son ardeur, la Mère Marie de Saint-Charles ajoute : « Aimez bien la Sainte Vierge et votre pauvre Mère vous aimera. »

Une sœur ayant parlé à la Révérende Mère d'un établissement en vue, celle-ci lui donne une réponse qui montre bien son esprit de foi et sa confiance en Marie. « Pour le projet d'établissement dont vous me parlez, il faut attendre une demande et des propositions plus sûres. C'est de la Sainte Vierge que doivent nous venir nos maisons. Il ne faut pas prévenir les desseins de Dieu, mais attendre qu'ils se manifestent. »

« Ici, nous faisons une neuvaine afin d'obtenir de bons sujets pour le noviciat. Dans ce but, chacune de nous récite le rosaire tous les jours dans ses moments libres. Unissez-vous à nous pour obtenir cette grâce. »

CHAPITRE XIII

Sa dévotion à saint Joseph

Après les dévotions primordiales de Jésus et de Marie, aucune n'était plus douce au cœur de la Révérende Mère que la dévotion à saint Joseph. La piété de la vénérable supérieure envers le saint patriarche de Nazareth avait cette candeur, cette confiance et cet abandon filial qui caractérisent l'amour d'un enfant envers son père. Elle allait à lui en toutes circonstances, lui confiait le soin de toutes ses affaires. Elle en avait fait le pourvoyeur de sa famille religieuse et elle comptait si bien sur son appui que, malgré la grande pauvreté de la Congrégation, aucune inquiétude pour le temporel de sa maison n'effleura son âme.

C'est cette confiance sans bornes envers saint Joseph qui lui fit accomplir des œuvres qu'on pouvait regarder comme imprudentes, mais que le bon Dieu bénit, car elles avaient pour but d'honorer celui qui fut, sur la terre, le gardien et le père nourricier de son Fils.

Nous avons vu plus haut comment s'éleva sous le vocable de saint Joseph la chapelle qui est en même temps le joyau de Kermaria et le mémorial de la reconnaissance des Filles de Jésus au père nourricier du Sauveur. Nous n'y reviendrons pas ici, mais ce qu'il convient de dire, c'est que si, sans ressources autres que l'obole du pauvre, la Mère Marie de Saint-Charles put accomplir de si grandes choses, elle le dut à la protection de saint Joseph. Aussi, quelle joie remplit son âme quand ce pieux sanctuaire, le premier de la région dédié au saint patriarche, fut ouvert au culte ; mais quel bonheur plus profond encore elle sentit quand elle vit accourir à Kermaria, au 19 mars, des foules nombreuses et recueillies, quand elle entendit recommander à saint Joseph toutes sortes d'affaires temporelles et spirituelles, quand elle fut le témoin de l'empressement des mères à conduire aux pieds de celui qui fut le père nourricier du Fils de Dieu leurs petits enfants et lui confier leurs âmes innocentes et pures.

Au moment où s'achevait la magnifique cérémonie de la consécration de la chapelle, la Mère Marie de Saint-Charles voyait dans l'avenir le culte de saint Joseph propagé partout par ses filles. Il allait être aimé, vénéré dans des lieux où on le connaissait à peine.

Ce vœu de la Révérende Mère s'est pleinement réalisé. Partout où il y a des Filles de Jésus, saint Joseph a son autel ou son trône ; son mois est célébré au moins par les sœurs et les élèves, souvent même à l'église, comme le mois de Marie.

Avant que la Mère Marie de Saint-Charles ne fût supérieure, saint Joseph était honoré dans la Congrégation, mais cette dévotion ne s'étendait pas au dehors de la communauté. C'est donc cette vénérée Supérieure qui lui a donné l'extension qu'elle a maintenant dans la sphère où travaillent les Filles de Jésus, car elle a légué aux supérieures qui lui ont succédé, et par elles à la Congrégation tout entière, son ardent amour, sa confiance inébranlable en saint Joseph et son vif désir de voir se développer partout cette dévotion si douce, qui fut sur la terre, au milieu de crucifiantes épreuves, une de ses plus grandes consolations.

Dans les deux premières éditions du livre des Règles des Filles de Jésus, il était dit que, chaque année, un saint serait choisi pour être le protecteur de la Congrégation. Mais la Révérende Mère ne pouvait se décider à donner à ses filles un autre protecteur que saint Joseph ; aussi obtenait-elle du Père Supérieur qu'on continuât d'année en année de choisir saint Joseph comme patron.

Avec quel bonheur elle annonçait aux sœurs cette heureuse nouvelle ! « Cette année encore nous avons pour patron et protecteur notre bon père saint Joseph, et c'est avec une joie bien vive que je viens vous l'annoncer. »

Dans toute la Congrégation, le mercredi devint comme un jour de communion d'usage. Toutes les sœurs professes, novices et postulantes approchaient de la sainte

Table. Cette communion a pour but de propager de plus en plus le culte de saint Joseph, d'appeler sa bénédiction sur la Congrégation, sur la famille des sœurs, sur le clergé, sur l'Eglise, le Saint-Père, et aussi sur tous ceux qui, vivants ou défunts, ont aidé à l'érection de la chapelle ou aident encore à son embellissement.

Comme on le voit, le culte de saint Joseph est bien cher aux Filles de Jésus, et en elles semblent bien se vérifier ces paroles prononcées par un vénérable prêtre, grand dévot lui aussi de saint Joseph : « La Congrégation des Filles de Jésus paraît surtout avoir été fondée pour propager dans nos campagnes le culte de saint Joseph. »

Mais saint Joseph ne se laisse pas vaincre en générosité. Si la Supérieure générale travailla à sa gloire, lui-même se montra pour elle le plus tendre et le plus dévoué des pères.

Laissons les filles de la Révérende Mère nous dire comment le bon saint Joseph la paya de l'amour qu'elle lui portait.

« Notre Congrégation n'est pas riche, nous dit l'une d'elles, et nous espérons bien qu'elle ne le sera jamais ; Jésus a toujours été pauvre et nous sommes ses filles ; mais il y a eu des moments où le pain même manquait. Alors nous appelions saint Joseph à notre secours, et il se hâtait de pourvoir aux besoins des sœurs, dont il semblait avoir pris le temporel à sa charge.

« Un jour, la Communauté était dans la pénurie la plus extrême. Toutes les provisions étaient épuisées et le coffre était vide. La sœur sous-économe, religieuse pleine de foi et de confiance, se rendit chez notre Mère et lui confia sa peine. Il y avait ce jour-là grand marché à la ville voisine,

— « Faites atteler, ma fille, lui répondit doucement Mère Marie de Saint-Charles, et vous rapporterez du marché les provisions nécessaires. — Mais, ma Mère, je n'ai pas d'argent ! — Moi non plus, ma fille. » Montrant quelques centimes, notre Révérende Mère ajouta : « Voilà toute ma fortune ; cependant, allez avec confiance, saint Joseph viendra à votre secours ; je vais le prier pour vous. » La sœur s'inclina sous la bénédiction de sa Mère et sortit.

14

Arrivée à la ville, elle entra à l'église. On y célébrait un office funèbre. Elle s'unit à l'assemblée et pria longtemps pour le jeune homme dont on faisait les obsèques et aussi pour ceux qui le pleuraient.

Après la cérémonie, la sœur se sentit inspirée d'aller faire une visite de condoléances au père qu'elle savait plongé dans la plus grande désolation. — « Monsieur ne veut voir personne, » lui répondit la domestique à qui elle s'adressait. La religieuse insiste et lui demande qu'au moins on fasse part de son désir au malheureux père. La servante revint bientôt avec ordre d'introduire la visiteuse. Elle entre, pleure avec le père affligé, lui fait entendre des paroles de foi et d'espérance ; puis, au bout de quelques minutes, se lève pour prendre congé.

« Ma sœur, dit tout à coup le pauvre père, avez-vous de quoi acheter vos provisions ? — Monsieur, répond-elle, j'espère que la Providence me viendra en aide. Je vais emprunter de l'argent si je trouve quelqu'un qui veuille bien m'en prêter. » Saisi de pitié à son tour : « N'allez pas plus loin, ma sœur, lui dit-il. » Se dirigeant vers son bureau, il y prend, sans compter, de l'argent qu'il laisse tomber dans le tablier de la sœur, en proie elle aussi à une indicible émotion. — Si cela ne suffit pas, dit encore l'homme généreux, revenez. »

Quelle prière fervente monta du cœur aux lèvres de l'heureuse sœur, et pour l'homme charitable qui l'avait si généreusement secourue dans sa détresse, et pour le fils qu'il avait perdu ! Mais elle ne trouva pas une parole pour remercier son généreux bienfaiteur.

La religieuse n'eut pas besoin de revenir. L'argent qu'elle avait reçu, et qu'elle n'avait pas voulu compter, suffit amplement à l'achat de toutes les provisions.

Arrivée à Kermaria, la sœur se rendit aussitôt près de la bonne Mère ; elle avait hâte de lui exprimer son bonheur. Notre Mère se réjouit avec elle, mais n'éprouva aucun étonnement : elle n'avait pas douté un instant de l'intervention de saint Joseph. Cependant, à la pensée de ce que son saint Protecteur venait encore de faire pour sa Communauté, elle sentit son cœur se fondre d'émotion. « A genoux, ma fille, dit-elle ; ensemble remercions le bon Dieu et notre Père saint Joseph. Ils ne pouvaient manquer de venir au secours de leurs enfants. »

Dans une circonstance analogue, saint Joseph vint encore au secours de la famille religieuse de la Mère Marie de Saint-Charles. Voici ce que raconte à ce sujet une religieuse des premiers temps de l'Institut.

« La sœur chargée de la dépense se présenta chez notre Mère afin de recevoir sa bénédiction avant d'aller faire ses provisions. « Ma Mère, lui dit-elle, j'ai beaucoup de choses à acheter, mais je n'ai pas d'argent — Ni moi non plus, je n'en ai pas. Voici tout ce que je possède, dit-elle à la sœur en souriant. Et elle lui tendit un sou. « Ma Mère, s'écria la sœur, que ferai-je d'un sou ? Prenez-le quand même, dit la Mère Marie de Saint-Charles, et allez avec confiance ; saint Joseph ajoutera ce qui manque. » La sœur sourit, prit le sou et s'en alla après avoir reçu la bénédiction de sa Mère.

En passant devant le petit oratoire de saint Joseph, elle y entra. Mais au lieu de prier le bon saint, elle lui adressa des reproches. « Vraiment, lui dit-elle avec la naïveté d'un enfant, c'est à n'y rien comprendre. Vous remplissez la maison de monde et vous ne nous donnez pas de pain. » Regardant son sou, elle ajouta : « Un sou... quand trois cents francs suffiraient à peine aux dépenses que j'ai à faire. Tenez, le voilà votre sou. Que voulez-vous que j'en fasse ? » Elle jeta le sou au pied de la statue de saint Joseph et sortit en pleurant.

Il y avait à la ville voisine une personne charitable qui souvent lui prêtait, sans intérêts, les sommes dont elle avait besoin. Ce jour-là, la sœur eut recours à elle et lui emprunta trois cents francs.

La provision faite, la sœur vint rendre compte à notre Mère de sa commission. Celle-ci était rayonnante : « O ma fille, s'écria-t-elle dès qu'elle l'aperçut, comme vous avez dû prier saint Joseph ! Bien prié saint Joseph, ma Mère ?... ah ! non, je ne l'ai pas prié ; je l'ai grondé plutôt et j'ai jeté à ses pieds le sou que vous m'aviez donné ! » La Mère Marie de Saint-Charles prit un air sévère. « Je ne comprends pas, ma fille, que vous ayez pu ainsi manquer de respect envers notre saint Protecteur. Je tiens à ce que vous répariez votre faute au lieu même où vous l'avez commise. Vous allez vous rendre à l'oratoire de saint Joseph, vous lui demanderez pardon de votre irrévérence et vous me rapporterez le sou que vous avez dédaigné.

« Pendant votre absence, saint Joseph a inspiré à une dame la pensée de nous faire une aumône de trois cents francs. Tenez, les voilà, dit-elle, en montrant à la sœur dépensière les trois cents francs qu'elle avait déposés dans son bureau. « Ma Mère, dit la sœur très émue, c'est justement la somme empruntée. — Eh bien ! dit notre Mère, il n'y a plus qu'à la rendre au charitable prêteur. »

Bien que très opportuns, les secours que ces deux faits relatent n'ont rien de merveilleux. Ils prouvent seulement que la divine Providence intervenait pour procurer naturellement aux Filles de Jésus le nécessaire. Les deux qui vont suivre sont au moins extraordinaires.

Un jour, la même sœur se rendit chez le meunier pour lui payer une note de quatre cents francs. Mais cet homme avait oublié de faire valoir un bon de deux cent vingt francs, de sorte que la dette s'élevait à six cent vingt francs au lieu de quatre cents.

« Je regrette d'avoir à vous faire attendre les deux cent vingt francs qui vous sont dus en plus, lui dit la sœur, mais je n'ai apporté que les quatre cents francs marqués sur la note. »

Elle en était sûre, ayant déposé elle-même quatre cents francs dans une bourse qui ne renfermait pas la moindre pièce de monnaie.

« Cela ne fait rien, repartit le meunier, vous réglerez plus tard. » La sœur se mit en devoir de compter la somme qu'elle possédait en ce moment ; un frisson lui parcourut les membres : les quatre cents francs étaient alignés sur la table et il y avait encore de l'argent dans la bourse. Elle continua à compter et bientôt le meunier serra avec une sorte de respect cet argent mystérieux.

On peut juger quelles ardentes actions de grâces la Révérende Mère rendit au généreux pourvoyeur de sa Congrégation.

Une autre fois, la sœur dépensière vint dire à la Supérieure que la provision de viande salée était épuisée. « Ma fille, lui répondit la Mère Marie de Saint-Charles, vous avez encore le nécessaire pour un repas au moins. — C'est impossible, ma Mère, dit la sœur, j'ai bien regardé. Il y a dans le saloir un assez bon morceau, mais qu'est-ce que cela pour tant de monde ? — Fille de peu de foi, reprit en souriant la Mère. Puis elle ajouta : « Retournez, ma fille, j'ai confiance. Saint Joseph ne nous laissera pas manquer du nécessaire. »

Gagnée par la confiance de la Révérende Mère, la sœur revint au saloir et y trouva plus de viande qu'il n'était nécessaire pour un repas. Ces faits se sont reproduits bien des fois, disent les religieuses qui nous ont donné ces intéressants détails.

On ne s'étonnera plus, après avoir lu ces traits, de la dévotion tendre et filiale de la Révérende Mère et de ses filles envers le Père nourricier de Jésus et de la confiance qui les faisait recourir à lui dans toutes leurs nécessités.

Dieu avait en cela des vues providentielles. L'heure était venue de propager le culte de saint Joseph en Bretagne et il avait choisi, pour accomplir cette œuvre, la Congrégation des Filles de Jésus. Il fallait donc que des rapports filials s'établissent entre saint Joseph et celles qui devaient travailler à sa gloire. Au saint Patriarche de les protéger, de les garder, de les nourrir : à elles de le faire connaître, aimer et servir par toutes les personnes sur lesquelles elles pouvaient avoir quelque influence.

La piété si tendre de la Mère Marie de Saint-Charles semblait encore augmenter d'intensité quand, avec le mois de mars, s'ouvraient les exercices en l'honneur de saint Joseph, et cette ardeur elle la communiquait à ses filles dans des entretiens remplis de ferveur et d'amour.

« Préparons-nous au mois de saint Joseph avec esprit de foi, leur dit-elle à la fin d'un mois de février. Quand on veut obtenir des faveurs de quelqu'un, on prie de manière à toucher son cœur, c'est-à-dire avec humilité et confiance. Agissons ainsi à l'égard de notre saint protecteur. Que la foi, mais une foi vive, anime notre prière pendant ce saint mois. Quand on désire une protection, on s'efforce de plaire à la personne qui peut nous l'accorder. Nous voulons que saint Joseph nous accorde des grâces, demandons-les lui humblement ; nous désirons qu'il nous protége, gagnons sa protection en travaillant à acquérir, pendant ces jours consacrés à l'honorer, au moins une des vertus dont il nous donne l'exemple. Mais, pour plaire à saint Joseph, nous devons être toutes de bonnes religieuses ; c'est d'abord cette grâce que nous devons lui demander. »

« Pendant ce mois consacré à saint Joseph, dit encore la Révérende Mère dans un de ses entretiens, nous devons nous appliquer à honorer et à imiter ce bon père par l'acceptation courageuse de nos peines et de nos contrariétés journalières, de quelque part qu'elles nous viennent, par un grand désir d'en faire un saint usage, et des efforts soutenus pour garder le calme et la paix au milieu de nos croix. »

« Faisons avec confiance et ferveur les exercices du mois de saint Joseph, dit-elle ailleurs ; soyons constantes dans nos demandes, nos mortifications ; ne croyons pas que nous ne sommes pas exaucées quand nous ne voyons pas immédiatement l'effet de nos prières, mais au contraire continuons-les avec plus de foi encore. »

« D'ici à notre première réunion, appliquons-nous, sous la protection de saint Joseph, à diriger nos mortifications vers la correction de nos défauts de caractère, car ces sortes de défauts font souffrir nos sœurs, les malédifient et nous empêchent de faire dans nos emplois tout le bien qui serait en notre pouvoir si nous étions d'une humeur plus égale.

« Une conséquence plus grave encore de ces défauts de caractère, que nous regardons peut-être comme peu de chose, c'est de troubler la paix intérieure, aussi bien que la paix extérieure. Il est impossible de conserver la paix avec Dieu, avec le prochain et avec soi-même, si l'on ne sait pas maitriser son humeur et vaincre ses passions.

« Etudions dans saint Joseph les vertus contraires à nos défauts et demandons-lui de nous aider à les pratiquer ; demandons-lui encore son aide puissante pour acquérir l'esprit de piété et continuons à faire des efforts pour y arriver. »

Les mois de mars et d'avril nous ramènent la fête de

saint Joseph et celle de son patronage. La Révérende Mère s'y préparait avec une grande ferveur et ne manquait jamais d'en entretenir ses filles.

« La fête de saint Joseph approche avec la grande faveur de l'indulgence plénière et celle de l'adoration du Saint-Sacrement. Préparons-nous aux grâces que notre bon père nous destine par l'imitation de ses vertus et l'acceptation de nos croix de chaque jour. Prions-le avec instance d'obtenir, pour la Congrégation et chacun de ses membres, la grâce de correspondre fidèlement aux desseins de Dieu. »

Le 18 mars 1870, la Mère Marie de Saint-Charles donne des conseils qui prouvent, en même temps que sa confiance en son protecteur, son grand amour de l'Eglise et du Souverain Pontife.

« Demain, priez beaucoup saint Joseph pour le triomphe de la sainte Eglise ; demandez-lui surtout pour la Congrégation un attachement inviolable au Souverain Pontife et l'esprit d'humilité qui préserve de l'erreur.

« En cette fête, prions aussi le Cœur de Jésus par celui de Marie, de glorifier son père nourricier, en le faisant déclarer patron de l'Eglise universelle. »

Ce vœu de la Mère Marie de Saint-Charles allait bientôt se réaliser.

A la veille de la fête du Patronage de saint Joseph, la Révérende Mère dit à ses filles : « Essayons de bien profiter des grâces que nous avons reçues pendant la neuvaine préparatoire à la fête que nous célébrons demain. Appliquons-nous sérieusement au silence, au recueillement et au bon emploi du temps que le bon Dieu nous donne pour le servir. »

Quelques années plus tard, la vénérée Mère dit encore : « Pour obtenir le patronage de saint Joseph, proposons-nous de l'imiter plus sérieusement que jamais dans sa vie intérieure, par le silence, le recueillement, la prière ; et dans sa vie active par la fidélité au bon emploi du temps, selon que l'obéissance nous l'a fixé. »

CHAPITRE XIV

Sa dévotion aux Saints Anges et aux âmes du Purgatoire

Une autre dévotion bien chère à la Mère Marie de Saint-Charles était la dévotion aux Saints Anges. Elle vivait avec eux dans une douce intimité. La pensée de son ange gardien ne la quittait pas. Elle vivait dans sa compagnie, et dans les plus grandes difficultés de sa charge, comme dans les plus légers embarras, elle avait recours à lui. Lui eût-il apparu visiblement, qu'elle n'eût pas davantage senti sa présence, tant sa foi en cet esprit bienheureux était grande. Elle avait au même degré le sentiment de la présence de l'ange gardien des personnes qui l'entouraient. On peut dire qu'elle vivait dans une atmosphère angélique.

Ses pratiques de piété en l'honneur des Saints Anges étaient nombreuses. Comme nous l'avons déjà vu, quand elle écrivait à ses filles, elle ne manquait jamais de saluer leurs bons anges. Elle les engageait à s'adresser à eux dans leurs difficultés, et quand on la demandait dans une communauté pour arranger quelque affaire, si elle ne pouvait s'y rendre, elle déléguait son bon ange à la supérieure, sûre qu'elle était qu'il mènerait tout à bonne fin.

Visitait-elle une communauté? Aussitôt qu'elle arrivait en vue de la maison, elle saluait les bons anges des sœurs qui l'habitaient et les priait de faire que son passage dans cette maison fût une source de grâces pour les sœurs.

Dans ses conseils à ses filles, elle leur recommandait toujours d'être bien fidèles à suivre les bonnes inspirations de leurs anges gardiens et à vivre toujours sous l'influence de ces bienheureux esprits.

Quand elle conduisait des sœurs à une nouvelle fondation, elle ne manquait jamais, en apercevant l'église de la paroisse où ses filles allaient se dévouer, d'en saluer les anges gardiens.

« Prions, mes chères filles, disait-elle aux sœurs qui l'accompagnaient, prions les bons anges de cette paroisse. Ils seront vos aides et vos guides dans le bien que vous êtes appelées à faire. »

En entrant dans la communauté, ancienne ou nouvelle, elle s'agenouillait avec les sœurs, et après avoir consacré ses enfants, avec tous leurs intérêts, au Sacré-Cœur et à la Sainte Famille, elle les recommandait instamment aux Saints Anges gardiens. Elle avait eu soin d'abord d'envoyer son ange à elle pour préparer les voies. Ces esprits célestes accomplissaient si bien leur mission que toutes les difficultés s'aplanissaient devant la Mère Marie de Saint-Charles.

La dévotion de la vénérable Mère revêtait un caractère de touchante intimité quand elle priait celui qui lui avait été donné pour guide. C'était pour elle un ami, un familier. Elle lui donnait une part dans toutes ses affaires et lui confiait les affaires de ses enfants.

Elle le priait avec une piété si tendre, une confiance si absolue, une simplicité si touchante, que ses filles se demandaient souvent si son bon ange ne lui faisait pas sentir sa présence sensible. Quand la Mère Marie de Saint-Charles visitait une sœur malade, elle ne la quittait jamais sans lui laisser son ange gardien ; et quand elle ne pouvait pas visiter elle-même les malades de l'infirmerie, elle priait son bon ange de la remplacer près d'elles.

Mais ce n'est pas seulement des affaires de la Maison-Mère que l'ange gardien de la Révérende Mère était chargé. Quand, dans une communauté, s'élevait une difficulté, on avait recours à la Supérieure générale. Il arrivait quelquefois qu'elle était retenue ; alors elle écrivait à la supérieure dans l'embarras : « Il m'est impossible, pour le moment, de me rendre à votre appel, mais je vous envoie mon bon ange gardien, il arrangera tout pour le mieux. » Le plus souvent, le céleste envoyé remplissait son mandat à la satisfaction générale.

« Quelquefois, nous dit une sœur, nous nous plaignions à notre Mère de n'avoir pas reçu de lettres d'elle depuis longtemps, mais elle nous répondait : « Je vous ai envoyé mon bon ange, il vous a dit tout ce que j'aurais pu vous écrire, et bien mieux encore. »

La même sœur nous dit encore : « Une fois, je dis à notre Mère, en souriant : « Vous dites que vous nous envoyez votre bon ange ; mais il reste avec vous ; il ne vient pas nous trouver. » — Notre Mère prit un air sérieux : « Et moi je vous dis qu'il a été souvent vous consoler et vous inspirer. » Alors je fus obligée d'avouer que souvent, dans des moments d'angoisse, je m'étais trouvée tranquillisée, consolée même, sans savoir d'où me venait cette paix.

« Ayez confiance, confiance dans l'ange de votre Mère, ma fille, dit alors notre bonne Mère Marie de Saint-Charles : il peut beaucoup là où je ne pourrais rien. »

C'était encore à ces bienheureux esprits qu'elle confiait le soin d'apaiser les différends qui s'élevaient quelquefois entre la Congrégation et les administrateurs, fondateurs ou bienfaiteurs des communautés. Le céleste intercesseur réussissait toujours à tout arranger.

Comme l'archange Raphaël conduisit le jeune Tobie jusqu'à Ragès et le ramena ensuite sain et sauf à ses parents, ainsi de temps en temps l'ange gardien de la Révérende Mère servit de guide à des sœurs égarées dans des chemins inconnus.

Cette piété si tendre de la Mère Marie de Saint-Charles envers les bons anges semblait augmenter d'intensité quand s'ouvrait le mois dédié à ces esprits bienheureux. C'était aussi pour elle le moment d'exciter dans le cœur de ses filles un amour plus ardent pour les saints Anges. Mais, comme on a pu le remarquer pour le mois du Sacré-Cœur, de la Sainte Vierge et de saint Joseph, ses conseils sont essentiellement pratiques et visent toujours à l'imitation des vertus.

« Pendant ce mois que l'Eglise consacre aux saints Anges, dit la Révérende Mère, au moment où s'ouvre le mois d'octobre, honorons et prions ces célestes esprits ; acquittons-nous de nos exercices de piété avec une grande pureté de cœur, afin de mieux imiter les anges, qui chantent avec tant d'amour les louanges de Dieu. Pour obtenir leur protection, imposons-nous chaque jour une pratique de piété en leur honneur. »

« Renouvelons-nous de plus en plus dans la dévotion aux saints Anges, dit un peu plus tard la Mère Marie de Saint-Charles, et dès aujourd'hui prenons la résolution de faire chaque jour un acte de mortification en vue de les honorer et d'obtenir leur puissant appui. »

« Appliquons-nous à nous rendre de plus en plus dignes de l'assistance et des bons soins de nos saints Anges par la sainteté de notre vie. »

A la veille de la fête du Patronage de la Sainte Vierge, les sœurs étant réunies pour un exercice de Règle, la Mère Marie de Saint-Charles unit dans son exhortation le nom de la Vierge à celui des saints Anges.

« Au commencement de cet exercice, leur dit-elle, retrempons-nous dans l'esprit de foi, dans une vive douleur de nos fautes et le désir sincère d'être, avec le secours de la grâce, plus fidèles au bon Dieu. Unissons-nous aux neuf chœurs des anges pour honorer Marie et nous préparer à bien célébrer la fête de son patronage. »

Quelques années plus tard, nous lisons dans les avis donnés aux sœurs de Kermaria : « Faisons avec dévotion le mois des saints Anges. Efforçons-nous de les imiter dans leur amour pour Dieu, dans leur charité pour les hommes, dans leur pureté angélique et surtout dans l'accomplissement le plus exact possible de la divine volonté. »

« Nous avons vu dans la méditation de ce matin combien le péché véniel défigure la beauté de notre âme et quel mal c'est de le commettre délibérément. Prions avec ferveur et persévérance ces esprits bienheureux de nous obtenir une vive horreur des moindres fautes volontaires. Prions-les aussi tout particulièrement pour le Saint-Père, la France, la Congrégation. »

Mais ce n'est pas seulement l'honneur à rendre aux saints Anges que la Révérende Mère recommande à ses filles. Elle veut encore qu'elles s'adressent à ces bienheureux esprits pour obtenir, par leur intercession, la grâce d'être toujours dignes du saint état qu'elles ont embrassé.

« Mes chères filles, soyez fidèles à bien préparer votre oraison. D'abord, éloignez-vous du péché, tenez-vous dans un grand esprit de recueillement et détachez-vous de tout ce qui pourrait vous distraire de Dieu.

« Acquittez-vous bien aussi de l'examen particulier. Quand nous accomplissons sérieusement et pieusement ces deux exercices si nécessaires dans la vie religieuse, nous sommes plus attentives sur nous-mêmes, et par suite nous évitons bien des fautes.

« Prenons aujourd'hui une forte résolution sur l'un ou l'autre de ces points, et faisons-le pour honorer et réjouir les saints Anges, qui n'ont d'autre vue, dans les soins affectueux qu'ils nous prodiguent, que de nous conduire à Dieu. Prions-les aussi de nous obtenir la grâce d'être plus fidèles à cette résolution. »

Pendant tout le mois, la Révérende Mère continue à mêler le nom des saints Anges à tous ses entretiens.

« Ranimons-nous dans la dévotion aux saints Anges et ne passons aucun jour sans faire quelque pratique de piété en leur honneur, non seulement pendant ce mois d'octobre qui touche à sa fin, mais pendant toute l'année ; car c'est toujours, et à chaque instant, que nous profitons de leurs soins.

« Demandons souvent par eux le triomphe prochain de la sainte Eglise, du Souverain Pontife et le salut de la France. Prions-les aussi pour notre Congrégation ; demandons pour elle l'union intime des esprits et des cœurs dans la charité de Jésus, l'affermissement de chacun de ses membres dans l'esprit intérieur, les vertus solides, l'amour de la croix, le mépris du monde, la simplicité et le dévouement. »

Le mois d'otobre touche à sa fin et la Mère Marie de Saint-Charles écrit « Redoublons d'amour et de ferveur dans notre dévotion aux saints Anges afin de réparer nos négligences du mois. »

Plus loin, nous lisons encore : « Terminons le mois des saints Anges en nous consacrant bien à eux et en adoptant une petite pratique journalière en leur honneur ; par exemple, saluer intérieurement les saints Anges de nos sœurs ; confier à notre ange gardien, ou aux saints Anges en général, les difficultés que nous prévoyons devoir rencontrer dans nos emplois, dans nos relations avec le

prochain ; leur confier le soin de nos âmes, particulièrement pendant nos exercices de piété, recourir à eux
dans les tentations, dans les désolations spirituelles. Vos
bons anges eux-mêmes auront soin de vous inspirer des
pratiques propres à les honorer et à vous sanctifier. »

Le mois des âmes du Purgatoire suit de près celui des
saints Anges. La piété de la Mère Marie de Saint-Charles
était trop éclairée pour ne pas comprendre la gloire
accidentelle que procure à Dieu la délivrance de ces
saintes âmes, et elle avait le cœur trop tendre pour ne
pas gémir avec elles de la durée de leur exil et ne pas
faire tout son possible pour l'abréger. Aussi n'est-ce pas
seulement pendant le mois de novembre, mais à tous les
moments, qu'elle recommandait à ses filles de soulager,
autant qu'il serait en leur pouvoir, les âmes du purgatoire ;
mais pendant ce mois qui leur est consacré, elle devenait
plus pressante.

« Demain s'ouvre le mois consacré aux âmes du purgatoire. Notre charité envers ces pauvres âmes, captives
dans ce lieu de douleur, doit redoubler d'intensité.
Faisons-leur souvent, à chaque instant même, l'aumône
de nos prières et de nos sacrifices. Dans cette vue,
redoublons de vigilance pour corriger ce qui, dans notre
caractère, pourrait faire souffrir les personnes qui nous
entourent ; veillons sur notre langue, afin de garder la
charité ; sur nos jugements, afin de n'en point faire qui
nous porteraient à mépriser le prochain. Profitons de
tout ce qui est pour nous matière à sacrifice dans la
pratique des vertus religieuses. »

Un peu plus tard, la Révérende Mère revient encore sur
le soulagement des âmes du Purgatoire par le sacrifice.

« Pour soulager les âmes du Purgatoire, nous avons à
notre disposition la prière et le sacrifice. Parmi les
sacrifices dont nous pouvons faire bénéficier ces saintes
âmes, il y en a qui nous sont imposés par la Providence :
ce sont nos croix de chaque jour, nos fatigues, nos
difficultés de toute espèce, nos souffrances physiques et
morales. Les autres, inspirés par la grâce, peut-être
même par notre conscience, sont de notre libre choix.

« Dans les deux cas, chaque sacrifice est une perle que nous sommes libres de recueillir ou de laisser perdre. Si nous la recueillons, nous soulageons les âmes du purgatoire, nous glorifions Dieu et nous acquérons pour nous-mêmes de nombreux mérites ; si nous la laissons perdre, elle reste sans valeur et Dieu nous demandera compte des grâces reçues dont nous n'aurons pas su profiter. La résolution à prendre, mes chères filles, c'est de nous servir de tous les moyens que le bon Dieu nous donne de soulager les âmes du purgatoire et d'augmenter nos mérites : l'abus des grâces est une chose terrible. »

La Révérende Mère ne laisse échapper aucune occasion qui puisse ajouter quelque chose au trésor des indulgences en faveur des saintes âmes du purgatoire.

Chez les Filles de Jésus, il est d'usage de sonner un exercice cinq minutes avant l'heure réglementaire. Ces cinq minutes doivent être employées à se préparer, en silence, à l'exercice qui va commencer. Mais il arrive quelquefois que les recommandations souvent renouvelées sont oubliées et que le silence est rompu. Ce qui arrive maintenant quelquefois se produisait aussi du temps de la Mère Marie de Saint-Charles, car nous l'entendons souvent revenir sur ce point, en engageant ses filles à faire bénéficier les âmes du purgatoire de ces cinq minutes de silence : « Renouvelez-vous, leur dit-elle, dans la ferme volonté de garder le silence au premier son des cinq minutes, et cela en vue de soulager les âmes du purga-toire. »

Le 31 octobre 1882, la vénérable Mère recommandait avec instance à ses filles de faire avec une grande ferveur le mois des âmes du Purgatoire.

« N'oublions pas les défunts pendant le mois qui leur est consacré. Prions pour eux avec plus de ferveur encore qu'à l'ordinaire. Ils ont tant besoin de nos suffrages ! Nous continuerons à couper la récréation par un *De Profundis*, et nous ferons notre retraite du mois le jour des morts, afin de nous mieux disposer à être utiles à ces chères âmes par nos prières et nos sacrifices. Pratiquons, pour les soulager, un silence plus exact au son de la cloche qui annonce les cinq minutes de préparation aux exercices, soyons attentives à garder la sainte pauvreté dans les points où nous serions le plus inclinées à la négliger. Montrons-nous aussi plus polies, plus prévenantes, plus aimables les unes envers les autres, nous aidant réciproquement, par le support mutuel, à avancer vers Dieu, par la pratique tout amoureuse des vertus qui font les vraies religieuses. »

« En ce mois de novembre, dit-elle encore, excitons notre dévotion aux âmes du purgatoire, aidons-les, non seulement par nos prières, mais encore par nos peines, nos renoncements et nos sacrifices offerts à leur intention. Elles sont peut-être dans le lieu d'expiation pour des murmures, des négligences dont nous nous rendons nous-mêmes si souvent coupables ; peut-être pour ne s'être pas servies des créatures selon les desseins de Dieu sur elles. C'est par des actes contraires que nous pouvons les en délivrer. Redoublons d'exactitude dans l'obéissance, d'attention dans l'exercice de la pauvreté et la pratique de la modestie, enfin dans la charité mutuelle. Notre travail, tout en soulageant les âmes du purgatoire, nous sera aussi utile : il diminuera le nombre de nos fautes et disposera le Cœur de Dieu à user de miséricorde envers nous, quand ce sera notre tour d'expier dans les flammes du Purgatoire nos fautes journalières, malheureusement si nombreuses. Les âmes du purgatoire, qui ne peuvent rien pour elles-mêmes, peuvent beaucoup pour leurs bienfaiteurs.

« Implorons leur intercession près de Dieu, afin d'obtenir des grâces personnelles dont nous avons besoin pour triompher de nous-mêmes en ce qui fait le plus obstacle à notre perfection, et demandons pour la Congrégation les grâces spirituelles et temporelles qui l'aideront le plus à remplir les vues de Dieu sur elle. »

NOTES DE RETRAITES

De tout ce qui précède, nous pouvons nous rendre compte de ce qu'était la vie intérieure de la Révérende Mère Marie de Saint-Charles ; mais, pour en donner une idée vraiment complète, nous joignons aux notes intimes déjà recueillies quelques-unes de ses méditations et résolutions de retraites.

RETRAITE DU 28 AOUT 1869

CONVERSION DE LA MADELEINE

Vue des personnes : I. *Jésus*. — Quelle bonté, regard et action de son divin Cœur sur le cœur de la pécheresse ! Il encourage, il pardonne, il ranime, il agrandit, il pénètre de reconnaissance et d'un repentir plein d'amour. Voilà mon modèle dans ma conduite envers mes sœurs.

II. *Les Pharisiens*. — Quel air froid, sec, orgueilleux, dédaigneux ! Comme ils méprisent cette pauvre pécheresse ! Voilà les défauts que je dois éviter dans ma conduite.

III. *La Pécheresse*. — Quelle contrition, quel oubli d'elle-même, quel mépris de la désapprobation et du jugement des hommes ! Elle ne s'occupe que de Jésus, elle ne voit que Jésus ; elle est si perdue dans la véhémence de sa contrition, de son amour et de sa reconnaissance qu'elle ne pense pas à ce que peuvent dire les pharisiens.

Voilà ce que je ferai quand mes dispositions se rapprocheront de l'ardeur des siennes ; car je suis encore bien froide et loin d'aimer Dieu comme je le désire et qu'il le mérite.

Revenant ensuite sur l'action intime du regard de Jésus passant au cœur de la pécheresse, l'attirant malgré ses péchés, avec une suavité sans pareille, au repentir, à la confiance et à l'amour, j'ai renouvelé la résolution prise au premier point d'imiter la suavité de Jésus dans ma conduite envers mes sœurs.

Règne de Notre-Seigneur

J'ai senti une crainte naturelle que Notre-Seigneur ne me prenne au mot dans l'offrande de moi-même faite à sa divine Majesté et ne me conduise trop loin.

Cependant je l'ai faite cette offrande de tout cœur, malgré la répugnance que j'ai sentie et que je sens encore. Quand Jésus sera avec moi, qu'aurai-je à craindre ? Je me suis offerte à le suivre surtout au calvaire et jusqu'à la croix, car, hélas ! combien d'âmes le suivent jusqu'à l'entrée du calvaire et le quittent là. L'amour de Madeleine l'a retenue au pied de la croix jusqu'au dernier soupir de Jésus. Ce serait une grâce dont je ne suis pas digne, et pourtant quel bonheur pour moi si je pouvais mourir là aussi, tout près de mon divin Maître !

Oui, ô mon Jésus, c'est de tout mon cœur que je veux vous suivre et vous suivre du plus près possible, et par la voie qui vous sera la plus agréable. Les raisons qui m'y déterminent sont l'amour que vous portez aux hommes et, en particulier, celui que vous portez à mon âme.

Je veux vous suivre, ô mon Jésus, pour consoler votre cœur de la blessure que lui cause l'aveuglement de tant d'hommes qui ne veulent pas que vous régniez sur eux, et qui vont de plein gré se ranger sous la royauté de Satan.

Je veux vous suivre, ô mon divin Roi, afin de vous servir, et, par mes services, satisfaire pour ces malheureux, selon votre bon plaisir.

Les deux Étendards

J'ai éprouvé des sentiments de crainte à la vue des ruses que le démon emploie pour perdre les hommes. Combien j'ai à me mettre en garde contre ce tyran. J'ai vu dans sa personne l'image d'une supérieure qui se laisse aller à ses passions. Comme elle est dure, cruelle, exigeante, tyrannique ! Il lui faut dans ses inférieures une perfection accomplie pour combler le vide de la sienne. Combien je dois me mettre en garde contre une telle conduite.

Dans Jésus, ce qui me touche, ce sont les sentiments intimes de son cœur, la beauté et la grâce de ses traits, sentiments et beauté qui font couler dans l'âme, même avant qu'il ait parlé, le goût avec le désir de se ranger sous son étendard.

C'est de tout cœur que je l'ai prié de me serrer le plus près possible de sa personne.

J'ai vu en lui le modèle d'une bonne supérieure : bonté, aménité, toujours à la tête des siens pour les animer, les encourager au milieu des fatigues, des luttes et des combats. Tel est Jésus, telle aussi je veux être.

Dans les colloques, je demande ardemment à Jésus d'être reçue et conservée, à quelque prix que ce soit, sous l'étendard de Jésus, arrachant de mon cœur toute affection non seulement naturelle, mais encore intérieure ; tout attachement aux vertus, aux goûts et consolations sensibles, et en me donnant la force de souffrir les mépris, les injures, les déceptions, si tout cela entre dans les desseins de Dieu.

Oui, mon Jésus, c'est bien de tout mon cœur que j'accepte d'être privée de consolation et accablée de souffrances ; car je sais que j'aurai part à la victoire à proportion de la part que j'aurai prise aux travaux.

En revenant sur cette méditation, je me suis sentie remplie de crainte à la vue des pièges que le démon tend aux hommes. Qui les évitera ?... L'âme humble...

Le démon s'élève toujours ; toujours il prend la première place. C'est ainsi qu'en agit l'âme orgueilleuse. Comme Satan, elle est assise sur un trône, mais sur un trône de feu ; elle brûle tout ce qui l'entoure par ses paroles piquantes et son air impérieux. Voilà comme j'aurais peut-être agi si la croix n'était venue modifier et abaisser ma nature ; il faut que je m'éloigne même dans les moindres choses de cette manière d'agir, et que je considère mes sœurs comme bien au-dessus de moi par la vertu et le mérite.

Le démon cherche à perdre les âmes par l'amour des richesses. Pourquoi donc craindrais-je tant la pauvreté actuelle de la congrégation? N'est-elle pas plutôt un bien qu'un mal, surtout dans ce moment ? Les richesses conduisent à l'ambition, à la mollesse, à l'amour du bien-être, à la sensualité. Notre situation nous préserve de tous ces dangers. Je dois faire tout ce que je pourrai pour que mes sœurs ne manquent pas du nécessaire ; mais après cela, je veux me réjouir de cette pauvreté et des humiliations qu'elle nous attire parfois, ranimant ma foi aux paroles de Notre-Seigneur: « Cherchez d'abord le royaume de Dieu et sa justice et tout le reste vous sera donné par surcroît. »

Contrairement à son orgueilleux adversaire, Notre-Seigneur se tient dans un lieu très humble ; il ne choisit ni la plus belle ni la meilleure place.

La chambre que j'habite et tout ce qui est à mon usage doit sentir l'humilité de mon divin Roi. C'est pour moi une étroite obligation de donner à toutes mes filles l'exemple de la pauvreté la plus exacte. Dès maintenant je vais en retirer tout ce qui n'est pas absolument nécessaire.

Dans cette plaine, où il est assis, Jésus réunit autour de lui ses disciples et là leur enseigne les vertus dont il veut les voir parés. L'humilité de l'esprit, la mortification de soi-même, la pauvreté réelle sont le but où tendent les inspirations de cet admirable guide et la fin où il veut conduire les âmes, car la pratique de ces vertus est toujours accompagnée de joie, de repos, de paix, de confiance et de ferveur.

Cette conduite de Jésus à l'égard de ses disciples est celle que je dois tenir à l'égard de mes sœurs. Comme ce divin Sauveur, je dois me montrer paisible, pleine de bonté et d'aménité ; mais c'est dans le cœur de Jésus et non à une autre source que je dois aller puiser ces vertus, par la pratique desquelles j'acquerrai assez d'empire sur les cœurs pour les porter à Dieu. Dans de nouveaux colloques, j'ai demandé à Jésus de me recevoir sous son étendard avec toute la congrégation, de nous serrer le plus possible près de son cœur, puisque nous sommes spécialement ses filles, et que nous avons un désir ardent de la pauvreté, des opprobres, des mépris et de la croix, qui ont été son partage ici-bas.

Résolutions de la Retraite d'Août 1869

Après m'être mise en la présence de Dieu et avoir examiné ce que je voudrais avoir fait en cette circonstance au moment de la mort, voici les résolutions que je prends.

Pour habituer mon cœur à la pensée que je n'ai rien qui ne vienne de Dieu, que je n'ai de moi que mon néant et mes misères, je me propose de faire trente fois par jour cette élévation : « Mon Dieu, mon tout, à vous seul soient honneur et louange et à moi le sentiment de mon néant et de ma pauvreté. » Je veux surtout laisser ces pensées pénétrer mon cœur, afin de le porter à la reconnaissance et à l'humilité.

Considérant aussi que le choix d'une vertu d'attrait pourrait beaucoup m'aider à avancer vers Dieu et à y entraîner les âmes dont je suis chargée, je prends la résolution de cultiver en moi la vertu de charité envers le prochain et d'abandon au bon plaisir de Dieu dont la sainte Vierge nous donne l'exemple au sein de l'Église naissante ; d'imiter son égalité d'humeur, son aménité, sa douceur, sa dignité modeste, surtout son esprit de sacrifice et, comme elle, de ne pas vivre un instant pour moi, mais pour Dieu et le salut des âmes.

Telles sont mes résolutions, Seigneur ; veuillez les confirmer, les bénir et m'accorder la grâce d'y être fidèle.

RETRAITE DU MOIS D'AOUT 1870

Méditation sur le péché

Le premier point m'a arrêtée longtemps. J'étais pénétrée du triste état où le péché a réduit l'homme sur cette terre et du danger où il est de le commettre de nouveau. La chute et la punition du plus grand et du plus beau des Anges m'a frappée. Il en est ainsi des âmes comblées des bienfaits de Dieu ; plus elles ont reçu de grâces, plus leurs chutes sont profondes quand elles manquent de fidélité.

Mon Dieu, quand je pense au mal que j'aurais pu commettre, je me confonds devant votre bonté et votre indulgence.

Dans la revue générale des fautes de ma vie, Seigneur, c'est surtout le souvenir des grâces dont vous m'avez comblée qui me touche.

La vue de Jésus en croix, mort pour mon salut, produit en moi une vive horreur du péché et un désir sincère de faire à l'avenir plus d'efforts que jamais pour éviter la moindre faute délibérée, car encore que ces fautes ne soient que vénielles, elles doivent être mortelles pour mon cœur.

Pour toutes ces grâces, aussi bien que pour mes fautes, je dois m'attacher à porter patiemment et amoureusement les peines de la vie pour satisfaire à la justice divine.

Dans le colloque de cette méditation, je me suis sentie portée à m'offrir à Notre-Seigneur comme victime, afin de réparer, en union avec lui, mes propres péchés, ceux qui ont été commis dans la congrégation, et enfin ceux qui inondent la terre et y attirent la malédiction du ciel.

Méditation sur la mort

Dès le premier prélude, la vue de la croix posée au bas de mon lit, et sur laquelle s'arrêtaient mes regards mourants, m'a rendu la mort plus douce. Pour voir Dieu, il faut mourir. La mort est un gain pour moi ; je veux m'appliquer à la voir toujours comme une amie, une libératrice qui vient m'ouvrir les portes de la prison et me rendre à la liberté. Je veux m'encourager à aimer et à souffrir par le souvenir familier que la mort n'est plus éloignée, qu'il faut que je me hâte de mourir chaque jour à moi-même, selon les occasions que la Providence me présentera, afin de la voir arriver avec bonheur, puisqu'elle doit me mettre en possession du Souverain Bien.

« O mon Jésus, faites que ma mort ressemble à la vôtre et que mon dernier soupir soit un acte de pur amour. »

J'étais doucement occupée à me rappeler la scène que j'ai si souvent contemplée à la mort de mes sœurs, les réflexions qui me venaient en leur donnant le baiser de paix sur le bord de la tombe, lorsqu'on est venu me tirer de ma retraite. Je me suis efforcée de quitter Dieu pour Dieu, en allant où l'on me demandait.

J'envie et je soupire après la sainte liberté des âmes qui savent aussi bien trouver Dieu dans une visite qui les contrarie que dans l'exercice de l'oraison.

Plus tard, j'ai repris cette méditation sur la mort. Elle me porte à me détacher de plus en plus de l'estime et de l'affection des créatures, affection qui ne me servira de rien au dernier jour. Elle me donne le désir de travailler à acquérir une humilité vraie et sincère et le désir encore plus grand de me faire sainte avec les moyens actuels que le bon Dieu me donne, me servant de tout pour m'avancer vers lui.

Dans la considération du dépouillement universel où nous met la mort, je me suis sentie fortifiée dans le désir de me dépouiller moi-même de tout ce à quoi je sentirais de l'attache, afin de n'avoir plus rien à quitter au dernier jour. Puisque la mort doit me réduire en poussière, et pour ainsi dire au néant, je veux m'appliquer plus que jamais à mépriser les vanités du monde et tout ce qui sent l'esprit du monde, afin que, par ces moyens, mourant chaque jour à moi-même en quelque chose, ma mort devienne pour mon âme le commencement de cette vie après laquelle j'ai tant soupiré, vie toute à Dieu, toute pour Dieu.

Méditation sur la Tiédeur

Ses signes — Ses causes — Ses effets — Ses remèdes :
Vouloir — Agir — Prier.

Je me suis efforcée de bien comprendre, pour éviter le malheur terrible de tomber dans cet état de tiédeur volontaire dans ses causes et dont il est difficile de sortir. D'où peut venir ce mal si dangereux? En méditant bien, j'ai vu que c'est par le mépris des petites choses qu'on commence à dégénérer. Il faut donc que je sois vigilante, et sur moi-même et sur les âmes que le bon Dieu m'a confiées. Malheur à moi si elles venaient à se perdre par ma faute!

Il faut ensuite que je sois docile, courageuse et ferme pour employer les moyens qui me seront indiqués, de la part le Notre-Seigneur dans ma position présente, pour ma vie intérieure et la vie de la règle, dans la Congrégation.

« Cœur de Jésus, vous voyez ma faiblesse; daignez, daignez me secourir et me fortifier! »

Mais quels sont ces moyens? Vous me les inspirez par votre ministre, ô mon Dieu, et ces moyens seront en même temps mes résolutions de retraite.

Résolutions de la Retraite d'Août 1870

1° Vivre moins avec moi-même et plus avec Dieu.

2° Rejeter dans le travail intérieur personnel ce qui tient aux difficultés du gouvernement extérieur. Conduire ce gouvernement indépendamment de toutes ces préoccupations.

3° Étudier les règles. Noter les difficultés qu'elles présentent pour les faire résoudre en temps opportun.

4° Continuer la manière d'oraison actuelle, qui unit au bon Dieu; mais deux fois par semaine s'exercer, par la contemplation des mystères, à une méditation plus en rapport avec la méthode suivie dans la Congrégation.

5° Continuation de la communion quotidienne.

6° Vœu héroïque pour un an.

7° Pénitences ordinaires.

RETRAITE DU MOIS D'AOUT 1871

Réflexions sur la Croix

La croix est ce que Notre-Seigneur a de plus précieux et ce qu'il réserve à ses plus chers amis. S'il nous envoie des épreuves, c'est qu'il veut se servir de nous pour procurer sa gloire. Et puis, qui ne sent le besoin de souffrir par le temps qui court, lorsque le nombre de ceux qui souffrent est si grand, lorsqu'il y a tant besoin d'offrir à Dieu des actes nombreux d'expiation pour satisfaire sa justice et apaiser sa colère !

La croix est le plus précieux gage de l'amour de Dieu pour les âmes. Celles qui portent bien la croix donnent à Dieu le plus excellent témoignage de leur amour. La croix est l'épreuve de la charité pour les âmes, comme le feu est l'épreuve de la pureté pour l'or.

Quelle estime ne devons-nous pas faire de la croix !

J'ai goûté et savouré ces pensées ; elles m'ont tenue attentive pendant toute la méditation et ont produit des affections diverses dans son âme. J'ai reconnu que je ne puis, à cause de ma faiblesse, me conserver sans souffrance dans la pureté de l'amour de Dieu ; aussi, comptant toujours sur la grâce, j'ai prié Notre-Seigneur de m'envoyer chaque jour assez d'épreuves pour lui demeurer fidèle et accomplir en tout les desseins de sa divine Providence.

Méditation sur le Purgatoire

Pour premier point, je me suis rappelé la définition du catéchisme. J'ai contemplé longtemps ce lieu de supplices et les âmes des justes qui y sont renfermées. Dans le second, je me suis figurée au tribunal de Jésus-Christ, chargée de chaines et condamnée à aller expier mes fautes dans ces prisons de feu, et mon bon ange gardien, ému de pitié, m'y conduisant.

Dans le troisième, j'ai demandé à Notre-Seigneur de

m'accorder la grâce de satisfaire entièrement à sa justice ici-bas, non de crainte des souffrances du Purgatoire, mais pour jouir immédiatement de sa présence après ma mort.

J'ai ainsi partagé ces points :

Quelles sont les peines du purgatoire?

Pourquoi les souffre-t-on?

Que faire pour les éviter?

Le sentiment qui m'a le plus touchée, et sur lequel je suis revenue souvent dans ma méditation, c'est d'être séparée de Notre-Seigneur après l'avoir vu; je ne puis supporter cette pensée. Aussi me suis-je bien proposé de tenir aux résolutions que j'ai déjà prises dans mon cœur, afin d'arriver à une plus grande pureté de cœur, par le soin d'éviter les moindres fautes volontaires et de réparer par la contrition, la prière et l'amour celles que j'ai déjà eu le malheur de commettre. Je veux aussi me renouveler dans la prière, les sacrifices et appliquer aux saintes âmes du Purgatoire toutes les indulgences que je pourrais gagner.

Dans mon colloque, j'ai surtout prié Dieu de m'aider à bien remplir mes résolutions.

MÉDITATIONS DIVERSES SUR LES MYSTÈRES JOYEUX DE LA VIE DE NOTRE-SEIGNEUR

Incarnation. — J'ai été saisie du rapprochement actuel du monde avec celui que décrit saint Ignace, et cela dès mon entrée dans la méditation.

Mon cœur a éprouvé une grande tristesse à la vue des maux qui couvrent la terre, et de la perte de tant d'âmes qui se précipitent dans les abimes de l'enfer comme par jeu.

Je n'ai pu que prier Dieu de leur ouvrir les yeux et de les sauver par une grâce toute-puissante, et je me suis offerte au bon Dieu, en union avec Notre-Seigneur et Notre-Dame, pour contribuer à leur salut dans la mesure de ses desseins, embrassant pour cette fin toutes les peines qu'il lui plaira de m'envoyer. J'ai aussi éprouvé un vif sentiment de reconnaissance en pensant à la grâce inestimable que Dieu m'a faite en me retirant de la foule, où j'aurais pu me perdre, pour me placer dans le paradis de la religion où j'ai tant de moyens de me sanctifier.

II. — *Visite de Marie à sainte Élisabeth.* — La contemplation de ce mystère m'a fait comprendre que Jésus ne peut demeurer dans un cœur sans le porter au zèle du salut des âmes. Aussitôt après l'Incarnation, Marie s'en va avec diligence dans le pays des montagnes. Sans doute c'est pour sanctifier le saint Précurseur par la présence du Verbe Incarné. En écoutant la conversation intérieure de Jésus et de Marie pendant ce voyage, il me semblait qu'ils étaient tout occupés du salut des âmes, qu'ils priaient pour elles et opéraient beaucoup de conversions sur leur passage. Alors, je me suis senti un grand désir : celui d'être remplie de l'esprit de charité de Notre-Seigneur dans le sein de sa Mère et la grâce de le communiquer au prochain, surtout à mes sœurs dans toutes mes relations avec elles, afin qu'en se retirant d'auprès de moi, elles soient animées pour la gloire de Dieu et le salut des âmes.

Entrant avec Marie dans la maison d'Élisabeth, j'ai admiré la suavité avec laquelle la Mère du Verbe incarné agit en tout dans cette visite.

Cette aménité, ce je ne sais quoi de divin sur sa personne, vient de ce que Jésus est avec elle, qu'elle est toute remplie de son esprit et qu'elle n'agit plus que par son esprit divin. Pour pratiquer la vraie charité, il faut nécessairement que, comme Marie ma divine Mère, je me remplisse de l'esprit de Jésus.

Une grâce que je veux obtenir par cette méditation, c'est une connaissance intime de la charité du cœur de Jésus, afin d'enflammer le mien du désir de l'imiter à l'exemple de Marie.

J'ai prié cette sainte Mère de me permettre de l'accompagner partout ; ce que j'ai fait, mais sans suavité. Je me suis humiliée de ma froideur momentanée. J'ai eu cependant, en terminant, de bonnes pensées : l'oubli et l'anéantissement de moi-même, en enlevant les obstacles à la charité, feront croître la vie de Jésus en moi, et si j'en suis bien remplie, sa charité pour les âmes se revêtira de celle de Marie ; alors je porterai dans les cœurs de ceux qui m'entourent la joie et la paix.

Naissance de Jésus. — Malgré la beauté du sujet, j'ai de la peine à contempler. Je prie et je m'offre à la sainte famille pour l'accompagner dans son voyage vers Bethléem ; mais il me semble entendre ces paroles : « Vous êtes trop grande, vous cherchez trop la hauteur de la perfection pour demeurer avec nous. » Et pourtant, ô mon Dieu, je ne veux de perfection que celle à laquelle vous m'appelez. »

J'ai suivi, malgré ma sécheresse, la sainte famille jusqu'à Bethléem et là j'ai vu toute la peine prise par saint Joseph pour procurer à Marie une demeure convenable. Alors j'ai pensé : « Moi aussi j'éprouve souvent de la peine parce que je ne peux pas toujours procurer à mes sœurs le bien-être qu'elles pourraient désirer. Cette peine n'est pas répréhensible ; ce désir de leur faire du bien non plus, puisque, en le faisant, j'imite saint Joseph, mon père et mon modèle.

Mais cette méditation m'a inspiré d'autres penséees. En ce voyage de Bethléem, et quand Marie et Joseph erraient dans les rues de la ville, ô Verbe divin, encore caché dans le sein de votre mère, vous goûtiez déjà les délices de la pauvreté, des mépris et des souffrances. Pourrais-je désirer la consolation et ses douceurs quand je vous vois comblé d'amertumes, même avant que de naître ? Non Seigneur, non ; je veux marcher sur vos traces et vous suivre partout où vous irez. »

La contemplation du voyage de la Sainte Famille et les mépris dont elle est accablée m'a portée à renouveler ma résolution de me tenir bien unie au bon Dieu dans toutes mes peines, de ne jamais prendre la meilleure place ; de ne pas craindre la fatigue quand le devoir, le bien de la Congrégation, le salut des âmes, demandent de moi des courses pénibles. Les rebuts de Bethléem, la pauvreté de l'étable me font un devoir d'aimer les rebuts et la gêne si je veux, tout de bon, suivre Notre-Seigneur, l'imiter et me signaler à sa suite, comme j'en ai pris la résolution.

Réfléchissant ensuite sur la naissance de Jésus dans l'étable de Bethléem, voici les pensées que le Saint-Esprit m'a inspirées :

Dans son incarnation et dans sa naissance, le Fils de Dieu s'est anéanti ; c'est-à-dire qu'il a embrassé toutes sortes d'humiliations, pour réparer la gloire de Dieu outragé et sauver le monde.

Cette gloire de Dieu est donc une grande chose et le péché un horrible attentat à cette gloire, puisque Dieu le Père en exige une aussi cruelle réparation de la part de son Fils.

Le Fils de Dieu, pour réparer cette gloire, a choisi les humiliations, les opprobres, l'ignominie, la souffrance et la mort. Ces moyens sont donc d'un grand prix aux yeux de Dieu, puisqu'il a voulu les partager avec nous. Nous-mêmes, quelle estime ne devons-nous pas en concevoir ! Non seulement nous devons les estimer, mais encore arriver à les aimer et à les désirer dans la pratique de la vie.

J'ai goûté et savouré ces vérités, mais d'une saveur où les sens n'ont eu aucune part.

J'ai encore admiré la bonté de Dieu, s'accommodant ainsi aux besoins de notre nature déchue. Depuis sa chute, l'homme ne pouvait plus grandir que par l'humilité. Il envoya sur la terre son fils unique, afin qu'il nous servît de modèle dans cette vertu inconnue jusqu'alors et depuis si peu pratiquée et si peu aimée en ce monde, où l'ambition et l'orgueil semblent vouloir tout envahir.

Je me suis arrêtée longtemps devant Jésus enfant, couché sur un peu de paille, dans le silence d'un grand recueillement.

Fuite en Egypte. — « Levez-vous, prenez l'enfant et la mère et fuyez en Egypte ». Saint Joseph se lève, réveille la mère et le fils et ils partent.

Jésus, encore tout petit enfant et déjà condamné à l'exil ! Marie et Joseph, les plus saintes âmes qu'il y ait au monde, fuyant avec lui, accablés de fatigue et d'inquiétude pour les jours du divin Enfant ! Et cependant pas une plainte, pas un murmure !

Dès que Marie a conçu Jésus dans son sein, la peine et la douleur semblent s'attacher à tous ses pas : l'humiliation, la pauvreté et la souffrance, les compagnes inséparables de la vie du divin Maître, seront aussi son partage et celui de saint Joseph.

Encline comme je le suis à chercher le repos, je veux désormais ne le trouver que dans l'entier accomplissement de la divine volonté, quelque contraire qu'elle soit à ma nature, et dans la liberté et l'indépendance de mon cœur envers tout ce qui n'y serait pas renfermé.

Notre-Seigneur à Nazareth : sa vie cachée. — La vie de Jésus, le Maître du monde, passant trente ans de sa vie à obéir, à travailler, caché dans l'humble boutique d'un artisan, m'apprend combien il importe à une âme qui veut devenir intérieure d'aimer la solitude. La leçon pratique que je veux retirer de l'exemple du divin Maître, c'est de ne jamais me mêler au monde, sans une grande nécessité ; mais de me faire une solitude au fond de mon cœur, où je m'accoutumerai à traiter de toutes choses avec Notre-Seigneur avant de les traiter avec les hommes ; et tandis que j'agirai au dehors, je m'exercerai à avoir toujours au dedans l'œil fixé sur le divin modèle que je désire retracer.

Dans la seconde partie de cette méditation, je veux surtout considérer la vie cachée de Jésus à Nazareth sous le rapport du recueillement nécessaire pour conserver et augmenter l'esprit religieux, d'abord en moi, puis dans nos communautés, et surtout dans nos petites maisons. Sans ce recueillement, les âmes religieuses ne peuvent pas se maintenir dans la ferveur. Les œuvres qu'elles accomplissent, étant faites dans une véritable pureté d'intention, sans assez d'esprit de foi, ne font pas de grands fruits dans les paroisses ; cependant nous n'y sommes pas appelées pour enrichir la Congrégation, ni même pour y faire seulement l'office d'institutrices ou d'infirmières, mais pour conduire les âmes à Dieu. Tout ce que nous faisons par ailleurs n'est que le moyen d'arriver à ce résultat, le seul que nous, religieuses, devons ambitionner.

Dans les paroisses où nous sommes, nous devons établir le royaume de Dieu. Nos bons exemples, nos prières, les souffrances et fatigues attachées à nos œuvres de dévouement peuvent nous aider dans cette œuvre de salut, et c'est dans le recueillement que nous puiserons la force de nous oublier pour autrui et la grâce divine, sans laquelle nous ne pouvons rien.

C'est encore dans le recueillement que le bon Dieu s'unit à l'âme, qu'il lui fait connaître les ruses du démon, du monde et de la chair, et qu'il la fortifie contre ces trois ennemis acharnés à sa perte. Pour acquérir ce recueillement, je veux me renfermer entièrement dans le devoir, éviter ou étouffer dans son principe tout retour d'amour-propre sur moi-même ou sur mes peines ; fuir toutes les choses curieuses, tout désir de voir, d'entendre, de savoir, m'attacher avec un grand zèle ou plutôt avec une grande fidélité à faire toute chose avec paix.

Jésus va au Temple. — Après avoir contemplé la modestie de Jésus, de Marie et de Joseph pendant ce trajet, le peu de paroles qu'ils disent, la joie avec laquelle ils supportent la fatigue du voyage, leur occupation intérieure, la douleur de Marie et de Joseph, lorsqu'ils s'aperçoivent que Jésus n'est plus avec eux, les douleurs que doit aussi ressentir le Cœur de Jésus, si tendre pour ses saints parents, je me suis sentie portée à demander à la Sainte Famille de retirer de ma méditation les fruits suivants :

1º M'exercer sans cesse à l'esprit de prière, car c'est là que je trouverai la force nécessaire pour accomplir la volonté de Dieu, et la lumière dont je pourrais avoir besoin pour m'éclairer dans mes doutes.

2º Qnand j'aurai perdu le goût de Notre-Seigneur par quelque infidélité, je ne me donnerai point de repos que, par la contrition et l'amour, je ne l'ai retrouvé.

3º Je ne négligerai jamais la Règle, ni le devoir, pour des intérêts de famille, ni par amitié humaine.

Résolutions de la Retraite d'Août 1871

1º Ne rien traiter avec les hommes avant d'en avoir traité avec Dieu dans la prière.

2º Continuer la culture de la vertu d'attrait : douceur et suavité, mêlée toujours d'une sainte fermeté.

3º Continuer le combat contre le défaut dominant.

Examen particulier sur le deuxième point d'abord.

Vœu héroïque pour un an.

Pénitences ordinaires.

Communion quotidienne.

RETRAITE

DU MOIS DE SEPTEMBRE 1874

J'entre en retraite sous la protection de la Sainte Famille, de mes saints patrons, de saint Michel, de tous les saints Anges, par le Cœur de Jésus, le 21 septembre, à 4 heures et demie du soir. Mon premier acte est de remettre la Congrégation entre les mains de Dieu par Marie qui en est la première Mère, la Supérieure et la Souveraine. Je me propose de faire cette retraite comme la dernière et de regarder ma séparation de mes occupations ordinaires comme le temps de la maladie qui précédera ma mort qui, même si je devais vivre jusqu'à un âge avancé, ne peut tarder longtemps, ayant déjà atteint ma 56e année.

Je sens mon âme, ce me semble, dans la disposition de chercher Dieu et son bon plaisir, et de ne rien lui refuser de ce qu'il me demandera, avec le secours de la grâce, sans laquelle, je le sais, je ne puis absolument rien.

MÉDITATION SUR LA FIN DE L'HOMME ET DES CRÉATURES

Je suis créée pour connaitre Dieu, l'aimer, le servir et, par ce moyen, parvenir au bonheur éternel. Les pensées qui m'ont le plus frappée, sont celles-ci : de toute éternité Dieu a pensé à moi et, me connaissant, il m'a appelée par mon nom au moment où il avait résolu de me donner l'existence et, me plaçant par le saint baptême au sein de son Église, malgré les fautes de mon enfance et de ma jeunesse, il m'a poursuivie partout pour me placer dans le paradis de la religion, pour y composer la cour du Verbe incarné, et me donner, comme à l'archange saint Michel, la garde de ce paradis de la terre et des épouses de Notre-Seigneur. Sentiments d'admiration, de reconnaissance et de contrition.

Je suis créée pour Dieu, et toutes les créatures sont créées pour moi, dans le but de m'aider à atteindre ma fin, si je les rapporte à la gloire de Dieu et à son service.

Créée pour Dieu !!! Quelle noble fin ! Cette grande prérogative m'a doublement occupée. Les créatures créées pour moi... mises à ma disposition par Dieu lui-même pour concourir à ma fin. Toutes, toutes, hors le péché, peuvent y conduire, les créatures qui me sont agréables, et celles qui me sont désagréables, et les secondes plus sûrement que les premières, ce qui devrait me donner non seulement une grande estime, mais encore un grand amour pour la croix, cette croix à laquelle je dois le peu de vertu que je possède.

Ici encore l'admiration, la reconnaissance et la contrition doivent inonder mon cœur.

Le bon Dieu ne s'est pas contenté de mettre à ma disposition les créatures de l'ordre naturel pour m'aider à atteindre ma fin ; il a créé pour moi, dans l'ordre surnaturel, sa sainte Église avec tous ses biens ; il m'a donné son fils, Notre-Seigneur Jésus-Christ, qui, dans tous les mystères de sa vie divine, me montre comment je dois me servir des créatures pour y arriver. Il a établi pour moi les sacrements, par lesquels il refait les forces de mon âme, si souvent épuisées ; et sa vie eucharistique, par laquelle il demeure dans son tabernacle pour s'y faire le compagnon de mon exil. Cette vue me jette dans de plus vifs sentiments d'admiration, d'attendrissement, de gratitude et d'amour que ceux que j'ai déjà éprouvés durant cette méditation.

MÉDITATION SUR LES JUGEMENTS GÉNÉRAL ET PARTICULIER

Signes avant-coureurs du jugement dernier : manifestation des consciences, sentences, exécution, tout cela m'a paru un grand sujet de crainte, mais la vue de la croix portée par Jésus m'a donné confiance. J'ai senti de nouveau un grand désir de m'attacher à elle, sûre que si je vis volontiers dans la compagnie de Jésus crucifié, j'éviterai le péché et je me préparerai un jugement favorable. C'est ce que j'ai demandé à Dieu dans un fervent colloque.

Revenant le lendemain sur le même sujet, je me suis surtout occupée des préparatifs du jugement, en particulier du son de la lugubre trompette.

Après l'entrée en méditation, une pensée m'a saisie : nul ne sait s'il est digne d'amour ou de haine ! Crainte d'hier réveillée. Je suis demeurée un peu de temps accablée par la pensée de l'ignorance où je me trouve de moi-même.

En ce moment, Notre-Seigneur a pénétré mon âme d'un doux regard qui l'a réconfortée. Il m'a fait entendre qu'il est mon père et qu'il est content de ma bonne volonté.

Je suis entrée dans l'examen de mes œuvres, en présence du divin Juge et de tous les hommes assemblés. La vue de la croix de Jésus plantée par les anges où elle fut autrefois plantée par les Juifs, m'a beaucoup consolée. J'ai vu aussi les sacrifices, que les anges seuls ont connus, déposés à ses pieds, et cela encore m'a encouragée.

Mais l'examen rigoureux de la conscience de tous les hommes n'a pas laissé de m'inspirer une sainte crainte des jugements de Dieu ; je me suis humiliée de toutes mes fautes et du mauvais mélange qui, j'en ai la conviction, pénètre, sans que je m'en aperçoive toujours, dans mes actions les meilleures.

Je me suis sentie excitée de nouveau à l'horreur du péché, à sa détestation et j'ai pris la résolution de l'éviter plus que jamais de tout mon pouvoir, me confiant toujours en la miséricorde de Dieu.

Méditant sur le jugement particulier, j'ai demandé à Dieu la grâce de me juger moi-même avant d'être jugée par lui. La scène du jugement particulier, que le premier prélude de la méditation a mise devant mes yeux, se passera un jour pour moi, et ce jour n'est peut-être pas éloigné.

Je me suis sentie troublée à cause de l'ignorance où je suis de mes péchés, de la crainte de ne pas me connaître et de me juger trop favorablement. J'ai cherché à me pacifier, à m'abandonner à la volonté divine et, puisque les deux sentences sont à mon choix, je veux toujours, avec le secours de Dieu, embrasser le travail et la lutte contre le démon et contre moi-même, afin de mériter la sentence des élus.

A la suite de ces méditations, j'ai fait l'examen suivant sur mes devoirs d'état.

1° Ai-je bien compris et suis-je bien convaincue, que

l'autorité dont je suis revêtue est uniquement un dépôt et une charge dont je rendrai compte à Dieu ; que les droits qu'elle me donne ne sont que des devoirs ; que, dans son exercice, je dois me dépenser pour le bien de tous et de chacun des membres de la Congrégation, sans consulter mes intérêts personnels, mais uniquement le bien des âmes et leur avancement dans les vertus religieuses ?

2° Me suis-je regardée comme me devant également à tous les membres de la Congrégation, portant à tous le même intérêt religieux, et leur montrant la même bienveillance ?

3° Me suis-je regardée comme responsable devant Dieu de l'ordre religieux, de l'observation des règles et du bien-être de chacun des membres de nos maisons ?

4° Ai-je pris la peine de m'informer des abus qui peuvent s'y glisser ? Y ai-je mis ordre autant qu'il m'a été possible, avec le concours de mon conseil, quand je les ai connus ? N'ai-je pas reculé par la crainte des peines et des contrariétés, ou pour ménager les personnes quand l'intérêt de leur âme et le bien général des maisons demandaient un redressement ?

5° N'ai-je pas laissé s'introduire, quand j'aurais pu m'y opposer, de petites habitudes moins conformes à l'esprit religieux ?

6° Me suis-je regardée comme obligée de donner l'exemple de toutes les vertus religieuses : pauvreté, en n'acceptant pour moi, si ce n'est par une nécessité reconnue, aucune distinction dans les vêtements, la nourriture, le logement, les petits services ; en ne m'attachant à aucun objet, mais désirant être traitée comme la dernière des sœurs ?

Obéissance, en étant prête à découvrir à mon Supérieur, comme à Dieu lui-même, toute ma conduite et les motifs de tous mes actes ; à mes directeurs spirituels, ce qui regarde ma conscience dans toute l'étendue de mes devoirs ? Chasteté, en m'efforçant d'avoir en tout le plus pur dévouement à la gloire de Dieu ?

7° Ai-je tenu à inculquer les mêmes principes aux supérieures particulières, par la conviction que le bien des âmes et le bien général exigent qu'elles soient en tout le modèle des sœurs?

En m'examinant sous l'œil de Dieu, autant que je l'ai pu, il me semble n'avoir de reproches à me faire que pour un seul point, le quatrième. Peut-être ai-je mis de la pusillanimité dans la correction, non pour mes intérêts personnels, mais de crainte d'accumuler des difficultés qui eussent rendu le remède pire que le mal?

Avec le concours de mon conseil, j'ai repris et corrigé quand l'abus portait sur des choses graves; mais quand les cas ont été plus légers, et que j'étais libre d'agir, peut-être n'ai-je pas assez réagi. Cependant, depuis quelque temps, je crois que je ne puis faire guère plus à ce sujet.

MÉDITATION SUR LES TROIS DEGRÉS D'HUMILITÉ

Le premier degré d'humilité étant de nécessité de salut, il n'y a pas à délibérer; le second devant établir l'âme dans une sorte d'impossibilité de commettre le péché véniel, il est aussi de nécessité que j'y arrive, car le péché véniel délibéré doit être mortel pour le cœur de la religieuse.

Pour tenir aux promesses que j'ai faites à Notre-Seigneur de le suivre du plus près possible, il faut que je m'applique au troisième degré de l'humilité. L'époux n'aime-t-il pas davantage l'épouse qui le suit de plus près?

Revenant sur cette méditation des trois degrés de l'humilité, j'ai senti le goût et la saveur intime des beautés qu'ils contiennent et me suis laissée doucement entraîner au travail sérieux du troisième degré, d'abord comme religieuse, à cause des bienfaits sans nombre dont le Seigneur m'a comblée; ensuite comme supérieure. J'aime la Congrégation de toute mon âme; je veux son bien. La pratique de ce troisième degré, suivant qu'elle sera généreuse, me rapprochera autant que possible de l'imitation de Jésus-Christ et, par suite, obtiendra à ses œuvres une grâce de bénédiction spéciale de la divine bonté, récompensera libéralement les efforts d'une âme qui se met ainsi à la suite du divin Maître. J'ai repassé dans mon esprit toutes les humiliations, mépris, souffrances et croix diverses qui me pèseraient le plus, et confiante en la grâce de Dieu pour me soutenir si, dans sa force, il me les envoyait, je les ai acceptées une à une, de tout mon cœur, et j'ai senti, en le faisant, une grande joie intérieure dont mon âme a été longtemps imprégnée.

MÉDITATIONS SUR LA PASSION DE NOTRE-SEIGNEUR

Son agonie. — Les principaux sentiments qui m'ont animée pendant cette contemplation ont été une grande compassion pour Jésus agonisant ; la détestation du péché, puisque c'est pour l'expier que Jésus s'est livré à ces souffrances ; le zèle du salut des âmes, car c'est pour les racheter qn'il va mourir ; enfin de courage. Jésus m'avait en vue dans son agonie ; toutes mes tentations, toutes mes peines ont passé par son divin cœur ! Il a prié et il a souffert pour me mériter la grâce de vaincre les premières et d'utiliser les secondes selon sa sainte volonté. Cette parole de Jésus aux trois apôtres qu'il va visiter pendant son agonie : « Veillez et priez, car l'esprit est prompt mais la chair est faible » m'a beaucoup émue et retenue longtemps. Je veux en retirer pour fruit la vigilance et la défiance de moi-même, quelles que soient mes bonnes dispositions présentes ; car, si vous me laissez un instant à moi-même, je ne puis que vous trahir.

Prise de Jésus au jardin des Oliviers. — Reniement de Pierre. — Pendant tout le cours de cette méditation, j'ai éprouvé de grands transports d'amour pour la souffrance de Jésus devant la trahison de Judas et le reniement de Pierre. La parole de Jésus à Judas, lorsque celui-ci se présente à la tête des soldats qu'il conduit : « Mon ami, qu'es-tu venu faire ici ? Quoi, tu trahis le fils de l'homme par un baiser ? », le regard douloureux jeté sur Pierre qui venait de renier son maître, m'ont semblé être pour moi, créature coupable, un reproche, un encouragement, une lumière et un attrait qui me faisaient renouveler avec douleur, reconnaissance et amour, l'acceptation de toutes les épreuves qu'il plairait à mon Dieu de m'envoyer.

Judas et Pierre m'ont longtemps arrêtée. Il me semblait sentir la peine intime du cœur de Jésus dans la trahison de l'un et la lâcheté de l'autre. « Hélas ! ô mon Jésus, combien de fois, comme votre disciple, vous ai-je offensé par faiblesse et par lâcheté ! Donnez-moi son repentir, puisque, comme lui, j'ai péché. »

Notre-Seigneur en croix. — J'ai éprouvé de grands sentiments de compassion pour les souffrances de Notre-Seigneur ; de haine pour le péché, cause de ses douleurs ; de zèle pour le salut des âmes, dont la rédemption a coûté si cher à Jésus ; d'amour et de reconnaissance pour Notre-Seigneur, qui est mort pour moi. En méditant ses sept dernières paroles et sa mort sur la croix, je lui ai demandé instamment la grâce de porter toujours, au fond de mon cœur, le souvenir de son amour et de ses souffrances, afin qu'il me remplisse d'un désir toujours croissant d'être à lui sans réserve, travaillant selon ses desseins à accomplir toutes ses volontés, quelque pénibles qu'elles soient à la nature, afin de l'imiter dans sa vie comme dans sa mort.

MÉDITATION SUR L'APPARITION DE JÉSUS A MADELEINE APRÈS SA RÉSURRECTION

Dans la contemplation des trois Marie allant au sépulcre, j'ai compris que l'amour ne connait pas d'obstacle. Ces saintes femmes comptaient enlever la pierre du sépulcre, et elles la trouvent levée ; c'est ainsi que la bonne volonté et la confiance en Jésus font disparaitre des obstacles qui d'abord paraissent insurmontables.

Le courage de Madeleine, son désir ardent de voir encore une fois le corps de son divin Maître, sa persévérance à le chercher, alors que ses compagnes découragées ont quitté le tombeau, touchent le cœur du divin Ressuscité et il se montre à celle qui le cherchait avec tant d'amour et de douleur.

Voilà comment, moi aussi, je dois chercher Jésus au milieu de mes abattements, des ténèbres intérieures, des sécheresses et des aridités qui, par moment, envahissent mon âme, afin de le forcer, par un courage puisé dans une humilité tout amoureuse, de se montrer à moi.

J'ai aussi joui du bonheur des saints de l'ancienne loi à

la visite du Sauveur dans les limbes et de la joie de la très sainte Vierge à la vue de son divin fils ressuscité.

Ce triomphe, cette gloire de l'Homme-Dieu sont la récompense de ses souffrances : n'oublions pas, ô mon âme, que nous n'aurons part au triomphe et à la gloire du Christ qu'autant que nous aurons part à ses travaux.

MÉDITATION SUR L'AMOUR DE DIEU

Dieu demande notre amour. — Dieu nous aime. — Dieu mérite d'être aimé d'un amour de tendresse, d'un amour prévenant, d'un amour généreux et d'un amour constant.

« Mon fils, donne-moi ton cœur! » Ces mots de Jésus, joints à son regard divin, ont pénétré mon âme de regret, de reconnaissance, d'amour. J'y ai vu tout un tableau de mes infidélités, de mes péchés, et aussi de ce que je dois faire pour Dieu à l'avenir. J'ai terminé cette première partie de ma méditation par la consécration de tout mon être, et aussi de la Congrégation, à Notre-Seigneur, pour vivre et mourir dans son amour, lui demandant qu'aucune fille de Jésus, ni dans le présent, ni dans l'avenir, n'ait le malheur de commettre le péché mortel dans cette religion qu'il s'est choisie, mais que toutes s'appliquent avec ferveur à éviter le péché véniel délibéré.

La seconde partie de cette méditation m'a fait concevoir une plus grande reconnaissance que jamais pour les bienfaits de Dieu et le désir de me servir de ces bienfaits, ainsi que de la vue de ses divines perfections, pour arriver à son saint amour, terme de ce saint exercice. Je ne dois pas oublier que cet amour se prouve beaucoup plus par les œuvres que par les paroles, qu'il faut que chacun sache qu'il n'avancera dans les voies spirituelles qu'autant qu'il se dépouillera de son amour-propre, de sa volonté propre, de son intérêt propre.

« Mon Dieu, je vais rentrer dans le combat de la vie ordinaire, daignez me bénir en sortant de cette retraite et me faire la grâce d'être fidèle aux saintes résolutions que vous m'avez inspirées. »

Résolutions de la Retraite de Septembre 1874

1º *Pour la Congrégation.*

M'appliquer pendant l'année à inculquer, à nos petites maisons locales particulièrement, l'esprit de recueillement et l'amour pratique des régles, en prenant les moyens propres à y arriver.

2º *Pour moi.*

Travail sur le troisième degré d'humilité.

Examen particulier : douceur et suavité, afin de tenir toujours mon âme et celles de mes sœurs unies au bon Dieu dans la paix et la joie qui en découlent. Mêmes pénitences.

Pendant ma retraite, j'ai éprouvé une grâce de recueillement abondante et continue qui m'a tenue comme absorbée dans les différents sujets. « Merci, ô mon Dieu, de toutes les grâces que vous m'avez accordées dans ces saints exercices. Je m'étais remise à vous ; vous m'avez fait sentir une fois de plus qu'il est bon de s'abandonner à votre conduite !

Vierge Marie, je reprends, sous votre conduite, le gouvernement de la Congrégation. Soyez-en toujours la première Supérieure et bénissez-moi. Amen. »

26 Septembre 1874.

Ces résolutions terminent la série des notes de retraite que nous avons entre les mains. La Révérende Mère Marie de Saint-Charles en a sans doute écrit d'autres pendant les dix années qu'elle a vécu encore après cette dernière retraite. Mais elles ont disparu, avec d'autres écrits, que la vénérable Supérieure a brûlés ou fait brûler avant de mourir. C'est une perte pour la Congrégation des Filles de Jésus, qui aiment tant à revivre la vie de leur sainte Mère.

Ce que nous avons pu conserver de ses écrits nous fait regretter davantage ceux que nous n'avons pu recueillir.

Il semble que ce que nous avons dit jusqu'ici nous fait connaitre suffisamment cette belle figure de religieuse et de Supérieure générale que fut la Mère Marie de Saint-Charles ; pourtant notre humble ouvrage serait incomplet si nous laissions dans l'ombre ses dernières années, si fécondes en souffrances et en mérites, et si nous ne faisions pas nos lecteurs assister à sa mort si sainte et si édifiante.

CHAPITRE XV

Dernières années de la Révérende Mère.

La Révérende Mère Marie de Saint-Charles avait vieilli au milieu de travaux incessants et d'épreuves de toutes sortes. Mais Dieu, à qui elle s'était confiée, avait béni son œuvre.

La Congrégation, qui lui avait coûté tant de larmes, était prospère. Les fondations se multipliaient, les novices affluaient ; la petite barque, si longtemps battue par les flots, voguait alors sur une mer tranquille.

La guerre de 1870 avait, il est vrai, ralenti les progrès ; les fondations en cours s'étaient arrêtées et les entrées au noviciat devenues rares ; mais ce ne fut que momentané et la Congrégation avait bientôt repris sa marche en avant.

Il semble que la vénérable Supérieure eût dû jouir en paix du fruit de ses travaux. Elle avait tant fait pour la religion et pour ses sœurs ! Mais les desseins de Dieu ne sont pas les nôtres. Pour mieux sanctifier sa servante, il permit que les dernières années de sa vie fussent aussi les plus crucifiantes. Avant de jouir de Dieu, elle devait gravir un long et rude calvaire.

D'abord sa santé subit un affaiblissement général. De fréquentes maladies la réduisaient à un état d'affaissement physique et de souffrances indéfinissables, d'autant plus pénible qu'il exerçait son effet sur sa vie intérieure. Sans force, sans goût dans ses exercices de piété, elle passait la plus grande partie du temps destiné à la prière à lutter contre l'engourdissement qui la gagnait de plus en plus.

Elle réagissait pourtant contre cet état de langueur, et si le mal la contraignait à s'aliter, ce n'était jamais pour longtemps ; on la voyait bientôt reparaitre au milieu de ses filles et reprendre aussitôt les devoirs de sa charge.

Cet état crucifiant, la Révérende Mère le supporta jusqu'à la mort, craignant toujours d'accorder trop à la nature, mais finissant par s'abandonner entre les mains de Dieu pour faire en tout sa sainte volonté.

Dans la ferveur de sa jeunesse religieuse, la Mère Marie de Saint-Charles avait soupiré après le moment où, délivrée des misères de la vie, elle jouirait enfin de Dieu ; mais quand elle sentit venir la mort, deux sentiments contraires partageaient son cœur. D'une part, son humilité et aussi l'épreuve intérieure permise par Dieu, lui faisaient craindre un jugement sévère, et alors elle aurait voulu éloigner cet instant terrible, qu'elle ne pouvait envisager sans effroi ; d'autre part, la crainte d'offenser Dieu, la hâte de s'unir à lui, pour ne s'en séparer jamais, le lui faisaient désirer avec ardeur.

Dans ce conflit, la Mère Marie de Saint-Charles recouvrait la paix en se jetant dans le sein de Dieu par un acte de parfait abandon à sa sainte volonté.

Déjà nous avons parlé des luttes intérieures supportées par la Révérende Mère ; qu'on nous permette cependant d'y revenir encore ; rien ne peut mieux révéler les souffrances de la dernière heure, que les notes intimes où la Mère Marie de Saint-Charles exhale, en même temps que sa douleur intense, sa sublime résignation.

« Mon Dieu, mon Dieu ! je n'ai pas un moment de repos, et mon âme en est avide. Je m'encourage en pensant que les petites souffrances que j'endure, si je les supporte en vue de Dieu, peuvent me valoir autant que les grands sacrifices auxquels ces épreuves me préparent. »

La Mère Marie de Saint-Charles continua jusqu'à la fin de sa vie à diriger et à visiter les maisons de la Congrégation, et elle montra dans ces dernières années le même zèle pour la perfection de ses filles et la même énergie dans la correction des abus, même les plus légers, qu'elle en avait apporté dans les premières années de son généralat.

Des notes intimes, écrites au cours de visites entreprises dans des conditions de santé très précaires, vont nous édifier sur ce point.

« Départ pour Guénin à 8 heures ; arrivée à 10 heures ;

mise immédiatement à la besogne. C'est la crèche, mais la croix s'y trouve. Il y a de la bonne volonté, peut-être pas assez de courage pour tirer de ces épreuves toute la gloire que le bon Dieu en attend. C'est à moi d'y suppléer par la prière et le sacrifice. Je suis calme et bien désireuse d'aider mes sœurs à s'avancer vers Dieu. »

« Terminé ma visite dans la matinée. Partie pour Quistinic à 2 heures, arrivée à 4 heures et demie. »

« Visité les communautés de Quistinic, de Melrand, Bieuzy et Guern. Je suis fatiguée et j'ai passé ma méditation à me reposer sous les yeux de Dieu ou à lui demander lumière et grâce pour les maisons où je me trouve, afin de pouvoir aider les âmes. »

« J'essaye de montrer la voie qu'il me fait entrevoir et d'encourager les âmes à se donner pleinement à Dieu. Je me sers de tout pour arriver à ce résultat. Je vis dans le calme et la paix. Je ne me comprends pas. Je suis sèche, aride, et pourtant j'éprouve, au fond de l'âme, un grand contentement qui subsiste au milieu de la peine, de la fatigue, de la souffrance même. Je ne sais à quoi attribuer ce bonheur, à moins que ce ne soit au désir que j'ai de ne vouloir autre chose que la volonté de Dieu. »

« Visité les communautés de Persquen, Lignol, Kernascléden et Langoëlan. Tout occupée de ma besogne qui est la même dans chaque maison. Je suis sèche et fatiguée, mais résignée, et toujours sous le regard de Dieu. Je commence à sentir une grande irritation de poitrine. Je prends le sirop et les bonbons qu'on me présente, pour ne pas rester tout-à-fait malade. Je me sens souvent sèche, impuissante à tout, portée au repos ; mais je suis dans l'impossiblité d'en prendre. »

« Vu l'Asile et le Château à Pontivy, et rencontré partout de bons désirs : aussi je suis contente au milieu de ma fatigue. »

« Visité Neulliac et revenue à Pontivy pour visiter l'Hôpital. Je suis dans des dispositions de paix et d'abandon que ne peuvent m'enlever ni la toux ni l'oppression qui me fatiguent. »

« J'ai fait un pèlerinage à Carmèse. Cette jolie chapelle me rappelle les bontés de la Sainte Vierge à mon égard ; aussi, comme j'aime à y revenir ! »

« Visité l'hôpital et Sainte-Eugénie. Reçu de bien consolants témoignages de nos maisons, malgré quelques aspérités dans certains caractères.

« Toutes mes exhortations ont tendu à porter les âmes à l'esprit de foi, de recueillement et de prière ; car il me semble que c'est là seulement qu'une âme religieuse peut trouver le vrai bonheur.

« J'essaie de vivre au jour le jour et de ne point me laisser aller à de vaines prévoyances. »

« Rentrée à Kermaria pour quelques jours. »

Un peu plus tard, la Mère Marie de Saint-Charles reprenait le cours de ses visites.

« Départ pour mes visites. Passé à Pluméliau et assisté au service de notre Père Bellec. Arrivée à Plouay à 7 h. 10 du soir, bien fatiguée et bien impuissante, mais pleine de reconnaissance des bontés de Dieu et d'abandon à sa sainte volonté. Mes exercices de piété se ressentent de mon état de langueur. Je m'étends avec trop de tendresse sur mes fatigues et mes souffrances. »

« Visité les communautés de Tréméven, Mellac et Querrien, où j'arrive fatiguée, sèche et impuissante, mais contente de la volonté de Dieu. Je vis enfermée dans le devoir du moment, que je m'efforce de remplir de mon mieux. Je n'ai pas beaucoup de pensées ; mais j'ai le goût de Dieu, le désir de lui plaire, la connaissance intime de sa bonté, et tout cela me rend heureuse.

« Si, dans le cours de mes visites, j'éprouve des ennuis, de la fatigue, si je me sens souvent assez souffrante pour craindre de me voir arrêtée par la maladie, j'ai aussi bien de la consolation en voyant le bien opéré par nos sœurs partout où elles se trouvent. Leur dévouement admirable me confond et me fait honte de moi-même. »

Plus loin, la Mère Marie de Saint-Charles ajoute : « Malgré ma fatigue et mes souffrances, je suis contente, car j'ai trouvé dans nos sœurs beaucoup de bon vouloir et d'abnégation. De mon côté, j'ai toujours cherché à élever de plus en plus haut le courage des sœurs, en leur rappelant la facilité que nous avons de nous enrichir pour l'éternité par le support généreux des croix ou des contrariétés journalières pour nous établir dans les vertus solides.

« Ces pensées me sont à moi-même d'un si grand secours, leur essai pratique m'apporte tant de paix et de contentement au milieu même de grandes amertumes, que j'en voudrais les âmes toutes pénétrées. Sachant bien que je ne puis rien sans Dieu, je prie et m'humilie afin qu'il veuille bien répandre sa grâce sur mes faibles efforts. »

Le zèle et l'énergie qu'elle mettait à inspirer aux sœurs des maisons locales qu'elle visitait l'esprit de foi, d'abandon et de charité qui la caractérisent, elle les apportait aussi dans la direction des sœurs de la Maison-Mère, même dans ses dernières années. Il semble que plus son corps s'affaiblit, plus son âme s'élève et puise en Dieu une ardeur nouvelle.

Les souffrances habituelles de la Révérende Mère, ses maladies fréquentes, ses indispositions presque continuelles, ramenaient sans cesse dans son esprit la pensée de la mort, pensée qui lui avait été douce pendant longtemps, mais qui lui était devenue très pénible. « Je mourrai bientôt, disait-elle ; je sens que tout se détraque en moi. J'ai bien désiré la mort, maintenant je la crains plutôt. »

Quelquefois même l'angoisse envahissait son âme ; mais elle recouvrait la paix en jetant toutes ses craintes dans le sein de Dieu.

La Mère Marie de Saint-Charles cachait ses tristesses sous un air calme et serein. Quelques-unes de ses filles, qui avaient plus vécu dans son intimité, devinaient ses souffrances morales, mais beaucoup ne les soupçonnaient pas. C'est dans ses notes intimes que nous sentons la lutte implacable, mais vaine, que la nature livrait à la grâce dans ce cœur qui n'avait jamais vécu que pour Dieu.

On lit dans son journal : « Je m'occupe à mettre de l'ordre dans ma correspondance et dans tout ce qui est à mon usage, afin de prévenir la mort qui peut toujours me surprendre.

« Cette pensée de la mort m'est toujours présente. Je la crains et en même temps je la désire, essayant de m'abandonner entre les mains de Dieu. Je me raidis contre les craintes, les frayeurs de la mort, pour m'établir en Dieu et mettre en lui toute ma confiance. »

Un peu plus loin, nous lisons : « Je suis toujours dans les mêmes dispositions intérieures. Je m'occupe de ma fin prochaine et, en face de la mort, je sens profondément le vide des choses de ce monde. Je gémis sans cesse de m'occuper de tant d'affaires qui ne font que passer et d'être si distraite et si froide quand il s'agit de m'unir à Dieu dans la prière. »

Quelques mois plus tard, la Mère Marie de Saint-Charles, toujours souffrante, écrit : « Je cherche à me familiariser avec la pensée de la mort, car je ne puis plus vivre longtemps. Mais cette pensée, qui m'est pénible, m'est aussi bien salutaire, car elle m'aide à ordonner ma vie et à faire quelques sacrifices. »

La Mère Marie de Saint-Charles étant en retraite, et ses pensées se tournant naturellement vers la mort, elle écrit : « Je me sens portée à penser et à agir comme si je devais mourir bientôt. Cette pensée est comme une lumière qui éclaire mes actes, comme une voix qui me redit sans cesse : « Travaille pour l'éternité. »

Un mois plus tard, accablée de fatigues et de souffrances, la Mère Marie de Saint-Charles s'écrie avec émotion : « J'ai peine à porter le poids de mon corps, peine à supporter la vue du nouveau cercle d'occupations et de misères de chaque journée ! Je désire mourir, malgré les répugnances que j'éprouve à la pensée de la mort, pour n'avoir plus à craindre le péché qui me séparerait de Dieu. Oh ! quelle lutte entre l'esprit de foi et la nature ! Oui, Seigneur, je touche du doigt mon néant et ma misère. Je ne suis, je ne puis rien sans votre grâce, ô mon Dieu ! »

« Souffrante et fatiguée, je suis sèche et sans goût dans mes exercices, lâche dans le travail. J'ai peine à me déranger et à tirer quoi que ce soit de ma pauvre tête, toujours lourde et endolorie. Tout cela m'annonce une dissolution prochaine. »

Plus loin, la vénérable Mère écrit : « Je me sens dans une

grande disposition de paix et d'abandon, quoique je sois bien fatiguée par la toux et l'oppression. Tout cela me fait penser à une mort prochaine. Je m'encourage à ce dernier acte par la pensée que je verrai Dieu, et je m'efforce de faire toutes mes actions pour m'y préparer.

« Bien que je craigne la mort, je l'aime comme le dernier témoignage que je puisse donner à Dieu de ma soumission à sa sainte volonté, en l'acceptant librement, et de tout mon cœur, pour reconnaître le souverain domaine de Dieu sur moi. »

Comme on le voit, la pensée de la Révérende Mère ne se détache pas de la mort ; aussi y revient-elle sans cesse :

« Je m'encourage à la mort, dit-elle à une de ses filles avec laquelle elle s'entretenait un jour, et au désir du ciel, pour voir Dieu qui, dans ce séjour d'exil, fait déjà ma joie et mon bonheur. Il sait pourtant, ce Divin Maître, combien j'appréhende cette heure, mais j'espère que sa bonté veillera sur moi. »

« Appelée près de sœurs malades pendant le temps que je devais donner à la méditation, écrit la vénérée Mère Marie de Saint-Charles, j'ai contemplé le vide des choses de la terre et j'ai conçu, au milieu de la sécheresse répandue sur mon esprit et sur mon cœur, le désir de me former à la gêne et à la souffrance, afin de me préparer par là à tirer un meilleur profit de mes dernières douleurs. »

Plusieurs sœurs venaient de mourir et la Révérende Mère ressentait vivement toutes ces séparations ; aussi s'écrie-t-elle avec douleur : « Combien je désire me détacher de la terre où je n'ai plus que peu de temps à passer, et surtout de moi-même ! En priant pour nos chères défuntes, je leur demande de m'obtenir cette double grâce. »

« Me voici entre des mortes et des mourantes et préoccupée de ma mort prochaine. Je me sens froide et indifférente pour tout ; cependant, au fond, je suis calme et résignée. »

Ce calme et cette résignation, elle les conserva jusqu'à la fin. Toujours son cri d'angoisse se terminait par un acte de parfait abandon à la volonté divine.

Moins d'un an avant sa mort, la Mère Marie de Saint-Charles écrit : « Le sentiment de mes misères spirituelles et corporelles me porte à désirer la mort. Je m'encourage pourtant à vivre et à porter ce double fardeau, par amour pour la sainte volonté de Dieu, tant qu'il lui plaira de me le laisser. Cependant tout m'avertit que je n'ai plus longtemps à vivre, car toute ma nature va à la décadence. C'est une grande raison pour moi d'être bien vigilante et de me tenir toujours prête à la venue de l'Epoux. »

Aux souffrances physiques et morales étaient venues s'ajouter des peines de cœur bien sensibles ; elle avait vu disparaître, les unes après les autres, la plupart des sœurs qui avaient été les compagnes de sa jeunesse religieuse. La Révérende Mère avait consolé leurs derniers moments et, doucement, avec l'esprit de foi et la piété qui la caractérisaient, elle les avait préparées à la mort ; elle les avait conduites à leur dernière demeure et les avait remises, le cœur brisé, mais calme et résignée, entre les mains de Dieu.

La Mère Aimée comme on l'appelait depuis qu'elle avait été maîtresse des novices, était supérieure de la communauté de Bignan quand le Seigneur l'appela à la récompense. A la nouvelle de la maladie, la Mère Marie de Saint-Charles vola à son chevet. Elle ne se rendit pas tout de suite compte de la gravité du mal. Mais il fallut bientôt se rendre à l'évidence et elle revint à Bignan pour recevoir le dernier soupir de sa fille.

La Mère Aimée de Marie fut enterrée à Kermaria ; la Mère Marie de Saint-Charles, l'âme broyée par cette cruelle séparation, lui rendit les derniers devoirs.

Elles sont courtes, les notes jetées par la Mère Marie de Saint-Charles sur son journal en cette triste circonstance, mais elles disent beaucoup.

« Voyage à Bignan. Cœur gros. Esprit distrait. Mort de la supérieure. Cœur navré et joyeux à la fois. »

Oui, le cœur de la Mère Marie de Saint-Charles était navré. La mort de cette vénérable sœur brisait un des derniers anneaux de la chaîne qui reliait le présent au passé. Il était joyeux aussi, car cette chaîne devait bientôt se renouer. La Révérende Mère le sentait bien. Dans quelques jours peut-être elle rejoindrait au ciel cette compagne des premières années de sa vie religieuse.

Le jour même de l'enterrement de sœur Aimée de Marie, la supérieure d'une maison locale vint voir la Révérende Mère et lui offrir ses condoléances, car elle connaissait la tendre affection qui unissait ces deux cœurs, si bien faits pour se comprendre.

La Mère Marie de Saint-Charles, le regard perdu dans un lointain obscur, semblait avoir oublié la présence de la sœur ; tout-à-coup, elle s'écria : « Non, l'enfant de tant de larmes ne saurait périr ! » « Je n'osai pas interrompre notre Mère, dit la sœur ; mais je compris que l'enfant de tant de larmes était la Congrégation, et, qu'en ce moment, notre Mère faisait allusion à une scène du passé, dans laquelle la Mère Marie de Saint-Charles et la sœur Aimée avaient joué le principal rôle.

Elle avait fait alors le vœu de demeurer fidèle à la Congrégation jusqu'à la fin, quelles que fussent d'ailleurs ses destinées ; sœur Aimée fit le même serment. Depuis ce moment, un lien puissant, l'amour de la Congrégation, les unit indissolublement à la famille religieuse qu'elles voulaient sauver, et les unit entre elles de l'affection la plus tendre et la plus pure. « Je sortis tout émue de la chambre de notre Mère, dit encore la visiteuse ; cette évocation du passé, en ce moment douloureux, m'a profondément touchée. »

Ce serment, la Mère Marie de Saint-Charles l'avait fidèlement tenu. Non seulement elle n'avait pas abandonné son œuvre, au moment où tout périclitait, mais elle l'avait relevée, rendue prospère. Maintenant qu'elle touchait au terme de sa vie, la Révérende Mère, jetant un regard en arrière, aurait pu dire : « Seigneur, l'œuvre que vous m'aviez confiée, je l'ai menée à bonne fin. »

En effet, tout semblait assuré, et les Supérieures qui succédèrent à la Mère Marie de Saint-Charles n'auraient eu qu'à suivre l'élan donné à la Congrégation, si la Providence ne leur eût ménagé des difficultés plus grandes que jamais, la persécution devant accumuler des ruines, que seuls le dévouement, le zèle et aussi la sagesse des Supérieures générales ont pu relever en partie.

Comme nous l'avons vu plus haut, la Révérende Mère Marie de Saint-Charles avait vu commencer l'ère des persécutions et en avait souffert, sans pourtant rien perdre de sa patience, de sa résignation et de son abandon à la divine Providence. Dans toutes les épreuves qui frappent ses communautés, elle a pour toutes ses filles une parole d'espoir, de confiance, qui calme les inquiétudes et bannit la crainte.

Il est vrai que, sur les ruines des écoles communales, s'étaient presque partout élevé des écoles libres ; mais au prix de quelles difficultés !

Dieu avait réservé pour les derniers jours de la Révérende Mère une souffrance dont l'amertume dépassait tout ce qu'elle avait senti de peine jusqu'alors. Nous ne nous étendrons pas sur les caractères de cette croix ; nous nous contenterons de faire entendre le cri d'angoisse, bien que mêlé de résignation, de la Mère Marie de Saint-Charles quand elle put enfin se rendre compte de ce qui se passait.

« Mon Dieu, quelle croix ! J'en avais vu un grand nombre dans mon esprit et dans mon cœur et je les avais acceptées une à une ; mais je n'aurais jamais mesuré l'étendue de celle qui nous frappe en ce moment. Je ne trouve de soulagement que dans la prière et dans l'humble soumission à la volonté de Dieu. »

« Je suis toute préoccupée de ce que je vois et entends chaque jour. J'ai de violents sentiments de découragement sur la situation présente, que je ne comprends pas. Mon cœur est plein d'angoisse et d'amertume. Mon âme est dans une espèce de contemplation obscure sur tout ce qui a lieu, contemplation dont je ne puis me détacher que dans la prière, l'humilité et la confiance en Dieu. »

« Je suis peinée et accablée de tout ce qui a lieu, écrit encore la bonne Mère, en même temps que je me sens soutenue intérieurement par la pensée que tout cela tournera à la gloire du bon Dieu et à notre propre bien.

Je ne puis pas raisonner. Mon âme ne se sent bien que dans un silence plein de soumission. »

C'est surtout cette pensée qui domine dans l'esprit de la Révérende Mère et qui la soutient au milieu de la tempête ; l'épreuve si terrible que la Congrégation subit en ce moment n'aura qu'un temps ; elle en sortira plus pure, plus forte et mieux disposée à faire l'œuvre de Dieu.

La Révérende Mère Marie de Saint-Charles ne s'était pas trompée dans ses prévisions. Pour la Congrégation des Filles de Jésus, la lumière allait jaillir des ténèbres. Une ère de prospérité et de paix allait se lever pour elle. La vénérable Supérieure ne devait pas en jouir, mais elle en vit l'aurore et en remercia Dieu de tout son cœur.

Le 6 janvier 1884, la Mère Marie de Saint-Charles annonçait à ses filles la nomination de M. Jégouzo à la charge de Père Supérieur de la Congrégation.

« Mes chères Filles, écrit-elle, Monseigneur vient de nous donner une nouvelle preuve de l'intérêt qu'il nous porte, en nommant M. Jégouzo, son vicaire général, pour le remplacer près de nous en qualité de Père Supérieur. J'ai écrit hier à notre nouveau Père pour lui présenter notre respect et l'assurer de notre soumission et de nos prières.

« Mon désir est que vous fassiez la sainte communion à l'intention du Père Supérieur la première fois que vous aurez le bonheur de vous approcher de la sainte table après la réception de cette lettre, et que vous récitiez, à la même intention, pendant neuf jours, le *Veni Creator*. »

Dans la même lettre, la Supérieure générale parlait en ces termes du changement d'aumônier : « La *Semaine religieuse* vous a déjà appris que M. Ehanno, notre aumônier, s'est retiré à Notre-Dame de Thymadeuc, pour s'y faire trappiste, et que M. Le Jéloux, vicaire à Saint-Patern de Vannes, nous a été donné pour le remplacer.

« Il me reste à vous recommander de beaucoup prier pour l'un et l'autre, afin de leur obtenir la grâce que tous deux désirent : connaître la volonté de Dieu et l'accomplir. »

La Mère Marie de Saint-Charles avait eu comme un pressentiment de cet événement considérable. Quelques mois avant sa mort, une de ses filles, la voyant affaissée sous le poids de ses souffrances physiques et morales et ne pouvant contenir sa propre douleur, s'écria : « Conservez-vous, ma Mère, pour vos enfants qui ont tant besoin de vous, et pour la Congrégation qui vous est si chère ! »

« Ma fille, répondit la bonne Mère, ma carrière touche à sa fin ; mais, consolez-vous, je ne mourrai pas avant d'avoir remis ma Congrégation en mains sûres. »

« Quelques mois plus tard, nous dit la même sœur, M. Jégouzo était nommé Père Supérieur des Filles de Jésus et acceptait la charge qu'il devait remplir pendant vingt-cinq ans avec tant de dévouement et de sagesse. Ce fut pour notre Mère une joie indicible. Elle s'en réjouit surtout pour son œuvre, car, pour elle, il n'y avait plus d'espoir terrestre. »

« Je verrai ce beau jour, avait dit à une autre de ses filles la vénérable Supérieure ; mais je n'en profiterai pas. Je m'en réjouis néanmoins, car c'est pour votre bonheur et le bien de la Congrégation. Pour moi, je me remets tout entière entre les mains de Dieu. »

La Révérende Mère s'affaiblissait graduellement et, bien qu'elle continuât à se lever, à recevoir les sœurs, à présider les conseils, à tenir son journal intime et à suivre la Communauté pour les exercices de règle, autant que ses forces et l'obéissance le lui permirent, les sœurs conseillères, et avec elles toute la communauté, sentaient bien que l'heure de la délivrance allait bientôt sonner pour leur vénérable Mère. Son long martyre allait s'achever dans le calme et la paix. Elle avait atteint le sommet du calvaire, après lequel il n'y a plus que le ciel.

Cependant, elle assistait encore aux exercices de piété et recevait avec son amabilité habituelle les sœurs de la Communauté et des maisons locales, qui venaient souvent à Kermaria, chacune désirant revoir au moins une dernière fois leur si bonne Mère ; dans les derniers mois, elle visita encore quelques maisons locales assez rapprochées de Kermaria.

C'est avec émotion qu'on lit les dernières lignes écrites sur le journal de la Révérende Mère, lignes écrites moins d'un mois avant sa mort.

« Il n'y a pas de changement dans mes dispositions pour Dieu. J'ai toujours le désir de lui plaire et je fais tous mes efforts pour éviter les moindres fautes volontaires. J'éprouve parfois une certaine crainte que ces désirs ne soient une illusion, à cause des distractions et des sécheresses que j'éprouve dans la prière. Je combats cette crainte comme une tentation, car je sens qu'elle pourrait me jeter dans le scrupule. J'aime mieux reconnaître ma misère et mon impuissance devant Dieu, m'en humilier de bonne foi, puis recommencer à mieux faire avec le secours de la grâce. La mort, qui moissonne autour de moi tant de sœurs et de personnes qui m'étaient chères, est toujours présente à mon esprit. J'y pense sans cesse, et cette pensée m'encourage au travail du saint renoncement. Je voudrais rendre ma vie sainte et elle est pleine d'imperfections. »

Vénérable Mère Marie de Saint-Charles, elle sera humble jusqu'à la dernière minute ! Elle sera charitable aussi et pleine de compassion pour les souffrances physiques et morales de la moindre de ses filles.

Ayant opéré dans une maison locale un changement qu'elle savait devoir être très pénible à la supérieure, elle lui écrivit : « Je vois vos peines, ma chère fille, et j'y compatis de tout mon cœur. Que le bon Dieu vous soutienne ! » La Révérende Mère entre ensuite dans des détails d'administration, puis termine sa lettre par ces paroles qui prouvent combien elle se préoccupe de la santé de ses filles, tandis que la sienne est si précaire :

« Je vous renouvelle vos permissions et je vous commande de vous soigner, et surtout de vous laisser soigner comme vous le feriez pour une autre. Vous me feriez bien de la peine si vous agissiez autrement, et j'aime à croire que vous voudrez bien m'épargner cette peine. »

Le 22 avril 1884, la Mère Marie de Saint-Charles réunit encore ses filles. C'était pour la dernière fois. On était au temps pascal et la Révérende Mère parla sur la résurrection de Notre-Seigneur. « Jésus est ressuscité, dit-elle, nous devons ressusciter avec lui. » Puis, passant aux conseils pratiques, elle recommande aux sœurs d'agir toujours sous les yeux de Dieu, de veiller sur elles-mêmes, sans se mêler de la conduite ou des emplois des autres, à moins d'y être obligées par la charité. Elle les engagea à agir toujours par esprit de foi. La fête du Patronage de saint Joseph et la cérémonie de profession approchaient : elle leur indiqua les moyens de sanctifier ces deux fêtes.

Quelle eût été la tristesse des sœurs, si elles avaient pu prévoir que la Révérende Mère ne les célébrerait pas sur la terre ! Car, bien que sa santé excitât de graves inquiétudes, personne ne se serait douté que quelques jours seulement la séparaient de la mort.

Un jour vint pourtant où elle dut s'aliter. Le matin de ce jour, elle avait assisté à la messe et s'était approchée de la sainte Table. A dix heures, elle était retournée à la chapelle pour la visite au Saint-Sacrement. Rendue de nouveau dans sa chambre, elle se remit aux mains de la sœur qui la servait : « Je suis heureuse, lui dit-elle, d'avoir pu faire encore une fois, la dernière, ma visite au Saint-Sacrement. »

A partir de ce moment, la Mère Marie de Saint-Charles, paisible et silencieuse, attendit la mort.

Le docteur qui la soignait était désolé de son impuissance à la soulager. Touché de la douceur et de la patience de la vénérable malade, il dit un jour, en sortant de la chambre, à la sœur assistante qui l'avait accompagné dans sa visite : « Est-il possible que je ne puisse la sauver ? ... De telles personnes ne devraient jamais mourir ! »

Vœu inutile et qui ne pouvait être exaucé. Le fruit était mûr pour le ciel : Dieu s'apprêtait à le cueillir.

Le mal faisait de rapides progrès. La Révérende Mère voyait venir la mort, mais c'était avec la même sérénité ; Dieu avait donné un Père à la Congrégation, elle pouvait mourir. Sa tâche était accomplie et l'on aurait pu dire d'elle ce que saint Paul disait de lui-même. Elle avait combattu le bon combat ; elle avait prié, elle avait aimé, elle avait travaillé, elle avait pleuré comme seuls pleurent ceux que Dieu appelle à faire de grandes choses pour sa gloire ; elle n'avait plus qu'à attendre la couronne de vie.

Mais la vénérable Supérieure ne le pensait pas ainsi, et c'est dans les sentiments les plus profonds d'humilité et de recueillement qu'elle passa les derniers jours de sa vie.

Elle avait confiance, non dans ses mérites, mais uniquement dans la divine miséricorde.

Deux jours avant sa mort, la Mère Marie de Saint-Charles pria la sœur qui la gardait de vouloir bien l'aider à se lever et à s'habiller. Cette sœur la voyant extrêmement faible hésita un moment ; mais le regard suppliant de la malade fit fondre, pour ainsi dire, sa résistance et elle se mit en devoir d'aider la Révérende Mère.

Cela ne se fit pas sans une grande fatigue et la bonne Mère était anéantie quand elle put enfin s'étendre dans son fauteuil. Mais bientôt, rappelant à elle toute son énergie, elle se leva, se dirigea vers son bureau, prit quelques cahiers, en remit un entre les mains de M. l'Aumônier qui venait d'entrer et fit brûler les autres.

La Mère Marie de Saint-Charles reçut les derniers sacrements avec la foi vive, la piété intense qui la caractérisaient ; mais ensuite elle tomba dans une sorte de coma, dont elle ne sortait que lorsqu'on lui adressait la parole ; mais alors elle répondait avec une grande lucidité à ce qu'on lui demandait.

« Faites bien les choses, disait-elle aux sœurs conseillères qui venaient lui parler au sujet de la cérémonie de vêture et de profession. Faites bien les choses. Agissez comme à l'ordinaire, de votre mieux. Ce qu'il faut, c'est que tout le monde soit satisfait. »

La veille de la mort de la Révérende Mère, sœur Marie Athanase, maîtresse des novices, vint lui dire que deux ecclésiastiques venaient d'arriver pour la cérémonie. « Qu'on les reçoive bien, dit encore la Révérende Mère. » La maîtresse des novices sortit et revint bientôt avec les étrangers.

La malade fit tous les efforts possibles pour bien accueillir les visiteurs ; mais ceux-ci, voyant son extrême fatigue, ne tardèrent pas à se retirer.

Vers le soir, la mourante témoigna le désir de descendre encore une fois dans son fauteuil. Avec beaucoup d'efforts, on réussit à la descendre de son lit. Elle resta pendant quelque temps dans son fauteuil. Quand on voulut la remettre au lit, le corps était devenu complètement inerte.

« Ma Mère, lui dit une des sœurs qui avait aidé à la

descendre du lit et à l'y remettre, c'est la dernière fois que vous venez dans votre fauteuil. Cela vous fatigue trop. »

La Mère Marie de Saint-Charles jeta sur la sœur qui lui parlait un regard profond, puis elle dit doucement : « Oui, ma fille, c'est pour la dernière fois. »

La secousse avait été trop forte : l'oppression habituelle était devenue un râle qui faisait mal à entendre.

Après la prière du soir, les sœurs conseillères vinrent voir la mourante, tranquille en ce moment. Elles restèrent quelque temps avec elle, puis, ne remarquant rien d'anormal, elles se retirèrent, laissant deux sœurs pour veiller la malade.

A peine une heure s'était-elle écoulée que les symptômes d'une mort imminente se manifestèrent. On alla en toute hâte avertir Monsieur l'Aumônier et les sœurs du Conseil.

Monsieur l'Aumônier, appelé le premier, arriva bientôt, juste à temps pour recevoir le dernier soupir de la Révérende Mère. « C'est le *De Profundis* qu'il faut réciter », dit-il aux sœurs conseillères qui entraient en ce moment.

Il était environ onze heures du soir. On était au samedi, 3 mai, veille de la fête du Patronage de saint Joseph.

En appelant à lui la Révérende Mère Marie de Saint-Charles au jour et au mois consacrés à la sainte Vierge et à la veille d'une fête de saint Joseph, il semble que le bon Dieu ait voulu récompenser la dévotion intense que, pendant toute sa vie, elle avait porté à la Mère et au Père nourricier de Jésus.

La nouvelle de la mort de la vénérée Mère Marie de Saint-Charles, apprise bientôt dans toutes les maisons de la Congrégation, y sema une douleur profonde. « On avait tant prié pour obtenir sa guérison ! » — « Elle pouvait encore faire tant de bien ! » Tel était le cri unanime des sœurs. Mais Dieu a ses desseins, qui ne sont pas souvent ceux des hommes. Du haut du ciel la vénérable Supérieure pouvait faire plus pour sa Congrégation que si elle était restée sur la terre ; c'est pourquoi il l'avait appelée si tôt à la récompense.

On aurait voulu conserver plus longtemps les restes vénérés de la Révérende Mère ; mais on était à la veille de la cérémonie de profession. Il fallait donc se hâter et procéder aux funérailles beaucoup plus tôt qu'on ne l'aurait voulu.

Le moment était venu de confier à la terre la dépouille mortelle de la Mère Marie de Saint-Charles.

Des affaires pressantes avait empêché Mgr Bécel de venir rendre à la vénérée Supérieure les derniers devoirs. M. Jégouzo, vicaire général et Père Supérieur de la Congrégation, présida la cérémonie funèbre.

Les obsèques de la Révérende Mère furent un vrai triomphe ; la vénérable Mère était si connue et surtout si appréciée !

Le clergé occupait le chœur ; des sœurs, accourues de presque toutes les maisons locales, remplissaient l'avant-chœur, et une foule nombreuse, venue de toutes les paroisses voisines, se pressait dans la nef et aux abords de la chapelle.

La cérémonie funèbre se déroula avec cette pompe grave et modeste qui convient si bien aux obsèques d'une religieuse ; les chants liturgiques étaient souvent interrompus par les sanglots des sœurs.

Les dernières prières autour du cercueil et les dernières bénédictions du célébrant ayant été données, le cortège funèbre traversa les longues allées du jardin pour se rendre au cimetière, où la Révérende Mère allait dormir son dernier sommeil au milieu de ses filles, qu'elle avait tant aimées et aussi tant pleurées !

Près de la fosse creusée, avant qu'on y eût descendu la dépouille mortelle de la Révérende Mère, le Père Supérieur adressa à ses filles un éloge discret de la vénérée défunte, éloge où chacune des sœurs pouvait trouver, avec la physionomie religieuse et morale de leur Mère bien-aimée, un modèle proposé à son imitation.

« In fide et bonitate ipsius sanctum fecit illum et elegit eum. »
« Dieu l'a sanctifié dans sa foi et dans sa douceur, et il l'a choisi entre tous pour être le conducteur de son peuple. »
(Eccl. chapitre 45, verset 4.)

Mes chères Filles,

« Ces paroles de l'Ecclésiastique, que la Sainte Ecriture applique à Moïse, le conducteur du peuple de Dieu, peuvent dans une certaine mesure s'appliquer à la vénérable Mère Marie de Saint-Charles, Supérieure Générale des filles de Jésus, à laquelle nous venons rendre aujourd'hui les suprêmes devoirs.

« Dieu l'a sanctifiée, comme autrefois Moïse, dans sa foi et dans sa douceur, et il l'a choisie entre toutes ses sœurs pour les diriger et les conduire.

« S'il nous était possible de la suivre dans toutes les phases de son existence, depuis les jours de sa plus tendre enfance jusqu'au moment douloureux qui l'a ravie à la juste affection de ses filles, nous verrions qu'elle s'est étudiée constamment à pratiquer cette grande vertu de foi, de confiance en Dieu, marque infaillible de la sainteté, et cette vertu de douceur, de condescendance et de bonté, si nécessaire aux âmes à qui Dieu confie la mission de conduire les autres.

« Une voix plus autorisée que la mienne devait rappeler aujourd'hui les vertus et les mérites de votre regrettée Supérieure Générale. Notre vénérable Évêque, votre premier Supérieur, aurait vivement désiré venir présider lui-même cette cérémonie funèbre, à cause de l'intérêt dévoué qu'il porte à la Congrégation des Filles de Jésus, et à cause aussi de l'estime particulière qu'il avait pour votre Supérieure Générale. Des circonstances impérieuses le retiennent loin d'ici. Lui-même, en ce moment, rend les derniers devoirs à un illustre compatriote de la Révérende Mère Marie de Saint-Charles.

« Je voudrais vous faire connaître tout entière, mes chères Filles, la vie si pieuse et si édifiante de la Mère que vous pleurez. Vous pourriez y trouver de beaux exemples à suivre, de grandes vertus à imiter : le temps me permettra à peine de l'esquisser.

« *Elegit eam ex omni carne.* » Dieu avait sur elle des desseins providentiels.

« Née dans une petite bourgade du diocèse de Rennes, elle vit le jour dans une de ces familles patriarcales, telles que l'on en rencontrait alors partout sur notre terre de Bretagne, mais qui deviennent de plus en plus rares. Élevée par une mère qui lui fit sucer la piété avec le lait, notre jeune enfant profita si bien des leçons qui lui furent données et des exemples qu'elle avait sous les yeux, qu'à l'âge de huit ans, elle fut trouvée digne de faire sa première communion. Une piété si extraordinaire dans un âge si tendre présageait déjà ce qu'elle serait un jour et les grandes choses qu'elle était destinée à accomplir.

« Son entrée dans la Congrégation des Filles de Jésus ne fut pas moins extraordinaire. Cette Congrégation venait de naitre : elle était encore complètement inconnue. Rien ne pouvait y attirer notre jeune fille, et cependant c'est cette Congrégation qu'elle choisit de préférence à toute autre. Dieu l'avait prise comme par la main pour la conduire dans cette maison de Bignan qu'elle devait édifier d'abord par sa piété et faire prospérer ensuite par sa sage administration.

« La Société des Filles de Jésus avait eu, comme la plupart des œuvres que le bon Dieu a marquées de son sceau, de bien modestes débuts. Un saint prêtre, un confesseur de la foi, dont le souvenir est encore populaire dans la paroisse de Bignan, en avait conçu la pensée sur la terre de l'exil. Il ne lui fut pas donné de l'exécuter.

« Un de ses successeurs s'empara de sa pensée et résolut de lui donner un corps. La Congrégation fut fondée. Mais il fallait développer cette œuvre naissante et c'est alors que Dieu, dans ses desseins toujours admirables, appela la Mère Marie de Saint-Charles à la direction des Filles de Jésus. Chose inouïe peut-être dans les annales des Congrégations religieuses, elle n'avait que vingt-six ans lorsque la confiance de ses sœurs lui donna la charge de Supérieure Générale.

« Les épreuves ne lui manquèrent pas. Des circonstances pénibles, qu'il est inutile de rappeler ici, avaient mis l'Institut à deux doigts de sa perte. La nouvelle Supérieure, remplie de confiance en Dieu, ne désespéra pas de l'avenir. Elle plaça ses filles sous la protection spéciale de la Sainte Vierge ; elle eut recours au grand Patriarche saint Joseph, le protecteur des choses désespérées, et Dieu récompensa bientôt par des marques visibles la foi et l'abandon de la Révérende Mère en la divine Providence. Dieu bénit l'œuvre qui périclitait et la Congrégation des Filles de Jésus reçut des recrues si nombreuses qu'elle se trouva trop à l'étroit dans les édifices qui avaient servi à sa fondation. C'est alors que, pour fournir à toutes celles que la vie édifiante des sœurs attirait dans la nouvelle société, la Mère Marie de Saint-Charles, de concert avec les sœurs qui la secondaient dans son œuvre, fonda cette maison de Kermaria, second, mais plus vaste berceau de l'Institut.

« Dieu s'était complu dans la foi et la confiance de son humble servante, et la Congrégation des Filles de Jésus, d'abord véritable grain de sénevé, était devenue un grand arbre dont les nombreux rameaux s'étaient étendus sur toute la Bretagne.

« Je me reprocherais de passer sous silence le zèle et le dévouement du saint prêtre qui seconda efficacement la Mère Marie de Saint-Charles dans la fondation de cette maison de Kermaria. Dieu l'a trouvé mûr pour la récompense et il repose depuis longtemps déjà à l'ombre de cette maison qui fut aussi son œuvre.

« Que de choses j'aurais à dire sur les développements de la Congrégation des Filles de Jésus sous la direction de la Mère Marie de Saint-Charles ! Près de sept cents religieuses, répandues dans plus de cent paroisses, instruisent six mille enfants, leur apprennent à aimer et à servir Dieu, et soignent avec un admirable dévouement un nombre encore bien plus grand de malades.

« Les Filles de Jésus se sont multipliées chaque jour, tout en conservant cet esprit de simplicité qui distinguait les premières religieuses, et qu'on remarquait par dessus tout dans la Mère Marie de Saint-Charles.

« Je ne voudrais pas vous retenir plus longtemps, mes chères filles ; permettez-moi cependant de rappeler en finissant la douceur et la charité de votre Supérieure Générale à l'égard de celles qu'elle appelait si affectueusement ses filles...

« N'était-elle pas pour vous la meilleure des Mères ? Elle vous consolait dans vos peines, elle vous éclairait dans vos doutes, elle vous soutenait dans vos faiblesses, elle vous édifiait par sa régularité, par sa confiance et son abandon en la divine Providence, par une affectueuse charité qui ne s'est pas démentie un seul instant. Si quelquefois il lui fallait reprendre, c'était plutôt par ses exemples que par ses paroles qu'elle rappelait chacune à l'observation de ses devoirs.

« Aussi, mes chères filles, ses exemples resteront toujours vivants parmi vous ; le souvenir de ses vertus sera votre plus bel héritage.

« Enfin, mes chères filles, usée avant le temps par les fatigues, les souffrances, les inquiétudes que lui occasionnaient les temps calamiteux que nous traversons, mûre pour la récompense, votre bonne Mère s'est paisiblement endormie dans le Seigneur à l'aurore de la fête de saint Joseph. Ce bienheureux Patriarche, dont elle a propagé le culte avec tant d'ardeur et à qui elle avait confié sa Congrégation, a voulu sans doute la recevoir au ciel dans un des jours qui lui sont spécialement consacrés.

« J'ai la ferme confiance que Dieu a reçu dans sa miséricorde la Mère Marie de Saint-Charles. Vous prierez cependant pour elle, vous suivrez ses exemples et vous imiterez ses vertus ; et elle, du haut du ciel, veillera sur vous, elle bénira cette maison de Kermaria et toute la Congrégation. Soyez persuadées, mes chères filles, qu'aussi longtemps que son esprit régnera parmi vous, la Congrégation des Filles de Jésus, malgré les difficultés des temps, comptera encore des jours prospères. »

Le Révérend Père Supérieur avait prononcé son discours au milieu d'un impressionnant silence, bien que la grêle tombât en abondance.

Quand on s'approcha du cercueil pour le fermer, on s'arrêta un moment ému.

Les dernières prières s'achevèrent et la foule s'écoula lentement, en se communiquant les impressions reçues pendant cette cérémonie funèbre.

« Voilà une sainte de moins sur la terre, s'écriait en sortant du cimetière un homme du peuple. » — « Et une sainte de plus au ciel », aurait-on pu ajouter, car c'est la conviction profonde de tous ceux qui ont connu la vénérée Mère Marie de Saint-Charles.

Les sœurs venaient de passer des heures bien douloureuses, un peu de repos leur eût été nécessaire. Elles avaient besoin de pleurer en silence celle qui les avait quittées pour le ciel et qui laissait dans les cœurs comme dans la Congrégation un vide immense. Mais cette consolation leur était refusée. Le lendemain, avait lieu la cérémonie de vêture et de profession. Il fallait donc tout préparer, recevoir la compagnie et, la mort dans l'âme, sourire à tous.

Le temps qui apaise toutes les souffrances a mis un baume sur la douleur des Filles de Jésus ; mais il n'a pas fait disparaitre le souvenir de leur Mère vénérée, qui reste vivant dans tous les cœurs.

ÉPILOGUE

La mort de la Révérende Mère Marie de Saint-Charles n'arrêta pas l'essor qu'elle avait su donner à la Congrégation, qui continua à s'étendre, malgré les difficultés des temps.

Du haut du ciel elle continua à veiller sur sa famille religieuse et les Supérieures générales qui lui succédèrent dans sa charge, élevées à son école, et instruites par ses exemples et ses conseils, n'eurent rien de plus à cœur que de continuer son œuvre et faire régner son esprit dans la Congrégation.

Cependant la Congrégation allait entrer dans une phase nouvelle.

A la Révérende Mère Marie de Saint-Charles, Dieu avait donné pour champ d'action la Bretagne et elle avait bien rempli sa mission. Elle avait consolidé les établissements déjà existants et en avait fondé un grand nombre d'autres. A sa mort, la Congrégation comptait cent sept établissements, dont cent lui devaient leur existence. Aux Supérieures générales qui allaient lui succéder, était donné de voir les Filles de Jésus s'établir à l'étranger.

La première maison établie hors de France est celle d'Umzinto-Natal dans le Sud Africain. Elle fut fondée en 1897, sous le gouvernement de la Révérende Mère Emmanuel-Marie. Dix ans plus tard, cet établissement était abandonné ; néanmoins c'était un précédent et d'autres maisons devaient suivre.

Umzinto demeura quelques années la seule colonie des Filles de Jésus à l'étranger. Il fallut des circonstances particulières pour que l'élan fût repris.

La persécution contre les Congrégations religieuses, dont la Révérende Mère Marie de Saint-Charles avait vu les débuts, qui s'était accentuée sous le gouvernement des

Mères Marie-Athanase et Emmanuel-Marie, avait atteint son point culminant sous le gouvernement de la Révérende Mère Marie de Sainte-Blandine.

Les écoles publiques congréganistes, qui s'étaient vues laïciser les unes après les autres, avaient été remplacées presque partout en Bretagne par des écoles libres congréganistes où les élèves affluaient.

Mais en 1902, soixante-dix-sept des écoles tenues par les Filles de Jésus furent fermées à la fois. Les sœurs chassées, non seulement de leurs écoles, mais encore de leurs communautés, durent chercher un asile à la Maison-Mère.

Cet état de choses ne pouvait pas durer longtemps : il fallait vivre d'abord, puis donner un aliment au dévouement des sœurs, et puisque la France leur refusait la permission de se dévouer, elles iraient demander à une terre étrangère le droit de faire le bien.

Déjà deux maisons avaient été fondées en Belgique, quelques-unes en Angleterre ; on en établit quelques autres ; le Canada s'ouvrit tout grand aux Filles de Jésus, qui y fondèrent de nombreux établissements.

La Révérende Mère Marie de Saint-Charles, qui n'a fondé de maisons qu'en Bretagne, n'a-t-elle jamais eu le pressentiment de cette extension de son Institut en pays étranger ?

A cette question, nous répondrons par un fait authentique, que nous ne jugeons pas, mais que nous nous contentons de raconter.

La maîtresse des novices était malade et la Mère Marie de Saint-Charles la remplaçait momentanément auprès des sœurs.

Elle était assise près d'une fenêtre ouverte. Un moment elle fixa les yeux au dehors ; puis se tournant vers la jeune sœur assise à ses pieds sur un tabouret, elle lui dit : « Ma fille, ne voyez-vous rien ? » La novice se leva d'un bond et regarda à son tour vers la fenêtre : « Je vois Jean qui porte un seau dans chaque main » — « Ce n'est pas cela », dit la Mère Marie de Saint-Charles : « Voyez-vous ce grand chêne et le petit chêne qui s'élève à ses pieds ?

Eh bien ! le grand chêne, c'est moi ; le petit chêne, c'est vous. Moi j'irai en diminuant ; vous, vous grandirez comme le petit chêne, et vos rameaux s'étendront au loin. »

En se retrouvant avec ses sœurs, la jeune novice raconta à l'une d'elles ce que la Mère générale lui avait dit ; mais celle-ci ne fit que se moquer de ce qu'elle appelait les prétentions de sa compagne ; puis tout s'effaça de la mémoire de la jeune sœur.

Les années s'étaient écoulées ; la vénérée Mère Marie de Saint-Charles avait depuis longtemps été appelée à la récompense, la novice était devenue une religieuse toute dévouée à la Congrégation. Quand il fut question d'envoyer des sœurs au Canada, c'est elle qui fut chargée de préparer la voie.

Elle remplit sa mission avec un zèle ardent et un succès extraordinaire. Alors seulement elle se rappela ce que lui avait dit la Mère Marie de Saint-Charles : elle avait étendu ses rameaux au loin.

La Révérende Mère avait-elle eu, au moment où elle disait ces mots, une vision de ces rivages lointains où les Filles de Jésus aborderaient un jour ? N'était-ce pas plutôt une simple coïncidence ? Nul ne peut le savoir. Dans tous les cas, si la Mère Marie de Saint-Charles n'a pas vu le nouveau champ d'action ouvert au zèle de ses filles, elle y a répandu son esprit car, à l'étranger comme en France, les Filles de Jésus sont restées les vraies filles de cette Révérende Mère.

Tout en se soumettant aux exigences des lieux et des temps, tout en acquérant les connaissances nécessaires au milieu où elles se trouvent, et les diplômes qu'elles doivent obtenir, les sœurs conservent au fond l'esprit de simplicité qui distingue partout les Filles de Jésus.

Près de quarante ans se sont écoulés depuis que la vénérable Mère Marie de Saint-Charles a quitté la terre. Beaucoup de sœurs qui l'ont connue l'ont rejointe dans l'éternité. D'autres vivent encore et sont comme le souvenir d'un passé toujours vivant.

Un temps viendra pourtant où tous les témoins de la vie de la Révérende Mère Marie de Saint-Charles auront disparu de la scène de ce monde ; le souvenir de la vénérée Supérieure doit-il disparaître en même temps ? Non, il faut qu'il vive à jamais dans la Congrégation, et c'est pour que les Filles de Jésus aient toujours devant leurs yeux cette belle figure de religieuse que ce modeste travail a été entrepris.

Puisse ce tableau, pour ainsi dire vivant, puisqu'il nous met sous les yeux les pensées les plus intimes de la vénérée Mère, inspirer à toutes les Filles de Jésus le désir de reproduire en elles les vertus dont le cœur de leur Mère a été orné, et que, du haut du ciel, elle se réjouisse de voir ses filles demeurer fidèles à son esprit, vivre de sa vie, pratiquer ses vertus.

O Jésus, bénissez ces humbles pages, écrites par obéissance et pour votre amour, et imprimez au cœur de toutes les Filles de Jésus l'esprit de piété, d'humilité, d'abnégation dont leurs Mères leur ont donné et continuent à leur donner l'exemple !

TABLE DES MATIÈRES